Mouhanad Khorchide

Islam ist Barmherzigkeit

Das Buch

Mouhanad Khorchide begründet in diesem Buch erstmals für den deutschsprachigen Raum eine zeitgenössische islamische Theologie. Er zeigt, wie der Islam aus sich selbst heraus, nicht von außen, zu einem Selbstverständnis kommen kann, das eine fundamentale Wende hin zu einer Theologie eines barmherzigen Gottes vollzieht. Eine nicht nur wissenschaftliche Sensation.

»Dieses wichtige Buch stellt den allgegenwärtigen Bildern von islamischen Gewaltakten und religiös angedrohten Höllenstrafen ein ganz anderes Bild des Islam gegenüber, geprägt von göttlicher Liebe, geduldiger Hinwendung zu den Geschöpfen und Menschenfreundlichkeit. Der islamische Theologe Mouhanad Khorchide plädiert leidenschaftlich für die Abwendung von der gegenwärtig noch weit verbreiteten fundamentalistischen Auslegung des Koran, an deren Stelle er eine humanistische Koranhermeneutik etablieren möchte – ein revolutionäres Projekt, das er in seinem Buch überzeugend demonstriert.« Prof. Dr. Angelika Neuwirth, Berlin

Der Autor

Mouhanad Khorchide, geb. 1971 in Beirut, aufgewachsen in Saudi-Arabien, studierte Islamische Theologie und Soziologie in Beirut und Wien, wo er mit einer Studie über islamische Religionslehrer promovierte. Seit 2010 Professor für Islamische Religionspädagogik an der Uni Münster.

Mouhanad Khorchide

Islam ist Barmherzigkeit

Grundzüge einer modernen Religion

HERDER

FREIBURG · BASEL · WIEN

HERDER spektrum Band 6764

MIX
Papier aus verantwor-
tungsvollen Quellen
FSC® C083411

Titel der Originalausgabe:
Islam ist Barmherzigkeit
© Verlag Herder GmbH, Freiburg im Breisgau 2012
ISBN 978-3-451-30572-6

© Verlag Herder GmbH, Freiburg im Breisgau 2015
Alle Rechte vorbehalten
www.herder.de

Umschlaggestaltung:
wunderlichundweigand, Stefan Weigand
Umschlagmotiv: © iStock

Satz: Barbara Herrmann, Freiburg
Herstellung: CPI books GmbH, Leck

Printed in Germany

ISBN 978-3-451-06764-8

Für meine Eltern Rawda und Nouh Khorchide

Inhalt

Vorwort für die Taschenbuchausgabe

Als dieses Buch im Herbst 2012 erschien, wurde es von einigen Menschen, die den Islam mit negativen Aspekten assoziieren, als Provokation aufgenommen. Sie fragten sich, wie der Islam eine Religion der Barmherzigkeit sein könne, wo doch tagtäglich Bilder zirkulierten, die von Gewalt und Unterdrückung im Islam zeugten und von dessen Rückständigkeit. Und tatsächlich stehen wir heute in Europa vor einer Herausforderung, denn das Bild des Islam, wie es in den Köpfen vieler Menschen vorherrscht, ist stark verzerrt. Hinzu kommt, dass viele Muslime nicht bzw. nur schlecht über ihre eigene Religion informiert und daher kaum in der Lage sind, auf die Vorurteile gegenüber dem Islam mit dessen positiven, die Gesellschaft bereichernden Impulsen zu antworten. Außerdem bildet die Unkenntnis über den Islam mitunter einen idealen Nährboden für die Entstehung fundamentalistischer Strömungen, die zwar quantitativ über kleine Gruppen nicht hinausreichen, die aber dennoch eine große Lautstärke entwickeln und jede Gelegenheit nutzen, ihr verzerrtes Bild eines angeblich wahren Islam in die Welt zu posaunen. Sie vertreten dabei ein Islamverständnis, das viele der ohnehin kursierenden Vorurteile nur bestätigt. Durch ihre Berufung auf den Propheten Muhammad und seine Gefährten werden diese für den Islam so bedeutenden Personen in ein äußerst schlechtes Licht gerückt. Und gerade junge Muslime sind es, die sich von diesen so genannten Salafisten angezogen fühlen. Abgestoßen von der europäischen Gesellschaft finden sie in dem salafistischen Angebot eine Zufluchtsideologie, die ihnen eine gewisse Macht und Überlegenheit verspricht. Leidtragende sind letztendlich der Islam selbst und die gemäßigte muslimische Bevölkerung, die nach einem friedlichen Leben sucht. Daher erschien es mir notwendig, ein Buch über den Islam zu schreiben, das für den Laien verständlich ist und in dem der Islam so dargelegt wird, wie er sich verstanden wissen will – als Religion der Barmherzigkeit: »Wir haben dich lediglich als Barmherzigkeit für alle Welten entsandt« (Koran 21:107). Gott als der absolut Barmherzige, der den Menschen in seine ewige Glückseligkeit einlädt, steht demnach im Mittelpunkt des Buches. Doch die Barmherzigkeit Gottes ins Zentrum zu rücken, soll keineswegs zu dem Missverständnis verleiten, Gott würde uns Menschen grünes Licht zur Sünde geben. Die Barmherzigkeit Gottes steht nicht im Widerspruch zu seiner Gerechtigkeit. Die Gerechtigkeit ist vielmehr ein Aspekt seiner Barmherzigkeit, was bedeutet, dass seine Strafe ebenfalls Teil seiner Barmherzigkeit ist.

Den Islam aus dieser Perspektive der Barmherzigkeit zu betrachten, stellt für viele Muslime, aber auch Nichtmuslime eine Bereicherung dar, und so fielen die Reaktionen auf das Buch überwiegend positiv aus. Ich habe unzählige Briefe und E-Mails von Muslimen erhalten, die sich bei mir bedankten, weil sie durch die Lektüre des Buches einen Zugang zu ihrer Religion gefunden hatten, der ihnen half, eine innige Beziehung zu Gott aufzubauen, ihre Religion bewusster zu praktizieren und als fromme Muslime in einer nichtislamischen Gesellschaft zu leben, dabei ihre Religiosität zu entfalten, ohne in Konflikt mit ihrem Lebenskontext zu geraten.

Ich muss aber auch erwähnen, dass ich nicht erwartet hatte, dass ausgerechnet einige so genannte Glaubensbrüder es sein würden, die das Buch unbedingt missverstehen wollten, um mich anzugreifen. Ich konnte und kann auch heute nicht nachvollziehen, was alles mit einem islamischen Gewissen vereinbart wird. Vor allem, wenn von Manchen behauptet wurde, für Mouhanad Khorchide sei der Glaube an Gott irrelevant. Dabei bemühe ich mich doch gerade in diesem Buch um die Beschreibung eines Weges zu einer innigen und gesunden Beziehung zu Gott. Einer Beziehung, die auf Liebe, Vertrauen und Barmherzigkeit basiert. Ich konnte und kann außerdem nicht verstehen, wie dem Islam durch Menschen gedient werden kann, die einem Theologen sein Bekenntnis zum Islam absprechen und ihm ins Gesicht sagen, sie hätten das Buch nicht einmal gelesen. Der Leser wird erstaunt sein, wenn er wüsste, wie oft ich von diesen Menschen den Satz gehört habe: »Hast du ein Exemplar deines Buches für mich, damit ich es endlich lesen kann?« Nicht nur für diese, auch für diejenigen, die das Buch unbedingt missverstehen und zwanghaft Häresie hineinlesen wollten, finde ich keine Entschuldigung. Und gerade diese Erfahrung hat mich dazu veranlasst, ein paar Stellen im Buch, die Raum für diejenigen geboten haben, die sie missverstehen wollten, in dieser Taschenbuchausgabe deutlicher zu formulieren. An den Kernaussagen des Buches hat sich jedoch nichts geändert.

Der Leser wird merken, dass ich sehr viele Koranstellen und Hadithe des Propheten Muhammad zitiere. Damit möchte ich zeigen, dass es notwendig ist, dass wir Muslime zu unseren Primärquellen zurückkehren. Ich möchte keineswegs die islamische Tradition überspringen, auch wenn an manchen Stellen im Buch die Kritik etwas scharf ausfällt. Eine Aktualisierung des Verstehens des Islam kann nur dann von Erfolg gekrönt sein und Früchte tragen, wenn sie die islamische Tradition selbst ernst nimmt. Die muslimischen Gelehrten haben in den letzten 1400 Jahren Wunderbares geleistet. Die Würdigung ihrer Arbeit bedeutet, ihre Meinungen zwar ernst zu nehmen, sie aber fortzudenken und weiterzuentwickeln. Ich bin überzeugt, dass der Islam viel Potenzial hat, uns heute und morgen als Individuen und als Gesellschaften zu bereichern. Wir müssen an seiner Oberfläche kratzen und all seine Schätze aufdecken, denn wenn wir aufhören, nach diesen zu suchen, verpassen wir weitere Kostbarkeiten und bringen den Islam selbst zum Verstummen. Der Islam kann hier und heute nur durch uns Muslime lebendig bleiben. Das setzt jedoch voraus, dass unsere Herzen, als Orte der Liebe Gottes, lebendig sind. Daher spreche ich in diesem Buch nicht nur den Verstand des Lesers, sondern auch sein Herz an. Der Leser muss nicht mit allen Positionen in diesem Buch einverstanden sein, aber wenn ich es schaffe, einige Herzen mit der Liebe Gottes zum Pulsieren zu bringen, dann habe ich viel erreicht.

1. Einleitung – Aufwachsen mit Widersprüchen

»Herr Khorchide, das, was Sie uns über den Islam erzählen, klingt sehr sympathisch! So haben wir den Islam bis jetzt noch nicht wahrgenommen. Ist das denn Ihre eigene Interpretation, oder gibt es auch andere Muslime, die den Islam so sehen wie Sie? Und welche Chancen bestehen, dass sich so ein Islamverständnis verbreitet?« Diese Fragen werden mir nach fast jedem öffentlichen Vortrag zum Thema Islam gestellt.

Als Theologe bin ich natürlich bemüht, meine Positionen theologisch zu begründen. Doch mein Verständnis von Theologie und Religion ist maßgeblich durch meine Biografie geprägt. Alles, was ich in diesem Kapitel sage, soll Ihnen erklären, wie unterschiedlich der Islam gelebt wird, warum ich starke Vorbehalte gegen die traditionalistische islamische Theologie hege und mich mit der Frage nach einer modernen Theologie des Islam beschäftige. Deshalb stehen persönliche Erfahrungen am Anfang einer Antwort auf die oben angeführten Fragen.

Meine Eltern kamen nach der Okkupation Palästinas 1948 als Flüchtlinge in den Libanon. Mein Vater war zu dieser Zeit acht, meine Mutter ein Jahr alt. Beide sind in Beirut aufgewachsen. Mein Vater besuchte eine christliche Schule. Das mag verwunderlich klingen; im Libanon der 40er- und 50er-Jahre war dies jedoch nicht unüblich. Die libanesische Gesellschaft ist sehr plural; 18 anerkannte Religionsgemeinschaften gibt es im Libanon. Die größten bilden die maronitischen Christen sowie die schiitischen und sunnitischen Muslime. Daneben gibt es Drusen, römisch-orthodoxe Christen, melkitisch griechisch-katholische Christen, armenisch-apostolische Christen, alevitische Muslime, armenisch-katholische, protestantische und koptische Christen sowie einige wenige Juden. Die Muslime machen etwas mehr als die Hälfte der Bevölkerung aus, davon sind die Hälfte Sunniten und die andere Hälfte Schiiten. Diese Pluralität war und ist zum Teil auch heute noch im Libanon eine Selbstverständlichkeit. In den 40er-Jahren, als meine Großeltern meinen Vater an einer Schule anmelden wollten, stand für sie nicht die Konfession der Schule im Vordergrund, sondern die Qualität der Schule. Gerade für palästinensische Familien, die als Flüchtlinge und meist in sehr armen Verhältnissen im Libanon lebten, war Bildung die wichtigste Investition in die Zukunft der eigenen Kinder. Meine Mutter erzählte uns immer wieder von ihren damaligen christlichen Nachbarn, mit denen ihre Familie gemeinsam unterschiedliche religiöse Feste feierte. Die Kinder konnten sich über Geschenke zu muslimischen und christlichen Festen freuen. Meine Mutter erinnert sich bis heute an Geschenke, die sie in ihrer Kindheit zu solchen Anlässen bekam. Dass Christen und Muslime Tür an Tür lebten und sich als Mitbürgerinnen und Mitbürger eines Landes, als gleichwertige Menschen empfanden, war zu dieser Zeit eine Selbstverständlichkeit im Libanon. Und auch die innerislamische Vielfalt war Normalität. Zwei meiner Onkel haben als Sunniten schiitische Frauen geheiratet. Dies war kein Thema, über das man diskutieren musste; für meine Großeltern war das zentrale Kriterium, das bei der Partnersuche eine Rolle gespielt hat, die Bildung.

Mit dieser starken konfessionellen Vielfalt wurden die Menschen schon im Kindesalter konfrontiert und lernten so, mit ihr umzugehen. Das dichte Nebeneinander von Moscheen und Kirchenbauten prägt bis heute das Stadtbild Beiruts. In dieser konfessionell pluralen Gesellschaft sind meine Eltern aufgewachsen. Ich hingegen wuchs in einem anderen Land auf, dem Pluralität fremd ist, in dem Pluralität sogar abgelehnt wird: in Saudi-Arabien. Noch heute beschwert sich meine Mutter bei meinem Vater: »Wieso hast du uns in dieses Land gebracht?« Eigentlich waren es wirtschaftliche Gründe, die meinen Vater nach seinem Elektrotechnik-Studium in Ägypten Ende der 60er-Jahre dazu bewogen, nach Saudi-Arabien zu gehen.

Als 25-jährigem Ingenieur kam ihm eine Stellenanzeige des saudischen Kommunikationsministeriums auf seiner Suche nach beruflicher Perspektive sehr gelegen. Nach zwei Jahren Aufenthalt in Saudi-Arabien heiratete mein Vater im Libanon meine Mutter, die zu diesem Zeitpunkt 18 Jahre alt war und am Anfang ihres Studiums der Soziologie und Psychologie an der arabischen Universität in Beirut stand. Die Bedingung, unter der mein Vater sie heiraten durfte, war, dass meine Mutter ihr Studium zu Ende bringen durfte. Mein Vater stimmte zu, es wurde allerdings vereinbart, dass meine Mutter gleich nach Saudi-Arabien umziehen und ihr Studium im Fernstudium fortsetzen sollte. Am Ende jedes Studienjahres flog sie von Riad nach Beirut, um dort ihre Examen abzulegen.

Schon nach einem Jahr in Saudi-Arabien kam mein Bruder zur Welt. Ende Juli 1971 flog meine Mutter in den Libanon, um ihre Abschlussexamen abzulegen. Damals war sie mit mir schwanger, und so kam ich in Beirut zur Welt. Im Grunde sind meine Eltern Staatenlose mit einem libanesischen Reisedokument, das nicht als ordentlicher libanesischer Reisepass gilt. Der Status des Staatenlosen verhalf mir später, Mitte der 90er-Jahre, – wie zuvor meinem Bruder – nach vier Jahren Aufenthalt in Österreich zur österreichischen Staatsbürgerschaft. Inzwischen haben sich die Regeln nach dem Eintritt Österreichs in die EU verändert, und ein Staatenloser würde heute nicht mehr so leicht die österreichische Staatsbürgerschaft erhalten wie damals.

Aufgewachsen und zur Schule gegangen bin ich in Riad in Saudi-Arabien. Zwei Jahre nach der iranischen Revolution kam ich in die Mittelschule; das war 1981. Religion war ein Hauptbestandteil der schulischen Bildung. Wir hatten ab der Mittelschule fünf Unterrichtsfächer zum Thema Religion: islamische Glaubenslehre, islamisches Recht, Koranexegese, prophetische Tradition (Sunna) und Koranrezitation. Für die religiöse Sozialisation war die islamische Glaubenslehre das Wichtigste. Der Grund dafür ist einfach: In diesem Fach wird der »wahre Glaube« thematisiert. Es geht um die grundsätzliche Frage, wer ein Muslim ist und wer nicht. Gerade nach dem Erfolg der iranischen (schiitischen) Revolution im Jahre 1979 und weil ein Übergreifen auf die arabischen Golfstaaten befürchtet wurde, wurde im Unterricht großer Wert darauf gelegt, deutlich zu machen, dass das Schiitentum eine Irrlehre sei. Viele Gelehrte wurden nicht müde, vor der schiitischen Gefahr zu warnen, die den ganzen Nahen Osten bedrohe. Als Kinder und Jugendliche haben wir während des ersten Golfkriegs zwischen dem Iran und dem Irak in den 80er-Jahren unhinterfragt zu den Irakern gehalten: nicht, weil wir etwas davon verstanden hatten, sondern lediglich, weil es in unseren Köpfen um den Kampf von Sunniten gegen Schiiten ging. Wir hatten gelernt, dass Schiiten vom Islam Abtrünnige seien und den Islam von innen zerstören wollten. Diese antischiitischen Lehren sind in Saudi-Arabien bis heute stark verbreitet, man nutzt das Internet und Satellitenfunk, um systematisch Propaganda gegen Schiiten zu betreiben. Fernsehkanäle wie *Ṣafā* und *Wiṣāl* wurden extra für diesen Zweck eingerichtet. Auf der anderen Seite nahm allerdings auch das antisunnitische Propagandaprogramm auf schiitischer Seite in den letzten Jahren zu.

Nichtislamische Konfessionen wie Christentum und Judentum standen im Fach Glaubenslehre viel weniger im Mittelpunkt des Interesses als solche islamischen Richtungen, die als Irrlehren deklariert wurden. Die größte Verdächtige war neben dem Schiitentum die islamische Mystik. Andere Religionen wurden kaum angesprochen, weil ohnehin klar war, dass jede andere Religion als der Islam eine Irrlehre war; da gab es nicht viel zu argumentieren.

Das Dogma der religiösen Inklusion und Exklusion (arab.: *al-walā'* und *al-barā'*) ist bei den einflussreichen Salafisten Saudi-Arabiens zentral. Die Salafisten berufen sich auf die ersten drei Generationen des Islam (zwischen dem siebten und dem neunten Jahrhundert), daher die – aus dem Arabischen stammende – Bezeichnung »Salafisten« (zu Deutsch: Altvordere). Sie sehen im Leben und Wirken dieser drei Generationen einen Idealtypus, dem es nachzueifern gilt. In Wirklichkeit selektieren sie jedoch eine bestimmte Lesart dieser Epoche, mit der sie ihre Ideologie zu legitimieren versuchen. Historische Fakten werden hingebogen, um bestimmte Positionen als islamisch zu deklarieren. Sie erklären alle Prophetengefährten für unfehlbar. Zum Beispiel wird die unrechtmäßige Machtübernahme eines Prophetengefährten, *Mu'āwiya ibn Abī Sufyāns* (gest. 680 n. Chr.), und die mit ihr begonnene Diktatur in der islamischen Geschichte verdrängt. Jede Kritik an Mu'āwiya, der so gut wie alle islamischen Werte verworfen hatte und dessen Diktatur in der islamischen Welt bis heute Schule macht, wird von Salafisten als Angriff gegen den Islam selbst gesehen. Ihre Ideologie trägt daher massiv dazu bei, diktatorische Regime im Namen des Islam am Leben zu erhalten. Alle islamischen Lehrmeinungen, die mit ihren Lehren nicht vereinbar sind, sehen sie als unislamisch an. Sie sehen sich als die einzig wahre Gemeinschaft der Gläubigen, da sie meinen, nur sie lebten den Islam so, wie Gott es vorgeschrieben habe. Sie werfen den übrigen Muslimen vor, einen falschen Islam zu praktizieren. Aus dieser Intoleranz entsteht ein dualistisches Weltbild, das nur noch aus Gläubigen und Ungläubigen besteht, sodass den Salafisten in der Gesamtheit der muslimischen Gemeinschaft der Ruf von Intoleranz und des Fanatismus vorauseilt. Sie sehen im Islam eine reine Gesetzesreligion; ihre Lehrmeinungen basieren auf einem wortwörtlichen Verständnis islamischer Quellen, ohne nach dem inhaltlichen Sinn dieser Texte zu fragen. Jeder Einsatz von Vernunft als eigenständige Quelle der Erkenntnis wird von ihnen verworfen. Eine zeitgemäße Interpretation dieser Quellen wird genauso wie eine historische Kontextualisierung strikt abgelehnt. Das Dogma der Inklusion und Exklusion besagt, dass die Loyalität eines Muslim (*walā'*) – das umfasst Werte wie Liebe, Mitgefühl, Hilfsbereitschaft usw. – nur gegenüber den Muslimen gelten dürfe, und dass ein Muslim dazu verpflichtet sei, sich von allen Nichtmuslimen loszusagen. Dieses Dogma ist gerade deshalb gefährlich, weil es mit einem Machtanspruch verbunden ist. Es spricht nur Muslimen Würde und Anerkennung zu. Daher vertreten die meisten Salafisten die Meinung, dass ein Muslim nicht für einen Nichtmuslim arbeiten darf, das wäre ihrer Ansicht nach eine Erniedrigung des Muslims. Im Fach Glaubenslehre in meiner Schulzeit ging es also kaum um Gott, um Gottes Handeln oder um spirituelle Aspekte, die mit der Beziehung des Gläubigen zu Gott zu tun haben, sondern um die Frage nach dem wahren Glauben, genauer gesagt: nach dem einzig wahren Glauben, der letztendlich ins Paradies führt.

In den Sommerschulferien flogen wir Kinder jedes Jahr mit meiner Mutter in den Libanon, um dort die Großfamilie zu besuchen. Mein Vater kam aus beruflichen Gründen selten mit, er blieb in der Regel in Riad. Im Libanon haben wir zuerst einige Tage bei meiner Oma väterlicherseits, den Rest der Ferien dann bei meiner Oma mütterlicherseits verbracht.

Meine Großmutter mütterlicherseits hatte ein freitägliches Ritual, an dem ich oft teilnehmen durfte. Vormittags kaufte sie frisches Brot und Käse und ging zur Mittagszeit nach dem Freitagsgebet vor die Moschee, wo sich die armen Männer versammelten und auf Spenden von Geld und Speisen warteten. Als Kind habe ich mich immer gefreut, wenn ich meine Oma bei diesem Ritual begleiten konnte. Die Bilder dieser armen Männer mit den zerrissenen Kleidern sitzen noch heute tief in meinem Kopf. Ich hatte als Kind gemischte Gefühle, verspürte Mitleid mit den armen Männern und ihren Familien, ich hatte aber auch Angst vor diesen Männern, die ungepflegt aussahen und auf mich etwas unheimlich wirkten. Andererseits verspürte ich Freude und Stolz, helfen zu können und andere glücklich zu machen, und ich empfand Demut, wenn sich die Männer verbeugend bedankten, sowie Sorge um die eigene Situation und Zukunft. Die Armen kamen nicht nur aus der Moschee, sondern auch aus der benachbarten Kirche. Meine Oma sagte bei dieser Gelegenheit des Öfteren etwas zu mir, das mich bis heute sehr stark prägt: »Schau, diese Männer kommen aus der Moschee heraus und diese aus der Kirche, die einen sind arm und die anderen sind arm. Die einen freuen sich, wenn wir ihnen etwas zu essen geben, und die anderen freuen sich auch, wenn wir ihnen etwas zu essen geben. Schau, dies sind Menschen und dies sind Menschen, diese beten in der Moschee und diese eben in der Kirche, aber alle sind Menschen. Arme Menschen, denen wir helfen können! Das will Gott so von uns, dann freut er sich mit ihnen, weil er Mitgefühl mit ihnen hat, und er freut sich über uns, dass wir ihm und den armen Männern Freude gemacht haben.« Der Ausdruck in den Gesichtern der armen Männer, egal ob sie aus der Kirche oder aus der Moschee kamen, war der gleiche: ein um Hilfe bittender Gesichtsausdruck, zugleich ein demütiges Lächeln als Ausdruck der Dankbarkeit.

Obwohl meine Großmutter Analphabetin war und keinen intellektuellen Zugang zum Islam hatte, war ihr Glaube beeindruckend tief. Sie definierte den Glauben nicht über Rituale bzw. Äußerlichkeiten, sondern über das Handeln selbst. Ihr Gottesverständnis war sehr dialogisch, sie glaubte an einen Gott, der nicht weit weg ist, dem das Leid der Menschen auf der Erde nicht egal ist. Sie glaubte an einen mitfühlenden Gott, der durch uns Menschen handelt. Sie sah sich als ein Medium für das Handeln Gottes und glaubte fest daran, dass sie Gott nur dann Freude machen könne, wenn sie ihren Mitmenschen Freude mache. Gott, glaubte sie, leidet mit den Armen und freut sich mit ihnen.

Nach den Sommerferien ging es wieder nach Riad, in eine völlig andere Welt. Sie war und ist bis heute nicht unsere Welt. In Saudi-Arabien haben ägyptische, palästinensische, libanesische, syrische und jordanische Familien ihre eigenen sozialen Netzwerke; ebenso die Arbeiter aus Pakistan, Indien und Bangladesch, die von den Philippinen, und nicht zuletzt die Saudis selbst. Während Palästinenser, Syrer, Libanesen, Jordanier und Ägypter meist mit ihren Familien zusammenleben, leben die Arbeiter aus den asiatischen Ländern meist alleine, ihre Familien bleiben in der Regel in ihren Heimatländern. Die sozialen Netzwerke der Saudis sind weniger familiär, sie verlaufen entlang unterschiedlicher Kategorien: Durch die starke Geschlechtertrennung in der Gesellschaft entstehen rein männliche und rein weibliche soziale Netzwerke. Männer und Frauen dürfen in der Regel in Kaffeehäusern und Restaurants nicht zusammensitzen, Eheleute haben so kaum Raum für gemeinsame Aktivitäten in der Öffentlichkeit, sodass es viele bevorzugen, mit gleichgeschlechtlichen

Freunden auszugehen: Da stehen viel mehr Möglichkeiten offen. In der Regel gehen die Frauen am Wochenende, das heißt am Donnerstag, der unserem Samstag entspricht, in die Kauf- und die Männer in die Kaffeehäuser. Geht man an einem Donnerstag in ein Kaufhaus in Riad, könnte man meinen, in diesem Land lebten nur Frauen. Anders als bei den Migrantenfamilien oder Gastarbeitern spielen bei den Saudis zudem Stammesstrukturen eine zentrale Rolle, und auch das Alter ist ein wichtiges Kriterium für die Strukturierung von sozialen Netzwerken.

Als wir Kinder und Jugendliche waren, waren unsere Freunde, mit denen wir uns am Wochenende trafen, selten Mitschüler, sondern in der Regel Kinder der Freunde unserer Eltern, denn die besuchten unsere Eltern am Wochenende und nahmen ihre Kinder einfach mit. So waren die Kinder der Freunde meiner Eltern unausweichlich auch unsere Freunde. Das blieb so, bis ich das Land mit 17 Jahren verließ, um in Österreich zu studieren, denn meine Eltern fürchteten, dass wir andernfalls am Wochenende mit saudischen Jugendlichen herumhängen würden. Der oft verschwenderische Lebensstil vieler saudischer Familien prägte die Erziehung dieser jungen Leute. Ich erinnere mich an kein einziges Mal, an dem wir eine saudische Familie besuchten oder eine saudische Familie bei uns war. Für meine Eltern war es sehr befremdend, Gäste nach Geschlecht in zwei unterschiedliche Zimmer aufzuteilen. Das aber war eine fest verankerte Tradition bei den Saudis. In den traditionellen palästinensischen Gesellschaften, ähnlich wie in den syrischen und libanesischen, sitzen Gäste in der Regel in demselben Raum zusammen.

Wir Kinder und später Jugendliche, Mädchen eingeschlossen, spielten meist Fußball. Monopoly war unter Jugendlichen fester Bestandteil eines jeden Besuchs. Unterbrochen wurden Unterhaltungen und Spiele nur durch die leckeren salzigen und süßen Speisen, die meine Mutter mit viel Leidenschaft vorbereitet hatte. Die traurigsten Momente waren die, wenn die Zimmertüre aufging und die Eltern zum Aufbruch riefen: »Wir gehen, zieht euch eure Jacken und Schuhe an.« Dann brach eine kleine Welt in sich zusammen, in die wir für ein paar Stunden entführt worden waren, und die für uns unsere Welt war. Nun wurden wir wieder mit der Realität konfrontiert, jetzt ging es wieder in die andere Welt, in die saudische. Eine neue Woche stand vor der Tür, denn solche Besuche fanden meist am Freitag (unserem Sonntag) statt, und es musste alles für die Schule vorbereitet werden.

Im Religionsunterricht lernte ich, dass es Sünde sei, wenn Familien auf diese Art zusammenkämen; auch Monopoly, bei dem wir so viel lachten und Spaß hatten, war eine Sünde. Und dass die Mädchen mit uns Fußball gespielt und sich mit uns unterhalten hatten, war erst recht eine Sünde. In der Schule saßen die Jungs und die Mädchen nicht nur in getrennten Klassen, sondern sogar in getrennten Gebäuden. Weder im Unterricht noch in den Pausen sah man ein Mädchen. Wenn ich nicht regelmäßig an den Wochenenden durch die sozialen Kontakte meiner Eltern mit Mädchen in Kontakt gekommen wäre, wären meine Mutter und meine Schwester die zwei einzigen weiblichen Personen gewesen, die ich in Saudi-Arabien gesehen hätte. Man kann sich denken, wie es in dieser Hinsicht in den saudischen Familien aussah. Junge Männer wachsen auf, ohne je mit gleichaltrigen Mädchen und Frauen in Kontakt gekommen zu sein.

Im Religionsunterricht wurde ich mit dem Dogma der Inklusion und Exklusion konfrontiert. Die armen Männer aus der Kirche und der Moschee waren demnach doch nicht gleich. Die Moscheegänger waren im Besitz der Wahrheit, und Gott würde sie ins Paradies führen, während die Kirchgänger für alle Ewigkeit in die Hölle kommen würden. Nicht alle Menschen waren gleich: Muslime waren besser als Nichtmuslime. Und wer als Muslim galt und wer nicht, das stand angeblich in den Büchern der Glaubenslehre, in denen es eine Fülle von Kriterien gab, die bestimmten, ob jemand als Muslim galt. Dieses Gedankengut sollte mir im Religionsunterricht vermittelt werden. Auf meine Frage, warum Gott Nichtmuslime in die Hölle schicke, sagte mir mein Religionslehrer: »Weil sie die falsche Religion, oder noch schlimmer, gar keine Religion haben. Dadurch, dass nicht der Islam ihre Religion ist, verdienen sie die Hölle. Außerdem sind sie als Nichtmuslime schlechte Menschen, sie sind ungerecht, kennen keine Moral und sind verdorben.«

Mein Vater war immer sehr stark an Politik interessiert; er besaß ein Kurzwellenradio, mit dem er regelmäßig den arabischen BBC-Sender hörte. Die Autofahrten mit meinem Vater waren ohrenbetäubende Abenteuer, die nicht selten zur Geduldsprobe für meine Mutter wurden. Den größten Frust und Ärger verursachten bei meinem Vater Meldungen über die Korruptheit arabischer Regime. Daher war er auch immer von den Freitagspredigten so frustriert, da die Imame soziale Probleme nie ansprachen: Sie mieden jede Kritik an bestehenden sozialen Defiziten. Zugleich betonten sie, dass in Saudi-Arabien der angeblich einzig wahre Islam herrsche. Aus Oberflächlichkeiten wurden Symbole, mit denen sich zwischen dem wahren und dem falschen Islam unterscheiden ließ: Als sich einmal der Imam unserer Moschee verspätet hatte, wurde mein Vater gebeten, er möge das Gebet leiten. Mitten im Gebet wurde mein Vater jedoch von einem Mann unterbrochen und mit den Worten zur Seite geschoben: »Du bist nicht als Imam geeignet, denn du trägst eine Hose, und die bedeckt auch noch die Knöchel!« Salafisten berufen sich auf ein Verbot des Propheten Muhammads, Kleider zu tragen, die über den Knöchel gehen, da dies damals ein Zeichen der Überheblichkeit war. Aber eben nur damals! Mehrmals habe ich erlebt, dass, wenn es darum ging, einen Vorbeter für das anstehende Gebet zu bestimmen, geraten wurde: »Schaut, wer den längeren Bart hat, der soll das Gebet leiten.«

Auf der anderen Seite haben wir unter der Ungleichbehandlung von In- und Ausländern in Saudi-Arabien immer sehr gelitten: Die medizinische Behandlung in bestimmten Krankenhäusern steht nur Inländern zur Verfügung. Als Ausländer durfte man keine Eigentumswohnung besitzen. Bis auf ganz wenige Ausnahmen gibt es kein Einbürgerungssystem. Auch durften damals Ausländer nur bestimmte Fächer an den Universitäten studieren usw. Es fehlt nach wie vor ein Rentensystem für Ausländer. Mein Vater ist mittlerweile über siebzig Jahre alt, er lebt noch mit meiner Mutter in Riad und muss trotz zweier Herzinfarkte immer noch arbeiten, da es für ihn als Ausländer in Riad keine Rente gibt. Was meinen Vater sehr verbittert, ist die Tatsache, dass er massiv am Aufbau Saudi-Arabiens in den 60er- und 70er-Jahren mitgewirkt hat, als das Land noch eine leere Wüste war, ohne jemals irgendein Zeichen der Anerkennung dieser Arbeit bekommen zu haben. Meinem Bruder, der unbedingt Medizin studieren wollte, wurde in Saudi-Arabien ein Medizinstudium verweigert, obwohl er in Saudi-Arabien geboren ist. Für meine Eltern war es sehr wichtig, dass wir Kinder studieren (am liebsten Medizin), um eine gute Zukunftsperspektive zu haben. Mein Bruder bekam zwar die Zulassung für ein Medizinstudium von mehreren deutschen Universitäten, jedoch wurde ihm ein Visum verweigert, da er keine Staatsbürgerschaft besaß. Die Enttäuschung dauerte allerdings nicht lange, denn bald erzählte man uns von einem Nachbarland Deutschlands, in dem dieselbe Sprache gesprochen wird: Österreich. Die österreichische Botschaft in Saudi-Arabien zögerte nicht lange und gab meinem Bruder ein Visum.

Zwei Jahre später kam auch ich nach Österreich und sechs Jahre danach auch meine Schwester. Alle hatten dasselbe Ziel: studieren.

Die erste Überraschung in Österreich war für mich, dass ich mich – obwohl Ausländer – gleich im ersten Jahr meines Studiums krankenversichern durfte. Damals zahlte ich als Student 50 Schilling monatlich (ca. 3,50 €) und durfte feststellen, dass ich zu jedem Arzt und in jedes Krankenhaus gehen konnte wie mein österreichischer Nachbar auch. Für manche mag dies unbedeutend scheinen, aber für mich war es eine sehr wichtige und einschneidende Erfahrung. Für mich war es als 17-Jähriger nicht einfach, mir einzugestehen, dass ich in dem islamischen Land, in dem ich aufgewachsen und in dem ununterbrochen vom wahren Islam die Rede war, kein Recht auf Krankenversicherung hatte, nicht zu demselben Arzt wie ein Saudi gehen durfte, kein Recht auf ein Studium hatte und deshalb meine Familie schon in jungen Jahren verlassen musste. Und dass mir all dies, was mir in Saudi-Arabien verwehrt worden war, nun in einem »nicht-islamischen« Land, von – wie es immer geheißen hatte – »Ungläubigen« geboten wurde, die als moralisch verfallen und ungerecht galten! Sehr viele Fragen über Sinn und Zweck von Religion tauchten bei mir auf.

Im Laufe meines Soziologiestudiums an der Universität Wien durfte ich Dozentinnen und Dozenten kennenlernen, die mich im Studium sehr unterstützt haben. Zu ihnen gehört meine Doktormutter, die zuvor auch schon meine Magisterarbeit betreut hatte. Sie ist bekennende Atheistin, die mir in einigen Gesprächen erklärte, warum es für sie plausibel ist, dass die Welt ohne einen Gott funktioniert. Für sie ist die Idee eines Gottes eine menschliche Konstruktion, um einige Phänomene in der Welt besser verstehen oder bestimmte Fragen beantworten zu können, wie Schöpfung, Tod, der Sinn des Lebens usw. Meine Doktormutter lebte bei ihrer Mutter und kümmerte sich selbstlos um sie, bis diese starb. Ich habe mich immer und immer wieder gefragt, wie es sein kann, dass eine solche Person, die vorbildlich lebt und niemandem Schaden zufügt – ja sogar ganz im Gegenteil bemüht war und ist, junge Menschen, wie ich damals einer war, zu motivieren und ihnen Möglichkeiten der Selbstentfaltung zu bieten –, auf ewig in die Hölle kommen soll. Denn dies steht ihr als Ungläubiger ja laut der traditionellen islamischen Theologie, wie ich sie in der Schule gelernt und später auch studiert habe, bevor. Ich konnte und kann dies nicht mit meinem gesunden Menschenverstand und meinem religiösen Gewissen vereinbaren. Ich lernte im Laufe meines Studiums viele Studierende und Dozenten kennen. Manche waren mehr und manche weniger freundlich, manche waren sehr und manche weniger aufrichtig. Aber dies hatte absolut nichts mit ihrer religiösen Zugehörigkeit zu tun. Mit einigen meiner muslimischen Studienkollegen konnte ich einfach nichts anfangen. Irgendwann entdeckten meine arabischen Kommilitonen ein Casino und meinten, sie könnten dort sehr viel Geld erspielen. Das war für mich der Anfang vom Ende unserer Freundschaft. Ein muslimischer Mitstudent erzählte mir immer von seinen Abenteuern beim Stehlen von Uhren und Schmuck, ging aber öfters mit zum Freitagsgebet in die Moschee. Für mich war das alles äußerst irritierend. Warum soll meine österreichische, nichtmuslimische Doktormutter auf ewig in die Hölle kommen, während dieser unsympathische Mitstudierende, der Menschen bestiehlt, für immer das Paradies genießen wird? Nur weil er die Überschrift »Muslim« trägt? Was ist das für ein Gott, der das so bestimmt hat und will?!

Nach der verbreiteten traditionellen Auffassung der islamischen Theologie kommt jeder Muslim ins Paradies, egal, was er in seinem Leben angestellt hat – solange er als Muslim stirbt. Es kann sein, dass er zuerst für eine Zeit, die Gott bestimmt, in der Hölle verweilen muss, damit er von seinen Sünden befreit wird. Aber möglicherweise vergibt ihm Gott auch alle seine Sünden – durch seine Gnade bzw. aufgrund der Fürbitte des Propheten Muhammad. Viele muslimische Gelehrte glauben, dass die Fürbitte des Propheten und der Märtyrer Muslime direkt ins Paradies eintreten lässt.

Ich fragte mich nach dem Sinn und Zweck von Religion. Was will Gott von uns Menschen eigentlich? Und was will dieser Gott für sich? Warum überhaupt das Ganze? Wie kann es sein, dass dieser Gott Menschen, die ungerecht sind und andere Menschen abfällig behandeln, ins Paradies eingehen lässt, andere aber, die gerecht sind und andere Menschen respektvoll behandeln, für immer in die Hölle verbannt? Weil sie die falsche Überschrift tragen?! Weil sie sich nicht Muslime nennen?! Geht es Gott wirklich nur um Überschriften?! Geht es Gott wirklich nur darum, dass an ihn geglaubt wird? Geht es ihm darum, dass nur auf eine bestimmte Art und Weise an ihn geglaubt wird? Geht es Gott also um sich selbst? Braucht er uns, um von uns angebetet zu werden, hat er uns deshalb erschaffen? Wer sich ihm also unterwirft, den belohnt er mit dem Paradies, und wer sich ihm nicht unterwirft, dem zeigt er im Jenseits, wer das letzte Wort hat, wer der Chef ist? Geht es Gott wirklich darum, seine Macht zu demonstrieren? Ist Gott wirklich so klein? Ich kam zu der Antwort: Mit Sicherheit nicht! Gott ist kein Diktator, kein Mubarak oder Gaddafi. Gott ist in sich vollkommen. Er braucht unsere Anbetung nicht. Gott braucht gar keine Bestätigung, weder eine Selbst- noch eine Fremdbestätigung seiner Vollkommenheit.

Warum hat er aber dann den Menschen erschaffen? Bevor wir uns dieser Frage widmen, muss jedoch die Frage geklärt werden, von wem wir reden, wenn wir von Gott reden. Wer also ist Gott? Um Antworten auf diese Fragen zu finden, beschloss ich Ende der 90er-Jahre, ein Studium der islamischen Theologie in Beirut aufzunehmen. Während dieses Studiums wurden meine Fragen jedoch mehr und nicht weniger. Die Bücher, die man im Studium lesen musste, gaben kaum Antworten. Ich begann, alles, was ich an Büchern zur islamischen Theologie fand, zu kaufen. Es war nicht immer einfach, arabische Bücher aus Beirut bzw. Kairo nach Wien zu transportieren. Ich steckte fast mein ganzes Geld, das ich verdiente, in den Kauf von Büchern. Dabei hat mich meine Frau tatkräftig unterstützt, wofür ich bis heute sehr dankbar bin. Als ich im Jahre 2006 an der Universität Wien begann, als wissenschaftlicher Assistent in der Forschungseinheit »Islamische Religionspädagogik« zu arbeiten, kam ich in intensiven Kontakt mit der Ausbildung von Lehrern für den islamischen Religionsunterricht, den es in Österreich seit 1982 an öffentlichen Schulen gibt. In meiner Doktorarbeit zum Thema »Islamischer Religionsunterricht in Österreich« stellte ich fest, dass der Islam an den Schulen in erster Linie als Sammlung von Anweisungen über das Erlaubte und Verbotene vermittelt wird. Religionsunterricht wird eher als Vermittlung von göttlichen Gesetzen gesehen, statt als Unterstützung bei der Entwicklung eigener Religiosität, die die Schülerinnen und Schüler dann selbstständig verantworten. Die Verantwortlichen in der Islamischen Glaubensgemeinschaft in Österreich, die den Religionsunterricht an öffentlichen Schulen organisieren, haben in meiner Studie lediglich einen Angriff auf sich sehen wollen und nahmen die inhaltlichen Anregungen zu einer konstruktiveren Gestaltung des islamischen Religionsunterrichts nicht zur Kenntnis. Ich verlor daraufhin meine Lehraufträge an der Islamischen Religionspädagogischen Akademie (IRPA), an der ich zwei Jahre lang Lehrkräfte für den islamischen Religionsunterricht ausgebildet hatte. Der Ruf auf die Professur für Islamische Religionspädagogik in Münster kam mir in dieser Phase sehr gelegen. Inzwischen darf ich an der Universität Münster, an der die zwei größten christlichen Fakultäten Europas angesiedelt sind, das Zentrum für Islamische Theologie leiten und die islamische Theologie, die ich als »Theologie der Barmherzigkeit« bezeichne, ausbauen.

In diesem Buch möchte ich die Theologie der Barmherzigkeit als Alternative zu einer in der islamischen Welt sehr verbreiteten Theologie des Gehorsams und der Angst auf eine einfache und auch für Laien verständliche Weise darlegen. Ich sehe im Islam eine Botschaft der Barmherzigkeit, die von einem absolut barmherzigen Gott ausgeht. Mein Ziel ist es, dieses Bild vom Islam als Angebot an Muslime zu richten, die bereit sind, ihren Glauben zu reflektieren, und die offen für Antworten sind, die sie bisher vielleicht noch nicht kannten. Wer es ernst mit seinem Glauben meint, der muss, meine ich, für jeden Gedanken offen sein, auch wenn dieser Gedanke im ersten Moment »anders« als gewohnt klingt. Ich lade die muslimischen Leser ein, sich die Chance zu geben, diese Gedanken kennenzulernen und sich mit ihnen auseinanderzusetzen.

Das Buch richtet sich aber auch an Menschen, die ein stark verzerrtes Bild vom Islam haben, das einer restriktiven und gewaltbereiten Religion. Auch diese Leser haben hier die Möglichkeit, einen neuen Islam kennenzulernen: einen, der nicht nur mit Demokratie und Menschenrechten vereinbar und bemüht ist, einen Beitrag zu einem konstruktiven Miteinander aller Menschen zu leisten, sondern der auch den Wert des Menschen als würdevollstes Geschöpf Gottes betont, unabhängig davon, welche Weltanschauung der einzelne Mensch haben mag. Die theologischen Argumente, auf die der Leser immer wieder stoßen wird, sind notwendig, um die aufgestellten Thesen aus einer innerislamischen Perspektive theologisch fundiert zu begründen.

2. Wer und wie ist Gott?

Es gibt unterschiedliche Gottesbeweise, wie den kosmologischen, den ontologischen oder den teleologischen u. a. Diese Beweise gehen davon aus, dass eine erste Ursache existieren müsse. Gläubige Menschen bezeichnen diese Erstursache mit »Gott«. Der Verstand kann uns also sagen, dass die Schöpfung einen Verursacher braucht, er kann uns jedoch nicht sagen, wer dieser »Schöpfer« ist, er kann uns nicht sagen, wie er ist und wie er handelt. Wie können wir aber Aussagen über Gott machen? Hier sind wir auf die Mitteilung Gottes angewiesen, also auf seine Offenbarung(en). Daher werde ich mich hier nicht mit Gottesbeweisen auseinandersetzen, vielmehr möchte ich mich mit Gott selbst beschäftigen: Über welchen Gott spricht der Islam eigentlich? So zentral diese Frage ist, so wenig wird sie von den Muslimen thematisiert. Ein Muslim fragt in der Regel danach, was er tun darf und was nicht, um Gottes Wohlgefallen zu erlangen, also nach Erlaubtem und Verbotenem. Dadurch gestaltet sich die Beziehung zu Gott primär über eine juristische Ebene. Mir ist es jedoch ein Anliegen, das koranische Angebot stark zu machen, die Gott-Mensch-Beziehung auf Basis von Liebe und Vertrauen zu gestalten. Dazu ist es jedoch notwendig, sich an erster Stelle mit Gott selbst zu beschäftigen und zu versuchen, ihn besser kennenzulernen und zu verstehen. Denn wie der Mensch in der Lage ist, die Liebe seiner eigenen Mutter zu erwidern – sie hat ihren Platz in seinem Herzen, er freut sich, wenn er sie sieht, sucht ihre Nähe und Wärme und hat Vertrauen zu ihr –, ebenso ist er auch in der Lage, Gottes Liebe zu erwidern. Es käme niemand auf die

Idee, die Beziehung zur eigenen Mutter bestünde nur darin, ihre Anweisungen zu befolgen, ohne dass sie sein Herz mit Liebe und Wärme erfüllte. Dasselbe gilt für die Gott-Mensch-Beziehung.

Muslime glauben daran, dass Gott den Menschen im Laufe der Geschichte verschiedene Schriften offenbart hat, in denen er sich mitteilt, also Aussagen über sich selbst macht. Und so können wir auch Aussagen über ihn machen. Gott hat also nach islamischem Verständnis Interesse daran, sich selbst dem Menschen vorzustellen, sich ihm mitzuteilen, eine Beziehung mit ihm einzugehen. Dadurch, dass Gott sich dem Menschen selbst mitteilt, macht er den ersten Schritt auf ihn zu und will ihm nahekommen. Gott sucht unsere Nähe, weil er im Grunde Mitliebende sucht. Nicht, weil er darauf angewiesen wäre und Mitliebende bräuchte. Nein, ihm geht es einfach darum, seine Liebe und Barmherzigkeit nicht sich selbst vorzubehalten, er will vielmehr aus seiner endlosen Barmherzigkeit heraus andere in sie aufnehmen. Deshalb hat er den Menschen erschaffen und bietet ihm seine Liebe und Barmherzigkeit an.

In Bezug auf die Erschaffung des Menschen heißt es im Koran: »Als ich [Gott] ihn [den Menschen] erschuf und ihm von meinem Geiste einhauchte […].«[1] Gott erschuf den Menschen als ein Wesen, das in der Lage ist, mit ihm in Kontakt zu treten, indem er ihm von seinem Geist einhauchte. Es ist etwas Göttliches in uns Menschen, das uns erlaubt, nach dem Göttlichen zu suchen, es wahrzunehmen und das eigene Leben auf Gott hin auszurichten.

Halten wir also fest: Gott erschuf den Menschen nicht nur, sondern sorgt sich um ihn und sucht auch seine Nähe.

---

1 Koran 15:29. Alle Koran-Zitate wurden vom Verfasser des Buches aus dem Arabischen übersetzt.

Wir sind Gott nicht egal. Er will die Beziehung zu uns Menschen nicht als Herr-Knecht-Beziehung, wie wir sie aus der Sklaverei kennen, gestalten, sondern als Freundschaftsbeziehung, ja als Liebesbeziehung: »Er liebt sie und sie lieben ihn.«[2] So sagt Gott über Abraham: »Gott hat sich Abraham zum Freund genommen.«[3] Diese Freundschaft Gottes beschränkt sich nicht auf Abraham, denn der Anfang dieses koranischen Verses beschreibt, warum Gott Abraham zum Freund nahm, und er fordert auch uns auf, diesen Weg zu wählen: »Wer geht einen besseren Weg, als wer sich Gott zuwendet, Aufrichtiges verrichtet und dem Weg Abrahams folgt? Er gehörte zu denen, die sich Gott zugewandt haben.« Reduziert man die koranischen Aussagen über Propheten auf deren historischen Gehalt, werden aus ihnen lediglich spannende Geschichten, aber nicht viel mehr. Liest man diese Erzählungen jedoch als Aussagen über die Gott-Mensch-Beziehung, dann geht es dabei nicht mehr um die Aufzählung von historischen Ereignissen, sondern um Erkenntnisse über Gott und über seinen Bezug zum Menschen. Die Propheten sind dabei gleichsam als Prototypen des Menschen, der vor Gott steht, zu sehen.

Aber um sich Gott als Freund zu nehmen, muss man Gott erst kennenlernen. Wie beschreibt sich Gott im Koran und in der prophetischen Überlieferung (*Sunna*)?

Der Großteil des Koran, der für Muslime als das Wort Gottes gilt, ist der Rede über Gott und seine Attribute, seinem Handeln sowie Eingreifen in die Welt gewidmet. Im Koran beschreibt er seine Attribute, die unter den Muslimen als die 99 Namen und Attribute Gottes bekannt sind. So heißt es in Sure 59, Vers 23–25: »Er ist Gott, außer dem es

---

2 Koran 5:54.
3 Koran 4:125.

keine Gottheit gibt, der Wisser des Verborgenen und des Sichtbaren. Er ist der Allbarmherzige, der Allerbarmer. Er ist Gott, außer dem es keine Gottheit gibt, der König, der Heilige, der Frieden, der Gewährer von Sicherheit, der Beschützer, der Allmächtige, der Verbesserer, der Majestätische. Hoch erhaben ist Gott über all das, was sie anbeten! Er ist Gott, der Schöpfer, der Bildner, der Gestalter. Sein sind die schönsten Namen. Alles, was in den Himmeln und auf Erden ist, preist ihn, und er ist der Allmächtige, der Allweise.«

Neben diesen Attributen beschreibt Gott im Koran, wie er handelt und wie er in die Welt eingreift, zum Beispiel so: »Wenn wir eine Sache wollen, dann sagen wir zu ihr nur: ›Sei!‹ dann wird sie«,[4] oder: »Er ist es, der euch aus Erde, hierauf aus einem Tropfen, hierauf aus einem Embryo geschaffen hat. Hierauf lässt er euch als Kind aus dem Mutterleib herauskommen. Hierauf sollt ihr heranwachsen und erwachsen werden. Hierauf sollt ihr ein hohes Alter erreichen – zum Teil werdet ihr aber schon vorher abberufen«,[5] oder: »Sag [du, Muhammad]: ›O meine Diener, die ihr gegen euch selber gesündigt habt! Verzweifelt nicht an Gottes Barmherzigkeit. Gott vergibt alle Sünden. Er ist der Allerbarmer, der Allvergebende.‹«[6] Aus diesem Grund, weil sich also Gott im Koran beschreibt und darin Aussagen über sich macht, können auch Muslime Aussagen über Gott machen und Vorstellungen von ihm denken. Diese hängen allerdings stark von der Interpretation der entsprechenden koranischen Stellen ab. Auf die Frage nach einer zeitgemäßen Lesart des Koran komme ich später zurück (s. Kap. 8).

---

4 Koran 16:40.
5 Koran 40:67.
6 Koran 39:53.

Die Eigenschaft Gottes, mit der Gott sich im Koran am häufigsten beschreibt, ist die Barmherzigkeit. Das arabische Wort *rahma* (Barmherzigkeit) leitet sich von *rahim* (Mutterleib) ab. Die Bedeutung von Barmherzigkeit gewinnt dadurch eine physische und emotionale Konnotation mütterlicher Liebe.

Der Koran verwendet zwei Begriffe, um die Barmherzigkeit Gottes auszudrücken: *ar-Rahmān* (wird in der Regel mit »der Allbarmherzige« übersetzt) und *ar-Rahīm* (meist mit »der Allerbarmer« wiedergegeben). Es besteht ein wichtiger qualitativer Unterschied zwischen beiden Begriffen: Während *ar-Rahīm* (Allerbarmer) im Koran im Zusammenhang mit Gnade und Vergebung verwendet wird und damit die erbarmende Liebe Gottes zum Ausdruck bringt (z. B. spricht der Koran im Zusammenhang mit der Vergebung der Sünde Adams von Gott als dem Allerbarmer[7]), drückt *ar-Rahmān* (Allbarmherziger) Gottes Bereitschaft und seinen Willen zur bedingungslosen und zugleich fürsorglichen Liebe zum Menschen aus. Erbarmen ist fast wie jedes andere Attribut Gottes relational bestimmt, aber die Bezeichnung »allbarmherzig« ist absolut, das heißt Barmherzigkeit kennt keinen Gegensatz, sodass sie als eine Wesenseigenschaft Gottes gilt. *Ar-Rahmān* (Allbarmherziger) ist damit umfassender als *ar-Rahīm* (Allerbarmer).

Wenn hier also die Rede von Barmherzigkeit ist, dann nicht bloß im Sinne von Gottes grenzenloser Vergebungsbereitschaft und Gnade gegenüber menschlichen Sünden. Das ist in der Eigenschaft Gottes *ar-Rahīm* wiedergegeben. Göttliche Barmherzigkeit ist darüber hinaus eine Wesens-

---

7 Vgl. Koran 2:37.

eigenschaft Gottes, sie gehört zum Sein Gottes unabhängig von menschlichem Handeln; das meint die Bezeichnung *ar-Rahmān*. Die Formulierung »Gott ist die Barmherzigkeit« ist daher zutreffender als »barmherziger Gott«. Gottes Barmherzigkeit soll neben dem Aspekt der Vergebung und Gnade Folgendes zum Ausdruck bringen:

- Gott war durch seine Barmherzigkeit immer schon für die Schöpfung des Menschen entschlossen.[8] Die Barmherzigkeit Gottes drückt die Treue zur ewigen Erwählung des Menschen und damit seine Beziehung und Nähe zum Menschen aus: »Wir [Gott] erschufen den Menschen und wissen, was ihm sein Inneres zuflüstert. Und wir sind ihm näher als seine Halsschlagader.«[9] »Und wenn dich [Muhammad] meine Diener nach mir fragen, dann sag ihnen: ›Ich bin nah und erfülle den Ruf der Rufenden.‹«[10] Die Schöpfung des Menschen ist ein Wirken der allmächtigen Barmherzigkeit Gottes.

- Gott will das Projekt »Mensch« durch seine Barmherzigkeit vollenden und den Menschen in seine Gemeinschaft, also in seine ewige Liebe und Barmherzigkeit aufnehmen.[11] Dieser Wille zur Integration des Menschen in die Gemeinschaft Gottes geht auf einen ewigen Plan Gottes zurück, der auf seiner Barmherzigkeit basiert.

- Gott offenbart sich dem Menschen durch seine Barmherzigkeit.[12] Damit zeigt er sein Interesse an der Beziehung zum Menschen, er lädt den Menschen ein. Er macht sich dadurch zugänglich und erfahrbar, aber der Mensch muss

---

8 Vgl. Koran 55:1–3.
9 Koran 50:16.
10 Koran 2:186.
11 Vgl. Koran 19:61, 19:85, 19:93 und 19:96.
12 Vgl. Koran 41:2.

dieses Angebot in Freiheit annehmen.[13] Denn ohne Freiheit kann es keine Liebe geben.

– Göttliche Barmherzigkeit drückt auch die Fürsorge Gottes für den Menschen aus.[14] Sie lädt den Menschen zum Vertrauen in Gott ein. Der Mensch kann sich in den Händen Gottes fallen lassen und sich auf ihn verlassen.[15]

– Die Barmherzigkeit Gottes hat letztlich auch eine eschatologische Dimension, das heißt, dass in ihr die Wiederauferstehung des Menschen im Jenseits mitgemeint ist, und dass sie einen Transformationsprozess darstellt, der auf die Vervollkommnung des Menschen zielt.[16]

Gott offenbart seine Barmherzigkeit in der vom Menschen gelebten und erfahrbaren Geschichte, also hier und jetzt auf der Erde. Sie ist eine Form der wirkenden Liebe Gottes, die sich dem Menschen zuwendet. Gott ist nicht nur der Schöpfer und Erhalter der Welt, sondern verbindet sich mit dem Menschen in Liebe, um ihn in seine Gemeinschaft aufzunehmen. Die Liebe Gottes zum Menschen gründet in seinem ewigen Plan, den Menschen nicht nur zu erschaffen, sondern darüber hinaus sich selbst ihm zu offenbaren und ihn zu seiner Gemeinschaft einzuladen. Der Mensch muss dies aber auch annehmen, denn es erfordert von ihm die freie Hingabe an Gott. Und genau das will der Begriff »Islam« ausdrücken: Die Hingabe an Gott, im Sinne der Zusage an Gottes Liebe und Barmherzigkeit (s. Kap. 4.1).

Wann hat sich Gott aber für die Erwählung des Menschen entschieden?

---

13 Vgl. Koran 26:5 und 19:58.
14 Vgl. Koran 21:42, 67:19 und 78:37.
15 Vgl. Koran 13:30, 19:18, 36:23 und 67:29.
16 Vgl. Koran 6:12, 20:109 und 78:38.

Gott ist absolut, er ist außerhalb von Raum und Zeit. Seine Entscheidungen trifft er somit nicht in der Zeit, sondern er ist immer entschieden für das, was er will. Die Erwählung des Menschen geht also auf den ewigen Entschluss Gottes zurück. Gott ist der Urheber seines Plans der Barmherzigkeit, der die ewige Erwählung des Menschen als Geschöpf Gottes umfasst. Zugleich schließt dieser Plan die geschichtliche Verwirklichung dieser Erwählung sowie ihre endzeitliche Vollendung ein. Im Rahmen dieses Plans schließt Gott durch die Schöpfung einen Bund mit *allen* Menschen. »Und als dein Herr aus den Lenden der Kinder Adams ihre Nachkommenschaft nahm und sie bezeugte: ›Bin ich nicht euer Herr?‹, sagten sie: ›Ja, wir bezeugen es‹«.[17]

Wie schon oben erwähnt, ist Barmherzigkeit die am häufigsten erwähnte Eigenschaft, die Gott sich selbst zuschreibt. 113 der 114 koranischen Suren beginnen mit der Formel »Im Namen Gottes, des Allbarmherzigen, des Allerbarmers«. Seine Barmherzigkeit beschreibt Gott im Koran als absolut. Das Einzige, zu dem sich Gott im Koran »verpflichtet« hat, ist Barmherzigkeit. In Sure 6, Vers 12 heißt es: »Er hat sich selbst der Barmherzigkeit verpflichtet.« Diese Aussage wiederholt sich in derselben Sure im Vers 54. Der Koran geht sogar noch einen Schritt weiter: Er stellt die Barmherzigkeit nicht nur als Attribut Gottes, sondern als Wesenseigenschaft Gottes dar, die von Gott nicht getrennt werden kann, ja er setzt sie Gott gleich. So heißt es in Sure 17, Vers 110: »Ruft Allah, oder ruft *ar-Raḥmān* [den absolut Barmherzigen], egal was ihr ruft, ihm gehören die edelsten Namen«, hier wird »Allah« mit *ar-Raḥmān* gleichgesetzt. In Sure 7, Vers 56 verwendet der Koran das arabische Wort für »nah«, ein Adjektiv im Maskulinum, das jedoch auf *rahma*, die Barmherzig-

---

17 Koran 7:172.

keit Gottes, bezogen wird, obwohl diese im Arabischen feminin ist. So lautet der Vers: »Die Barmherzigkeit Gottes [*raḥma*], er ist den Rechtschaffenden nah.« Grammatikalisch korrekt müsste der Vers lauten: »Die Barmherzigkeit Gottes, sie ist den Rechtschaffenden nah«. Das Wort für Gott (*Allah*) wird im Koran immer als Maskulinum behandelt; der angeführte Vers setzt also Gott mit der Barmherzigkeit gleich. Gott ist also nicht nur barmherzig, er ist die Barmherzigkeit.[18]

Auch der Koran selbst wird als Barmherzigkeit bezeichnet: In Sure 7, Vers 52 heißt es: »Wir haben eine Schrift verkündet […] als Rechtleitung und Barmherzigkeit für diejenigen, die daran glauben.« Dies impliziert, dass jede Auslegung des Koran, die nicht mit dem Prinzip der Barmherzigkeit vereinbar ist, im Widerspruch zum Koran selbst und der Intention seiner Verkündigung steht und daher abzulehnen ist. Auch andere Schriften wie z. B. die Tafeln, die Moses erhalten hat, werden als Barmherzigkeit bezeichnet: »Und als sich Moses Zorn gelegt hatte, nahm er die Tafeln. In ihnen ist Rechtleitung und Barmherzigkeit enthalten […].«[19]

Es ist Gott also wichtig, dass man ihn als den absolut Barmherzigen, ja als die Barmherzigkeit selbst erfährt. Es ist erstaunlich, dass dieser Gott, der absolut Barmherzige, in der islamischen Theologie und im Volksglauben kaum konsequent wahrgenommen wird!

Die theologische Schule, die sich am stärksten in der islamischen Tradition und bis heute verbreitet hat, ist die ašʿaritische Schule, genannt nach dem Gelehrten al-Ašʿarī (gest. 935

---

18 Zu dem Thema der Barmherzigkeit als Wesensattribut Gottes siehe: *Mouhanad Khorchide*: »Anstöße zu einer Theologie der Barmherzigkeit«. In: *Mouhanad Khorchide [u. a.]* (Hrsg.): Theologie der Barmherzigkeit? Zeitgemäße Fragen und Antworten des Kalām. Münster 2014, S. 15–37.
19 Koran 7:154.

_hr.). Einer der berühmtesten Vertreter dieser Schule ist der bekannte al-Ġazālī (gest. 1111 n. Chr.). Al-Ašʿarī unterschied zwischen den Wesensattributen und den Tatattributen Gottes. Die Wesensattribute Gottes sind ewige Eigenschaften Gottes, die immer wesenhaft zu ihm gehört haben und gehören. Die Tatattribute hingegen sind diejenigen Attribute, die der Existenz der Welt bedürfen und das Handeln Gottes, nicht jedoch sein Wesen, beschreiben. Zu den Wesensattributen Gottes zählt al-Ašʿarī die folgenden sieben: Gott ist allwissend, allmächtig, ewig lebend, allwillentlich (nichts geschieht gegen seinen Willen), allhörend, allsehend und allsprechend (sein Wort ist ewig).[20] Obwohl der Koran Gottes Eigenschaft der Allbarmherzigkeit am stärksten betont, findet diese keine Erwähnung bei al-Ašʿarī als Wesensmerkmal Gottes!

Spätestens mit al-Ġazālī hat sich die aschʿaritische Gottesvorstellung unter den muslimischen Gelehrten etabliert. Problematisch an dieser Gottesvorstellung ist, dass sie Gott als willkürlichen Herrscher erscheinen lässt. So gilt es al-Ġazālī als legitim, »dass Gott von seinen Dienern verlangt, wozu sie gar nicht im Stande sind, und es ist legitim, dass er seine Diener bestraft, ohne dass sie etwas verbrochen haben, und er muss in seinen Entscheidungen und Handlungen nicht das Bessere für sie berücksichtigen. Er muss nicht das Gute belohnen und das Böse bestrafen, der Mensch ist durch seine Vernunft zu nichts verpflichtet, nur die Verkündung ist die Grundlage von Geboten und Verboten. [...] Wenn Gott keine Propheten entsandt hätte [um seine Botschaft zu verkünden], wäre dies nichts Verwerfliches von Gott.«[21]

---

20 Vgl. *Aḥmad Ṣubḥī*, Fī ʿilm al-kalām (= Über die islamische systematische Theologie), Bd. 2, Beirut 1985, S. 61 ff.
21 *al-Ġazālī*, al-Iqtiṣād fī l-iʿtiqād (= Das zielstrebige Vorgehen im dogmatischen Räsonieren), Damaskus 1994, S. 144 ff.

Al-Ġazālī kritisiert die Mu'taziliten, die als rationalistische Schule im Islam galten und ihre Höhepunkte im achten und neunten Jahrhundert hatten, dafür, dass sie die Meinung vertraten, Gott müsse das Bessere für die Menschen wählen: »Sie haben Gott in seinen Handlungen eingeengt, indem sie sagen, er sei verpflichtet, das Bessere zu tun, wir aber können ihnen viele Beispiele aus der Praxis für Gottes Handlungen zeigen, die für seine Diener nichts Nützliches an sich haben.«[22] Er führt dann das Beispiel eines Ungläubigen an, den Gott am Gerichtstag in die Hölle schicken müsste, und kommentiert: Würde Gott immer nach dem Guten handeln, hätte er diesen Ungläubigen aber schon als Kind sterben lassen müssen, bevor er seine Vollmündigkeit erreicht und damit im Jenseits zur Rechenschaft über seinen Unglauben gezogen werden kann.

Al-Ġazālī sagt weiter, dass Gott niemanden für seine guten Taten belohnen müsse: »Wenn er [Gott] alle Ungläubigen belohnen und alle Gläubigen bestrafen würde, würde dies ihm zustehen, und dies würde auch keinem göttlichen Attribut widersprechen, denn die Verpflichtung des Menschen, an Gott zu glauben, ist eine Handlung Gottes in Bezug auf sein Eigentum, die Belohnung hingegen ist eine andere Handlung, die Gott aus Großzügigkeit vollzieht. […] Und wenn ein Diener für seinen Herrn etwas tut, dann hat der Diener keinen Anspruch auf Belohnung, denn es ist die Pflicht des Dieners, seinem Herrn zu dienen, denn müsste er dafür eine Belohnung bekommen, wäre dies kein Dienen mehr.«[23]

Und weil Gott allmächtig ist, ist er nach der asch'aritischen Schule keinen Gesetzmäßigkeiten unterworfen; das war zugleich eine Absage an die Vorstellung der Kausalität

---

22 Ebd. S. 163 f.
23 Ebd. S. 165.

in der Natur.[24] Gott erschafft nach dieser Meinung die Welt mit all ihren Einzelheiten in jeder Sekunde neu. Das Feuer brennt nicht, weil es in sich die Eigenschaft des Brennens trägt, sondern weil Gott es jede Sekunde als brennend erschafft; dies kann er jederzeit ändern. Gott greift also immer wieder direkt in die Welt ein. Das führt allerdings dazu, dass die Theodizeefrage, also die Frage nach dem Bösen in der Welt, aus aschʿaritischer Sicht sehr schwer zu beantworten ist. Denn es wird Gott keineswegs gerecht, von ihm zu behaupten, er schaffe das Böse bewusst und mit Absicht. Aschʿariten würden entsprechend ihrer starken Betonung der Prädestination sagen, Gott dürfe mit seinem Eigentum tun und lassen, was er will. Für die Muʿtaziliten bedeutete Gerechtigkeit ein Handeln im Sinne des Guten und im Interesse des Menschen. Für die Aschʿariten hingegen ist jedes Handeln Gottes in seinem Eigentum Gerechtigkeit, Gerechtigkeit folgt also dem göttlichen Willen. Bei den Muʿtaziliten entspricht umgekehrt der göttliche Wille der Gerechtigkeit. Die Aschʿariten betonten also die Andersheit Gottes und die Abhängigkeit des Menschen: »Die Kreatur hat nur ein von Gott zugeteiltes Sein, und diese Zuteilung begründet keine über eine bestimmte Zeitspanne reichende Verfügungsgewalt, sondern wird von Gott in jedem Augenblick erneuert – oder auch nicht, ganz nach seinem undurchschaubaren Ratschluss.«[25]

Es verwundert daher nicht, dass viele Muslime sich Gott nicht als barmherzig, sondern vordergründig als restriktiv und furchteinflößend vorstellen. Während der Koran mit den

---

24 Vgl. *Anja Middelbeck-Varwick,* Die Grenze zwischen Gott und Mensch. Erkundungen zur Theodizee in Islam und Christentum, Münster 2009, S. 312.
25 *Tilman Nagel,* Geschichte der islamischen Theologie. Von Muhammad bis zur Gegenwart, München 1994, S. 186.

Worten »Wir [Gott] haben dich [Muhammad] lediglich als Barmherzigkeit für alle Welten entsandt«[26] die Barmherzigkeit als Hauptanliegen und Hauptaspekt der Botschaft des Propheten unterstreicht, wird diese Botschaft von vielen Muslimen als Ermahnung verstanden, sich an die Gesetze Gottes zu halten. Wenn ich an meinen Religionsunterricht in Saudi-Arabien zurückdenke, erinnere ich mich nicht, dass uns Schülern ein einziges Mal von der Liebe und der Barmherzigkeit Gottes erzählt worden wäre. Wenn über Gott gesprochen wurde, dann nur darüber, wie man ihn verherrlichen soll, über seinen Zorn, über seine Strafen, seine Hölle, in die er alle, die ihm gegenüber ungehorsam sind, schicken würde. Man kann sich vorstellen, welches Gottesbild in den Köpfen von jungen Menschen so entsteht und welche Konsequenzen dieses Bild für den Lebensentwurf von Menschen hat.

2.2 Nein zur schwarzen Pädagogik

Dieses Bild eines restriktiven Gottes, das dem koranischen Bild eines barmherzigen Gottes widerspricht, ist nicht durch Zufall entstanden. Es ist einerseits eine Projektion von Stammesgesellschaften, in denen Gehorsam eine zentrale Tugend ist, und andererseits ein Instrument zur »Zähmung« von Menschen. Ich kann mich gut daran erinnern, dass nicht nur unsere Religionslehrer, sondern auch der Schulleiter, wenn sie etwas schnell durchsetzen wollten, gleich mit Gott drohten. Im Kindergarten wurde Kindern mit dem Einsperren in ein Zimmer voller Mäuse gedroht, später wurde dieses »Mäusezimmer« durch Gott ersetzt. Sätze wie diese standen auf der Tagesordnung: »Wer nicht brav ist, den schickt Gott in die

---

26 Koran 21:107.

Hölle, dort wird er verbrennen«, »Wer nicht gehorcht, verbrennt in der Hölle«, »Wenn du nicht betest, schickt dich Gott in die Hölle« usw. Den Mädchen erzählte man: »Wenn du kein Kopftuch trägst, werden deine Haare in der Hölle ewig brennen«, »Wenn du Nagellack auf die Finger aufträgst, werden deine Finger im Feuer verbrennen«, »Wenn du dich schminkst, wird Gott dein Gesicht verbrennen« usw. Erstaunlich ist, dass viele meiner Studierenden hier in Deutschland, die aus unterschiedlichen islamischen Ländern kommen, mir erzählen, dass sie ähnliche Erfahrungen in ihrer religiösen Sozialisation gemacht haben. Mit dieser schwarzen Pädagogik, die auf Drohungen und Verängstigen basiert, können Lehrer und Erzieher, nicht selten auch manche Eltern, rasch ans Ziel kommen – ohne viel diskutieren oder überzeugen zu müssen.

Das Problem liegt nicht nur in der Instrumentalisierung des Bildes von einem grausamen Gott und einer Hölle, die lauert und auf die Ungehorsamen wartet, an denen Gott sich rächen will. Das eigentliche Problem liegt in der mangelnden Wertschätzung des Menschen als Mensch. Denn ob man nun mit einem »Mäusezimmer«, mit Gewalt oder Höllenfeuer droht, dahinter verbirgt sich stets eine Pädagogik, die sich nicht für den Menschen interessiert, sondern die darauf zielt, Menschen um jeden Preis zum Ausführen von Instruktionen zu bringen. Ob diese Instruktionen mit der Lebenswirklichkeit der Menschen zu tun haben oder nicht, ob die Menschen nachvollziehen können, warum sie sich an diese Instruktionen halten müssen oder nicht, interessiert nicht. Wichtig ist nur, dass die Instruktionen eingehalten werden.

Was hätte Gott jedoch von jemandem, der nur deshalb zu ihm betet, weil er Angst vor dem Verbrennen in der Hölle hat? Eine solche Pädagogik ist Ausdruck einer Diktatur, die im Menschen selbst errichtet ist, einer Diktatur, die sich in erster Linie gegen den Menschen selbst richtet. Denken, geschweige denn das kritische Denken, ist in einem solchen Kontext einfach nicht erwünscht. Es wird gelernt, unhinterfragt zu gehorchen, mitzumachen, immer Ja zu sagen. Nicht selten sind es auch Imame und religiöse Autoritäten, die davon profitieren, dass Menschen ihnen unreflektiert folgen, da ihre Machtstellung in der Gesellschaft dadurch bewahrt und gestärkt wird. All das widerspricht jedoch dem Geist des Koran. Dort werden mehrfach Menschen kritisiert, die die Botschaften von Propheten mit dem Argument ablehnten, man müsse bei dem bleiben, was von ihren Vorfahren überliefert wurde. So heißt es im Koran, Sure 43, Verse 23 und 24: »Jedes Mal, wenn wir einen Gesandten vor dir [Muhammad] zu einer Stadt entsandten, sagten die Wohlhabenden, die verschwenderisch lebten: ›Wir fanden unsere Väter auf einem Weg und wir treten in ihre Fußstapfen.‹ Der Gesandte sagte daraufhin: ›Wenn ich nun aber mit einer Botschaft zu euch gekommen bin, die besser für euch ist, als was ihr als Brauch eurer Väter vorgefunden habt?‹ Sie sagten: ›Wir nehmen eure Botschaft nicht an.‹« Der Koran berichtet von einem Dialog zwischen dem Propheten Abraham sowie seinem Vater und dessen Stamm, in dem man Götzen anbetete: »Abraham sagte zu seinem Vater und seinen Leuten: ›Was betet ihr an?‹ Sie sagten: ›Wir beten Götzen an und sind ihnen stets zugewandt.‹ [...] ›Wir haben unsere Väter dabei vorgefunden, dass sie sie anbeteten.‹«[27] Die damaligen Götzen erscheinen heute in anderen Formen: Heute werden Gelehrte bzw. Traditionen zu Götzen gemacht. Sie werden verherrlicht, und die Menschen unterwerfen sich ihnen bedingungslos.

---

27 Koran 26:70–74.

Während also der Koran es kategorisch ablehnt, Traditionen unhinterfragt zu übernehmen, erleben wir in der gegenwärtigen islamischen Welt eine Überbewertung von tradierten Lehrmeinungen, die eine eigene Autorität erlangt haben, die manchmal über die des Koran gestellt wird. Und so stehen wir Muslime uns selbst im Wege, auch wenn wir glauben, auf diese Weise unsere Gelehrten zu ehren. Es ist üblich, wenn theologisch argumentiert wird, dass nicht die eigentlichen, rational nachvollziehbaren Argumente gelten, sondern tradierte Lehrmeinungen von Gelehrten. Meist handelt es sich um Gelehrte des achten und neunten Jahrhunderts. Damit will ich keineswegs die tradierte Meinung der muslimischen Gelehrten abwerten, sondern dazu ermutigen, diese nicht unhinterfragt hinzunehmen, sondern kritisch zu überprüfen. Muslime sollten ihre Tradition ernst nehmen, das ist keine Frage. Die eigene Tradition ernst nehmen, bedeutet allerdings, sie nicht einfach unhinterfragt hinzunehmen, sondern diese fortzudenken. Die Frage müsste daher lauten: Was würden die Gelehrten des neunten Jahrhunderts heute an Lehrmeinungen entwickeln, würden sie in unserem heutigen Kontext leben? Wenn z. B. gefragt wird, ob ein Muslim am Ende des Fastenmonats Ramadan die soziale Pflichtabgabe an Arme, die der Prophet Muhammad auf etwa drei Kilogramm Datteln bzw. Weizen festgelegt hat, heute in Geldform leisten darf, dann suchen die heutigen Gelehrten nach entsprechenden Rechtsgutachten alter Gelehrter, in denen dies erlaubt wird, statt von der Lebenswirklichkeit der Menschen heute ausgehend zu argumentieren und einzusehen, dass arme Menschen heute mehr auf Geldspenden angewiesen sind, als auf Datteln oder Weizen. So berufen sich diejenigen, die eine Geldspende zulassen, auf Gelehrte wie Abū Ḥanīfa, al-Buḫārī (gest. 870 n. Chr.) oder al-Ḥasan al-Baṣrī (gest. 728 n. Chr.). Und wenn gefragt wird, ob man auch

Nichtmuslimen spenden darf, dann argumentiert man nicht, dass alle Menschen vor Gott gleich sind und alle die gleiche Würde besitzen, sondern zieht die Meinung von Gelehrten wie Abū Ḥanīfa (gest. 767) oder Muḥammad ibn al-Ḥasan (gest. 805) und Ibn Šubruma (gest. 765) heran, die das Spenden an Nichtmuslime zugelassen haben.

Man gewinnt also religiöse Erkenntnisse in den Meinungen der Gelehrten des achten und neunten Jahrhunderts. Menschen werden in ihrer religiösen Sozialisation somit weniger dazu angehalten, sich ihre eigene Meinung zu bilden, autonom zu denken und gegebenenfalls die Tradition kritisch zu hinterfragen. So besteht denn auch die traditionelle theologische Ausbildung hauptsächlich darin, die Traditionen der Gelehrten zu rezipieren und zu reproduzieren. Der Koran hingegen motiviert, zu hinterfragen. Folgende koranische Erzählung über den Propheten Abraham ist nur ein Beispiel von vielen: »Und denk' daran, als Abraham sprach: ›Mein Herr, lass mich sehen, wie du die Toten lebendig machst‹, sprach Gott: ›Glaubst du denn nicht, dass ich das kann?‹ Abraham sagte: ›Ja, doch, aber um mein Herz zu beruhigen.‹ Da sprach Gott zu ihm: ›So nimm vier tote Vögel, teile sie in Stücke und leg je ein Stück auf einen Berg, dann ruf sie zu dir, sie werden eilends zu dir kommen, und wisse, dass Gott allmächtig und allweise ist.‹«[28] Gott hat Abraham nicht getadelt, und er hat ihm auch nicht seinen Glauben abgesprochen, nur weil er gefragt hat, sondern Gott ist auf seine Frage eingegangen. Abraham musste ein Experiment machen, um zur Erkenntnis zu gelangen. Es geht also keineswegs um blinden Glauben, sondern um einen überzeugten Glauben, den man verantworten kann und soll. Indem jedoch von vielen Gelehrten suggeriert wird, man dürfe keine Fragen über Gott stellen, wird Glaube zu

---

28 Koran 2:260.

etwas Abstraktem, das mit der Lebenswirklichkeit der Menschen wenig zu tun hat. Was bedeutet ein Satz wie »Ich liebe Gott«, wenn ich nicht einmal weiß, wer Gott wirklich ist und wie er zu mir steht? Es gehört zur Natur des Menschen, dass er verstehen will. Wenn aber gerade religiöse Erziehung und religiöse Bildung dieses Bedürfnis unterdrücken, betreibt sie eine geistige Diktatur. Religionen laufen dann Gefahr, ein Instrument der Repression zu werden: der politischen, aber auch der geistigen. Dieses Verständnis von Religion ist natürlich gerade in diktatorischen Regimen mehr als willkommen. Im islamischen Kontext hat diese Diktatur im Namen der Religion eine lange Geschichte, die schon auf das siebte Jahrhundert, auf die Zeit etwa dreißig Jahre nach dem Tod des Propheten Muhammad, zurückgeht (s. Kap. 9.3).

Nun könnte jemand, der den Koran kennt, gegen die Auffassung vom barmherzigen Gott anführen, dass sich Gott im Koran auch als der bestrafende Gott beschreibt, dass Gott also nicht nur barmherzig, sondern auch strafend sei. Wie lassen sich die Barmherzigkeit Gottes und die Bestrafung durch Gott miteinander vereinbaren?

2.3 Die Barmherzigkeit Gottes steht über der Strafe Gottes

Gott teilt sich nach muslimischem Verständnis im Koran mit. Er beschreibt sich selbst und beschreibt sein Handeln, damit die Menschen ihn besser verstehen und eine Beziehung zu ihm aufbauen können. Neben seiner Selbstbeschreibung als der absolut Barmherzige steht die als strafender Gott. So heißt es z. B. in der fünften Sure, Vers 2: »Unterstützt einander im Guten und Frommen und meidet es, euch im Schlechten und Verwerflichen zu helfen, seid fromm, Gott ist streng im Strafen.«

Eine Selbstaussage Gottes im Koran gibt Aufschluss darüber: »Meine Strafe trifft, wen ich möchte, und meine Barmherzigkeit umfasst alle Dinge.«[29] Wenn die Barmherzigkeit Gottes alles umfasst, dann ist seine Strafe nicht außerhalb seiner Barmherzigkeit zu denken. Der Prophet Muhammad sagte dazu: »Als Gott die Schöpfung bestimmte, schrieb er auf seinen Thron: ›Meine Barmherzigkeit steht über meinem Zorn [in einer anderen Überlieferung: ... ist schneller als mein Zorn.]‹«[30]. An keiner Stelle im Koran sagt Gott über sich, er sei der Bestrafende; vielmehr beauftragt er Muhammad: »Verkünde den Menschen, dass ich der unübertrefflich Verzeihende, der Barmherzige bin, und meine Strafe, sie ist schmerzhaft.«[31] Er identifiziert sich mit der Vergebung und Barmherzigkeit und sagt damit: »Ich bin verzeihend. Ich bin barmherzig.« Wenn es aber um Strafe geht, identifiziert er sich nicht mit ihr, sondern sagt: »sie ist schmerzhaft«.

Die Aussage »Gott ist nicht nur barmherzig, sondern auch strafend« ist somit grundsätzlich falsch. Er ist nicht entweder das eine oder das andere, sondern er ist immer barmherzig gewesen. Seine Barmherzigkeit zählt zu seinen Wesensmerkmalen. Die Strafe hingegen ist ein Tatattribut, bezieht sich also auf Gottes Handlungen und nicht auf seine Eigenschaften. Wenn Gott mit Strafe droht, ist das Teil seiner Barmherzigkeit. Ich möchte dies am folgenden Beispiel erläutern: Wenn ich meinem Sohn sage: »Weil du heute deine Hausaufgaben nicht gemacht hast, darfst du nicht am PC spielen«, will ich damit keineswegs meine Macht gegenüber meinem Sohn ausspielen, ich will ihm dadurch nicht zeigen, wer hier der Boss ist. Ich will ihn sicher nicht in diesem Sinne strafen.

29 Koran 7:156.
30 Überliefert nach *al-Buḫārī*, Hadith-Nr. 7114.
31 Koran 15:49–50.

Ich bin lediglich in Sorge um ihn, um seine Zukunft. Ich will, dass er lernt, Verantwortung zu tragen, dass er lernt, seinen Verpflichtungen gewissenhaft nachzugehen, und verbiete ihm das PC-Spielen als pädagogische Maßnahme. Meine Sorge ist Ausdruck meiner Liebe zu ihm: Er, seine Zukunft sind mir nicht gleichgültig, und ich möchte das Beste für ihn. Würde ich ihm sagen: »Schau, mein lieber Sohn, ich bin dein Vater und kann es mir leisten, deinen Unterhalt bis zum Ende deines Lebens zu übernehmen, also mach dir keine Sorgen um Schule, Bildung und Beruf«, dann würde ich ihn dadurch nicht würdigen. Ich würde ihn dann lediglich von mir abhängig machen; er wäre dann kein freier Mensch mehr, er würde auch nie in den Spiegel schauen und stolz auf sich sein können, dass er mit eigenem Willen, mit eigener Entschlossenheit und durch eigene Kraft im Leben steht. Und so macht es Gott mit uns Menschen. Er würdigt den Menschen, er will, dass wir uns in Freiheit und mit eigenem Willen für das Gute einsetzen, dass wir uns selbst vervollkommnen. Das Konzept der Belohnung und Bestrafung im Koran ist nur als pädagogisches Konzept zu verstehen, analog dazu, wie der Vater seinen Kindern aus Liebe, Verantwortung und Sorge mit Sanktionen droht.

Gott geht es jedoch im Grunde weder um Belohnung noch um Bestrafung. Ihm geht es darum, dass der Mensch sich vervollkommnet, um in seine Gemeinschaft zu kommen, also letztlich um Teilhabe an der ewigen Glückseligkeit bei Gott. Dafür greift Gott auf pädagogische Mittel zurück, die freilich das Gepräge der Entstehungsumstände des Koran auf der Arabischen Halbinsel im siebten Jahrhundert tragen.

In diesem Zusammenhang drängt sich eine weitere Frage auf: Trotz der Barmherzigkeit Gottes spricht der Koran vom Höllenfeuer, in dem Menschen verbrennen sollen. Wie ist diese Vorstellung einer Hölle mit der Barmherzigkeit Gottes vereinbar?

2.4 Das Jenseits ist ein Ort der Transformation – Eine andere Lesart von Paradies und Hölle

Gott hat den Menschen aus seiner bedingungslosen Liebe und Barmherzigkeit heraus erwählt. Zugleich spricht die islamische Theologie jedoch von einer brennenden Hölle, in der Menschen ewig schmoren werden. Wie kann dies mit der absoluten Barmherzigkeit Gottes vereinbar sein, der den Wunsch hat, alle Menschen in seine Gemeinschaft, in Liebe und Barmherzigkeit aufzunehmen?

Alle muslimischen Gelehrten sind sich über die Auferstehung der Toten am Jüngsten Tag einig, auch darüber, dass Gott über die Auferstandenen Gericht halten wird. Dem Koran nach haben alle Propheten dies verkündet. Der Glaube an die Wiederauferstehung und das Endgericht gehört zu den Glaubensgrundsätzen des Islam. Der Ausblick auf eine künftige Welt ist integraler Bestandteil der koranischen Sicht des irdischen Lebens und der Rolle des Menschen in dieser Welt.[32]

Der Koran kennt mehrere Ausdrücke für die Wiederauferstehung und für den Jüngsten Tag. Unter anderem wird der Begriff *ma'ād* (Rückkehr) verwendet. Er drückt die Rückkehr des Menschen zu Gott aus. In Sure 7, Vers 29 heißt es: »So wie Gott euch erschuf, kehrt ihr wieder zu ihm zurück.« Die traditionelle islamische Theologie sieht im Jenseits einen Ort des Gerichts mit einem doppelten »Ausgang«: entweder Paradies oder Hölle, Belohnung oder Bestrafung. Eine wichtige Frage in diesem Zusammenhang ist, wer ins Paradies kommt und wer in die Hölle, und wovon dies jeweils abhängt.

Vornehmlich entwickelten sich in der islamischen Tradi-

---

32 Vgl. *Karl Hoheisel*, Paradies und Hölle im Islam, in: *Bernd Michael Linke* (Hg.), Die Welt nach der Welt. Jenseitsmodelle in den Religionen, Frankfurt am Main 1999, S. 91–115, hier S. 91 ff.

tion, wie erwähnt, zwei Positionen, die aschʿaritische und die muʿtazilitische. Die Aschʿariten vertraten die Meinung, dass der Mensch nicht aufgrund seiner (guten) Handlungen ins Paradies kommt, sondern dass Gott dies unabhängig davon entscheidet, was der Mensch in seinem Leben geleistet hat. Ob ein Mensch ins Paradies oder in die Hölle kommt, hängt demzufolge ausschließlich von Gottes Entscheidung ab. Wenn Gott jemanden ins Paradies schickt, dann nur durch seine Barmherzigkeit, und wenn er jemanden in die Hölle schickt, dann wegen seiner Gerechtigkeit. Für Aschʿariten bedeutet »Gerechtigkeit Gottes«, dass Gott mit seinem Eigentum tut oder lässt, was und wie er will. Die Muʿtaziliten widersprachen auch dieser Vorstellung vehement. Für sie ist Gott gerecht, im Sinne unseres Verständnisses von Gerechtigkeit, er kann nicht anders als gerecht handeln, sodass der Ausgang des Gerichtstags ausschließlich von den Handlungen des Menschen abhängt. Wer Gutes tut, wird dafür belohnt, und wer Schlechtes tut, wird dafür bestraft.

Allerdings gilt dies nur für Muslime, darin sind sich beide Denkrichtungen einig. Nichtmuslime haben keine Chance auf das Paradies, egal wie gut sie im Leben gehandelt haben. Sie bleiben nach der traditionellen islamischen Theologie ewig in der Hölle.

Um zur Kategorie »Muslim« zu gehören, genügt das Aussprechen des Glaubensbekenntnisses, bis spätestens ein paar Sekunden vor dem Tod, ganz gleich, wie die Handlungen des betreffenden Menschen waren. Dadurch, dass die aschʿaritische Schule stark in der islamischen Theologie vertreten ist, hat dieses Verständnis die Muslime bis heute stark beeinflusst. Demnach kommen alle Muslime, egal wie schwer sie im Leben gesündigt haben, früher oder später ins Paradies. Wenn Gott will, verzeiht er einem Muslim alle seine Sünden; will Gott dies jedoch nicht, muss der Sündige für eine bestimmte Zeit, die Gott festlegt, in die Hölle, um für seine Sünden bzw. für einen Teil davon zu büßen.

Dieser Glaube steht im klaren Widerspruch zum Koran selbst, der exemplarisch die Geschichte des Pharaos anführt, der Moses und sein Volk verfolgte. Denn »als er am Ertrinken war, sagte er: ›Ich glaube, dass es keinen Gott gibt, außer dem, an den die Kinder Israels glauben. Und ich bin einer von den Muslimen [von denen, die sich zu Gott bekennen. Hier wird »Islam« im Sinne des sich zu Gott Bekennens verwendet].‹ [Gott sagte:] ›Wie? Jetzt erst! Und zuvor rebelliertest du und warst einer derer, die Unheil stifteten!‹«[33] Das Bekenntnis zum Islam allein reicht nicht aus. Es kommt sehr wohl auf das Handeln des Menschen an. Vers 18 der vierten Sure bringt es auf den Punkt: »Doch Vergebung ist nicht für jene, die so lange Unheil tun, bis zuletzt, wenn der Tod einem von ihnen naht und er sagt: ›Ich bereue nun.‹«

Gott hat sich im Koran zur Barmherzigkeit verpflichtet – und dies im Zusammenhang mit dem Tag der Wiederauferstehung: »Er hat sich selbst zur Barmherzigkeit verpflichtet, er wird euch zum Tag der Wiederauferstehung versammeln.«[34] Dieser Tag ist also der Tag der Begegnung mit Gottes Barmherzigkeit. In einer Überlieferung des Propheten Muhammad heißt es: »Gott hat seine Barmherzigkeit in hundert Teile geteilt. Auf die Erde hat er nur einen Teil davon geschickt, das ist der Teil, der seinen Ausdruck in der Liebe zwischen Eltern und ihren Kindern sowie in der zwischenmenschlichen Liebe findet. Die anderen neunundneunzig Teile hat er für den Tag der Wiederauferstehung aufgehoben.«[35]

---

33 Koran 10:90–91.
34 Koran 6:12.
35 Überliefert nach *Muslim*, Hadith-Nr. 4951.

Wenn die Wiederauferstehung also eine Begegnung mit der Barmherzigkeit Gottes ist, stellt sich die Frage, was mit der Höllenstrafe gemeint sein kann. Dies verlangt von uns eine andere Lesart des Höllenfeuers und des Gerichtstages.

Der Ansatz, den ich hier vorstellen möchte, sieht im Jenseits – anders als es die Asch'ariten oder Mu'taziliten tun – nicht nur ein Gericht, dessen Ziel es ist, Gerechtigkeit wiederherzustellen, sondern darüber hinaus eine Phase der Transformation, mit der die Menschen zur ewigen Glückseligkeit, also in die Gemeinschaft mit Gott gelangen, indem sie Gottes Barmherzigkeit in ihrer absoluten Vollkommenheit erfahren und erleben. Es geht also auch um die Wiederherstellung von Gerechtigkeit, aber zugleich um noch mehr als das: »Diejenigen, die Gutes tun, erwartet Gutes und viel mehr.«[36] Gott hat großes Interesse daran, seine ursprüngliche Intention bei der Schöpfung – nämlich Mitliebende zu haben, die er in seine Gemeinschaft einschließt – zu realisieren. Er tut alles dafür, dass sein Plan Wirklichkeit wird; auch, wenn wir im Jenseits sind, wird er weiterhin alles dafür tun.

Die Hölle ist demnach kein bloßer Ort, an dem Gott Rache an dem Menschen nimmt, vielmehr ist sie ein Ort des Leidens, der symbolisch für das Leid und die Qualen, die der Mensch im Laufe dieses Transformationsprozesses erlebt, steht. Dabei begegnet er einerseits der unendlichen Barmherzigkeit und Liebe Gottes. Dies versetzt ihn in Scham und Demut, da ihm bewusst wird, dass er in seinem Leben Nein zu dieser Liebe und Barmherzigkeit gesagt hat. Andererseits wird er mit seiner eigenen Wahrheit konfrontiert (mit seinem wahren »Ich«, mit seinen Verfehlungen, mit seinen Schwächen und dunklen Seiten usw.). Soll die Aufdeckung der Sünden und das Urteil über sie zu deren Vergebung führen, so

---

36 Koran 10:26.

setzt dies voraus, dass die Menschen ihre Verfehlungen einsehen. Das verursacht schmerz- und leidvolle Trauer über das Versagen, sich Gott zuzuwenden und seine Liebe anzunehmen. Das Ziel dieses Transformationsprozesses ist also, dass der Mensch von der Herrschaft der Sünde befreit und auf diese Weise vervollkommnet wird, damit er bereit ist, in die Gemeinschaft Gottes einzugehen. Denn der Mensch kann erst dann in die vollkommene Liebesgemeinschaft mit Gott eintreten, wenn alle Spuren der Bindung an das Böse in ihm restlos ausgelöscht sind.

Im Koran heißt es in Sure 26, Verse 88 und 89: »An dem Tag werden weder Geld noch Kinder helfen, erfolgreich sein wird der, der mit einem gesunden Herzen zu Gott kommt.« Das kranke Herz muss also »therapiert« werden. Der Mensch muss sich das über ihn gesprochene Urteil zu eigen machen und dessen Konsequenzen für sich gelten lassen.

Am Jüngsten Tag findet die wahrheitsgemäße Vergegenwärtigung des gelebten Lebens statt. »Wer einen Funken Gutes im Leben getan hat, wird es [am Gerichtstag] sehen, und wer einen Funken Böses im Leben getan hat, wird es [am Gerichtstag] sehen.«[37]

Der Gerichtstag legt offen, wo menschliches Leben im Widerspruch zur göttlichen Zuwendung stand. Damit hat der Gerichtstag den Charakter einer Befreiung durch Gott, durch die wir zur Wahrheit über uns selbst finden. Mit der Offenbarung dieser Wahrheit fällt zugleich das »Urteil«; deshalb wird der Mensch diese Wahrheit, dieses Urteil vorbehaltlos anerkennen. Nicht Gott braucht also den Gerichtstag, um seine richterliche Macht zu demonstrieren, sondern der Mensch bedarf des Gerichtstags zur Vervollkommnung

---

37 Koran 99:7–8.

seiner selbst durch die Konfrontation mit seinen Sünden und zu ihrer Erkenntnis.

Dieses Verständnis des Jenseits leugnet keineswegs die Existenz von Paradies und Hölle, versucht sie aber nicht im wortwörtlichen Sinne als grünen Garten und brennendes Feuer zu verstehen, sondern im übertragenen Sinne als Symbole der Glückseligkeit bzw. des Leidens.

Man kann dagegen argumentieren, dass der Koran sehr viele Detailbilder vom Paradies und von der Hölle anführt, um uns eine klare Vorstellung davon zu geben. In Sure 39, Vers 20, heißt es z. B.: »Für die, die ihren Herrn fürchten, sind Hochgemächer über Hochgemächern erbaut, unter denen Ströme fließen«, und in Sure 55, Verse 46 ff.: »Für den, der sich vor der Gegenwart seines Herrn fürchtet, werden zwei Gärten sein mit vielerlei Bäumen. In beiden werden zwei fließende Brunnen sein. Darin wird es jegliche Art Frucht in Paaren geben. Die Paradiesbewohner werden ruhen auf Kissen, deren Futter dicker Brokat ist. Und die Früchte der beiden Gärten werden nahe zur Hand sein. Darin werden keusche Mädchen sein mit züchtigem Blick, die weder Mensch noch Dschinn [ein Geistwesen] vor ihnen berührt hat, als wären sie Rubine und Korallen. Kann der Lohn für Güte anderes sein als Güte? Und neben diesen beiden sind noch zwei andere Gärten, mit Blattwerk dunkelgrün. Darin werden zwei Quellen sein, reichlich Wasser spendende. In beiden werden Früchte sein, und Datteln und Granatäpfel. Darin werden Mädchen sein, gut und schön. Holdselige mit herrlichen schwarzen Augen, wohlbehütet in Zelten, die weder Mensch noch Dschinn vor ihnen berührt hat, ruhend auf grünen Kissen und schönen Teppichen. Segensreich ist der Name deines Herrn, des Herrn der Majestät und Ehre.«

Auch die Hölle wird beschrieben: »Und wie kannst du wissen, was das Höllenfeuer ist? Es verschont nichts und lässt nichts übrig und wird von den Menschen aus großer Entfernung wahrgenommen. Es wird von neunzehn Engeln überwacht.«[38] »Wahrlich, die Sünder werden lange in der Hölle verharren; sie wird für sie nicht gemildert werden, und sie werden in ihr von Verzweiflung erfasst werden. Nicht Wir taten ihnen Unrecht, sondern sie selbst taten [sich] Unrecht. Und sie werden rufen: ›O Engel Malik, lass deinen Herrn ein Ende mit uns machen!‹ Er wird sprechen: ›Ihr müsst bleiben!‹ Wir brachten euch gewiss die Wahrheit, doch die meisten von euch verabscheuten die Wahrheit.«[39] »Sieben Tore hat sie.«[40] »Wehe jenem Stichler, Verleumder, der ein Vermögen zusammenträgt und es gezählt zurücklegt! Er meint, dass sein Vermögen ihn unsterblich mache. Aber nein! Er wird wahrlich in die Hölle geschleudert werden. Doch was lässt dich wissen, was die Hölle ist? Sie ist Gottes angezündetes Feuer, das bis zu dem Innersten der Herzen vordringt. Es schlägt über ihnen zusammen in langgestreckten Säulen.«[41] »... für die, die nun ungläubig sind, werden Kleider aus Feuer zurechtgeschnitten werden. Siedendes Wasser wird über ihre Köpfe gegossen werden.«[42] »Ist dies Paradies besser als Bewirtung oder der Baum *zaqqūm*[43]? Denn Wir haben ihn zu einer Versuchung für die Missetäter gemacht. Er ist ein Baum, der aus dem Grunde des Höllenfeuers emporwächst. Seine Früchte scheinen wie Köpfe der Satane zu sein. Sie sollen davon essen und ihre Bäuche damit füllen. Darauf sollen sie eine Mischung von siedendem Wasser zum

---

38 Koran 74:27–30.
39 Koran 43:74–78.
40 Koran 15:44.
41 Koran 104:1–9.
42 Koran 22:19.
43 Ein in der Hölle beschriebener Baum, der uns unbekannt ist.

Trinken erhalten. Danach sollen sie ins Höllenfeuer zurückkehren.«[44]

Versteht man die koranische Offenbarung dialogisch als Rede Gottes, dann erschließt sich auch die Notwendigkeit dieser Bilder: Sie sollen abstrakte Kategorien wie Glückseligkeit oder schlechtes Gewissen veranschaulichen. Dieser Dialog fand mit den Menschen des siebten Jahrhunderts auf der Arabischen Halbinsel statt. Der orientalische und besonders der arabische Kulturkreis ist für seine bildhafte Sprache vor allem in Gedichten bekannt. Der Koran selbst betont, dass er in einer verständlichen arabischen Sprache offenbart wurde, damit ihn die Menschen verstehen können: »Das sind die Verse des deutlichen Buches. Wir haben es offenbart in Arabisch, einer klaren, beredten Sprache, damit ihr versteht.«[45] Die bildhaften Beschreibungen des Paradieses und der Hölle kommen hauptsächlich in den koranischen Suren vor, die zu Beginn der Verkündigung in Mekka zwischen 610 und 622 n. Chr. offenbart wurden. Die Beschreibung eines Ortes mit grünen Gärten, mit Strömen von Wasser, mit hübschen Frauen, die jungfräulich sind und schöne große schwarze Augen haben, oder die Beschreibung eines riesigen Raumes mit sieben Toren, in dem ein großes Feuer auf die Ungehorsamen wartet, diente im Koran als Gleichnis für die Vorstellung eines Zustands der Glückseligkeit bzw. des schlechten Gewissens. Sure 47, Vers 15 beginnt die Beschreibung des Paradieses und der Hölle mit dem Hinweis »Ein Gleichnis vom Paradies€ ...«, und auch in Sure 13, Vers 35 ist in diesem Zusammenhang ebenfalls die Rede von einem Gleichnis. In seiner Beschreibung der Hölle spricht der Koran von Höllenbewohnern, die mit Gott und den Engeln diskutieren. Diese

---

44 Koran 37:62–68.
45 Koran 12:2.

Dialoge sind jedoch schwer vorstellbar, wenn es sich tatsächlich um Menschen handeln soll, die gerade verbrennen. Diese bildhaften Beschreibungen des Paradieses und der Hölle sind also nicht wortwörtlich zu verstehen. Der Koran kann nur in seinem historischen Offenbarungskontext verstanden werden. Um die sozialpsychologische Dimension der Struktur des Koran zu verstehen, müssen die damals herrschenden archaischen Stammesstrukturen berücksichtigt werden. Der Koran hat den Anspruch, nicht nur die Araber des siebten Jahrhunderts anzusprechen, sondern auch Menschen anderer Sprachen und Kulturen, Menschen unterschiedlicher Zeiten und Epochen und mit unterschiedlichen kognitiven und emotionalen Fähigkeiten. Wenn Muslime diesem koranischen Anspruch nach Allgemeingültigkeit Rechnung tragen wollen, müssen sie seine Bildlichkeit historisch kontextualisieren, um die durch diese Bilder transportierten, übergeordneten Prinzipien und Aussagen zu erkennen. Zu diesen Bildern vom Paradies und Hölle sagt schon al-Ġazālī: »Wisse: Das Diesseits gehört zur Erdenwelt und zur Welt der Sichtbarkeit, das Jenseits zur Welt des übersinnlichen und zur Wesenswelt. Unter dem Diesseits verstehe ich deinen Zustand vor dem Tod, unter dem Jenseits deinen Zustand nach dem Tod [...]. Wir sprechen jetzt vom Diesseits aus über das Jenseits, wir sprechen also jetzt im Diesseits, der Erdenwelt, haben aber die Erklärung des Jenseits, der Wesenswelt im Auge. Doch ist es undenkbar, dass man die Wesenswelt in der Erdenwelt anders erklären könnte als durch Gleichnisse. Darum sprach Gott: ›Das sind die Gleichnisse, die wir den Menschen prägen. Nur die Wissenden verstehen sie‹ (Sure 29,43). Die Erdenwelt ist nämlich im Verhältnis zur Wesenswelt ein Schlaf. Daher hat der Prophet gesagt: ›Die Menschen schlafen. Wenn sie sterben, wachen sie auf.‹ Was im Wachzustand sein wird, kann dir im Schlaf nur durch die Prägung von

Gleichnissen, die einer Deutung bedürfen, erkennbar werden [...]. Den Propheten steht es nicht zu, mit den Menschen anders zu reden als in Gleichnissen, denn sie haben den Auftrag, mit den Menschen dem Vermögen ihres Verstandes entsprechend zu reden. Das Vermögen ihres Verstandes ist, dass sie schlafen, dem Schlafenden aber alles nur im Gleichnis enthüllt wird.«[46] Der Versuch, das Jenseits als Ort der Vervollkommnung und Transformation des Menschen zu verstehen, soll keineswegs das wortwörtliche Verständnis von Paradies und Hölle als von tatsächlich existierenden Orten ersetzen, sondern denjenigen ein weiteres Interpretationsangebot bieten, die nicht aus Angst vor einer Bestrafung bzw. Hoffnung auf eine Belohnung Gutes tun wollen und das Schlechte vermeiden, sondern, die bestrebt sind, sich in ihrem Menschsein zu vervollkommnen und selbstlos Gutes zu tun.[47] Eine Lesart des Jenseits als Ort der Transformation macht den Menschen ein Angebot, Gott nicht als Richter zu erfahren, sondern ihn in seiner vollkommenen Barmherzigkeit zu erkennen. Wer sich aber nur dann bzw. besser in der Lage sieht, das Gute zu tun und sich vom Bösen abzuwenden, wenn er sich von einer jenseitigen Strafe bedroht fühlt bzw. auf eine Belohnung im Sinne materieller Vergnügung hofft, dem steht das andere Angebot, das Paradies und die Hölle als tatsächlich existierende Orte im materiellen Sinne zu verstehen, nach wie vor offen. Dazu merkt al-Ġazālī an: »Wer nun aber um des Paradieses willen handelt, der handelt seines Bauches und seiner Genitalien wegen wie ein schlechter Lohnarbeiter. Er steht auch der Stufe der geistig Beschränkten (bulh), und diese wird ihm auch für sein Handeln zuteil werden [...]. Die

---

46 *Richard Gramlich*: Muhammad Al-Gazzalis Lehre von den Stufen zur Gottesliebe. Die Bücher 31–36 seines Hauptwerkes, eingeleitet, übersetzt und kommentiert, Wiesbaden 1984, S.62ff.
47 Vgl. Koran 92:19–21.

Pflichterfüllung der Einsichtigen hingegen bezweckt nichts anderes als Gottes ›zu gedenken‹ (_ḏikr_) und in ihn ›sich zu versenken‹ (_fikr_) aus Liebe zu seiner Vollkommenheit und Hoheit, die übrigen Betätigungen dienen nur als Bekräftigung oder als Folge. Diese stehen auf einer höheren Stufe als daß sie auf die geschlechtlichen Dinge und die Gaumengenüsse des Paradieses ausgingen. Nicht nach diesen streben sie, sondern sie ›rufen ihren Herrn an früh und spät, verlangend sein Antlitz‹ allein. Die Belohnung der Menschen entspricht aber ihren Intentionen.«[48]

2.5 Die Hölle wird am Ende leer sein

Die Frage nach der Vereinbarkeit von Gottes Barmherzigkeit mit der ewigen Verdammnis der Menschen hat einige große muslimische Gelehrte der islamischen Ideengeschichte beschäftigt. Es bestand unter den meisten muslimischen Gelehrten Konsens darüber, dass das Paradies ein ewiger Zustand ist. Der Koran macht auch diesbezüglich viele Aussagen. Nach der Beschreibung des Paradieses sagt er z. B.: »Dies sind unsere Gaben, sie werden nie versiegen.«[49] Eine ähnliche Aussage im Koran bezüglich der Hölle wird man jedoch nicht finden. Der Koran relativiert an mehreren Stellen die Dauer des Aufenthalts in der Hölle, so heißt es z. B. in Sure 78, Vers 23: »Sie verweilen darin [in der Hölle] für lange Zeit«, oder: »Die Hölle ist euer Verdienst. Verweilt darin auf ewig, es sei denn, Gott will es anders«;[50] ich verwende hier das Wort »ewig«, weil dies so in allen Übersetzungen wieder-

---

48 _Hans Bauer_: Über Intention, reine Absicht und Wahrhaftigkeit. Das 37. Buch von al-Gazalis Hauptwerk. Halle 1916. S. 41.
49 Koran 38:54.
50 Koran 6:128.

gegeben wird, obwohl das arabische Wort *ḫālid* »lange Zeit« und nicht »ewig« bedeutet. Folgende Aussage im Koran zeigt, dass der Koran einen Unterschied zwischen Paradies und Hölle macht, was die Verweildauer anbelangt: »Ewig sollen sie in der Hölle bleiben, solange die Himmel und die Erde bestehen, es sei denn, dass dein Herr es anders will, denn dein Herr tut, was er will. Was aber die Glückseligen angeht, so werden sie ins Paradies kommen und ewig darin verweilen, solange die Himmel und die Erde bestehen, es sei denn, dass dein Herr es anders will, ein Geschenk, das nie unterbrochen wird.«[51] Während es also bezüglich der Hölle heißt: »Dein Herr tut, was er will« – und damit verraten wird, dass Gott etwas vorhat, das er uns jetzt noch nicht sagt, und dass er sich deshalb alle Optionen offen hält –, heißt es in Bezug auf das Paradies, es sei »ein Geschenk, das nie unterbrochen wird«. Einer der bekanntesten Gelehrten der islamischen Tradition, Ibn Qayyim al-Ǧawziyya (gest. 1350 n. Chr.), war ebenfalls der Auffassung, dass der Aufenthalt in der Hölle keineswegs ewig sei, irgendwann würde sie leer werden.[52] Menschen ewig in der Hölle verweilen zu lassen, würde Gottes Barmherzigkeit widersprechen, so das Argument von Ibn Qayyim al-Ǧawziyya. Dieses Verständnis wird Gott gerecht, denn Barmherzigkeit ist sein Wesensattribut; wenn er jedoch Qualen zulässt, die im Koran durch das Höllenfeuer symbolisiert werden, dann tut er dies nicht, weil es zu seinem Wesen gehört. Er möchte, dass sich die Menschen in Freiheit vervollkommnen, um sie letztendlich in seine Liebe und Barmherzigkeit und in seine Gemeinschaft aufzunehmen.

---

51 Koran 11:107–108.
52 *Ibn Qayyim al-Ǧawziyya*, Ḥādī al-arwāḥ (= Führer der Seelen), Kairo o.J., S. 240 ff.

Der Gerichtstag als Ort der Abrechnung mit den »Ungläubigen« lässt hier auf der Erde ein Gefälle zwischen Muslimen und Nichtmuslimen entstehen. Muslime und Nichtmuslime können sich nach der Vorstellung der traditionalistischen islamischen Theologie nicht auf Augenhöhe begegnen, da, unabhängig von ihren jeweiligen Handlungen, heute schon feststeht, wer der »Gewinner« und wer der »Verlierer« sein wird.

Gott aber interessiert sich nicht für Überschriften wie »Muslim«, »Christ«, »Jude«, »gläubig«, »ungläubig« usw., Gott geht es um den Menschen selbst, um seine Vervollkommnung, damit er ihn für sich, für seine ewige Gemeinschaft gewinnen und ihn in sie aufnehmen kann. Entscheidend dabei ist, ob der Mensch dieses Angebot, diese Einladung Gottes annimmt oder nicht. Die Hölle ist nichts anderes als der Zustand, in dem sich derjenige befindet, der Nein zu Liebe und Barmherzigkeit sagt, der Nein zur Gottesgemeinschaft sagt. So sagt der Prophet: »Nur derjenige kommt nicht ins Paradies, der sich weigert.«[53] Die endgültige Glückseligkeit (den wahren paradiesische Zustand) sieht al-Ġazālī in der Nähe zu Gott, das Gelangen in seine Gegenwart: »Die jenseitige Seligkeit besteht nämlich in der Nähe zu Gott und im Schauen auf sein Antlitz.«[54] Hingegen sei der wahre Zustand der Hölle die Trennung von Gott. Al-Ġazālī spricht vom »Feuer der Trennung«.[55] Die Hölle als Zustand beginnt schon hier auf der Erde, wenn sich der Mensch für Hass und Hochmut und gegen Liebe und Barmherzigkeit entscheidet. Auch der Zustand der Glückseligkeit

---

53 Überliefert nach *al-Buḫārī*, Hadith-Nr. 6766.
54 *Gramlich* 1984, S. 67.
55 Ebd.

beginnt hier auf der Erde. So sagt der Koran: »Wer Gutes tut und gläubig ist [die Liebe und Barmherzigkeit Gottes angenommen hat], sei es Mann oder Frau, dem werden wir ein gutes Leben geben [im Diesseits] und wir werden sie nach ihren besten Werken belohnen [im Jenseits].«[56]

Die traditionellen Vorstellungen vom Jenseits werden von unterschiedlichen islamischen Gruppierungen als Druckmittel eingesetzt, »um ein im Sinne der jeweiligen Gemeinschaft adäquates Leben einzufordern.«[57] Es geht hier um eine ins Unendliche gesteigerte Drohung. Menschen sind aber fehlbar und erfahren dies auch stets am eigenen Leibe. Der Glaube, dass durch eine Pilgerfahrt alle Sünden vergeben würden, »bringt viele dazu, diese auf ein spätes Alter zu verlegen. Das scheint der sicherere Weg zu sein, unbescholten ins Jenseits antreten zu können.«[58] Die Mystikerin Rābiʿa al-ʿAdawiyya (gest. 801 n. Chr.) kritisierte diese Vorstellung in ihrer berühmten Aussage: »Ich würde so gerne das Höllenfeuer löschen und das Paradies mit Feuer anzünden, damit die Menschen nicht aus Angst vor der Hölle bzw. Hoffnung auf das Paradies handeln.« Die Menschen sollten aus Liebe und im Nachvollzug der göttlichen Liebe ethisch korrekt handeln. »Er liebt sie und sie lieben ihn.«[59] In diesem Vers erwähnt Gott zuerst seine Liebe zu den Menschen; ihre Liebe zu ihm soll ihre Antwort auf seine Liebe sein. Wer Ja zu seiner Liebe und Barmherzigkeit sagt, nimmt Gottes Liebe und Barmherzigkeit an, und dies drückt sich wiederum im Handeln des Menschen hier und jetzt auf der Erde aus: Er bezeugt Liebe

---

56 Koran 16:97.
57 *Rabeya Müller*, Eine muslimische Stimme, in: *Rudolf Englert [et al.]*, Was letztlich zählt – Eschatologie, Jahrbuch der Religionspädagogik (JRP) Band 26, Neukirchen-Vluyn 2010, S. 178–182, hier S. 180.
58 *Müller* 2010, S. 180.
59 Koran 5:54.

und Barmherzigkeit, indem er sie zur gelebten Wirklichkeit macht.

Der Glaube an Gott als Richtergott erzieht die Menschen zu Richtern und motiviert sie dazu, Urteile über andere Menschen zu fällen. Die Vorstellung vom Gerichtstag als Ort der Offenbarung der Barmherzigkeit Gottes und der Wahrheit des Menschen selbst bietet hingegen keine Grundlage für ein derartiges Machtgefälle zwischen den Menschen. Der Gerichtstag im Sinne einer Offenbarung der Barmherzigkeit Gottes soll uns nicht in Schrecken versetzen, sondern uns hoffen lassen – und zwar alle, egal welcher Religion oder Weltanschauung wir folgen. Gott will letztendlich alle in seine Gemeinschaft aufnehmen, bis auf diejenigen, die Nein zu seiner Liebe und Barmherzigkeit, Nein zu seiner Gemeinschaft sagen. Er ist wie der liebende Vater oder die liebende Mutter, die ihren Kindern alles Liebe der Welt wünschen. Ja, seine Liebe übersteigt sogar die Elternliebe, wie das Gleichnis zeigt, in dem der Prophet Muhammad die Barmherzigkeit Gottes mit der einer Mutter vergleicht, die ihr Neugeborenes stillt: »Denkt ihr, dass diese Mutter ihr Neugeborenes jemals ins Feuer werfen würde? Gott ist noch barmherziger zu den Menschen als diese Mutter zu ihrem Kind.«[60]

Manchmal versucht man, Gewalt durch Religion zu legitimieren oder zu motivieren. Dies geschieht gerade dann verstärkt, wenn man glaubt, man müsse schon auf der Erde im Auftrag Gottes über Menschen richten. Manche im Namen der Religion Gewaltbereite glauben, dem Willen Gottes zu entsprechen, wenn sie stellvertretend für Gott schon hier richten. So geht vielleicht ein Selbstmordattentäter davon aus, dass er das Richterurteil Gottes beschleunigen müsse, damit Gott noch zufriedener mit ihm wird. Ein Verständnis

---

60 Überliefert nach *al-Buḫārī*, Hadith-Nr. 5569.

vom Jüngsten Tag als Tag der Offenbarung der Barmherzigkeit Gottes, als Tag der Vervollkommnung des Menschen, der aus der Barmherzigkeit Gottes erschaffen wurde und daher und wegen dieser Barmherzigkeit seine Vollkommenheit erlangen wird, schließt der Gewalt und Selbstjustiz im Namen eines Richtergottes die Tür.

2.7 Aus Liebe statt aus Angst handeln

Üblicherweise antwortet ein Muslim, der nach seinem endgültigen Ziel gefragt wird: »Dem Höllenfeuer zu entkommen und für immer ins Paradies zu kommen«. Wobei das Paradies meist im materiellen Sinne als Ort körperlicher Vergnügung aufgefasst wird. Dieser Wunsch findet seinen Ausdruck in den Bittgebeten vieler Menschen. Muslime kennen das Paradies und die Hölle nur durch die Aussagen des Koran. Der Koran beschreibt beide – wie oben dargestellt – als Orte der materiellen Belohnung bzw. materiellen Bestrafung.

Betrachtet man koranische Aussagen darüber, warum Gott den Menschen Propheten und Schriften geschickt hat, sieht man, dass das Ziel keineswegs aus ewigen materiellen Vergnügungen besteht: »Gott ist es, der den Menschen einen Gesandten aus ihrer Mitte geschickt hat, um ihnen seine Verse vorzutragen, sie zu läutern [vervollkommnen] und sie die Schrift und die Weisheit zu lehren.«[61] Diese Aussage wiederholt sich in der dritten Sure, Vers 164. Es geht also um die Einladung zur Läuterung des Menschen, um die Einladung zu seiner Vervollkommnung. Es geht nicht um eine Einladung zum ewigen körperlichen Vergnügen, bestehend aus Essen, Trinken und sexueller Befriedigung. Es wäre traurig, ja armselig, wenn der

---

61 Koran 62:2.

Mensch nur deshalb das Gute anstrebte, weil er sich davon körperliches Vergnügen im Jenseits erhofft. Körperliches Vergnügen als Motiv aufrichtigen und nützlichen Handelns wird der Würde des Menschen nicht gerecht. Es macht ihn zu einem Tier, das lediglich seinen körperlichen Bedürfnissen folgt. Ein guter Bekannter von mir, der seit vielen Jahren in Kanada lebt, erzählte mir von einer interessanten Begegnung mit seiner Schwester. Eines Tages, nachdem er sie über zehn Jahre nicht mehr gesehen hatte, wollte er sie in Dubai besuchen. Als er an ihrer Türe vor ihr stand, sagte er zu ihr: »Liebe Schwester, ich habe so viel gesündigt in meinem Leben, aber jetzt, wo ich alt geworden bin, möchte ich wieder Punkte sammeln, damit ich ins Paradies komme. So dachte ich mir, ich komme dich besuchen.« Daraufhin wollte sie ihn gar nicht in die Wohnung lassen und antwortete: »Dann geh bitte zurück, woher du gekommen bist und komm dann wieder, wenn du *mich* besuchen willst, wenn es dir um mich, deine Schwester, geht.« Das Gute zu tun, um letztendlich Profit für sich selbst herauszuschlagen – wenn auch erst im Jenseits –, ist egoistische Selbstliebe. Al-Ġazālī kritisiert diese Haltung, wie bereits angeführt, sehr scharf, dem Gläubigen solle es nicht um materielle Vergnügung im Paradies gehen, sondern um die Sehnsucht nach dem Antlitz Gottes.[62]

Man belügt sich offensichtlich selbst, wenn man behauptet, man verehre Gott durch Beten und Fasten, man aber in Wirklichkeit nur in ein Paradies voller materieller Vergnügungen kommen möchte! Man belügt sich offensichtlich selbst, wenn man behauptet, man verehre Gott, indem man Gutes tue, Armen helfe, freundlich zu seinen Mitmenschen sei, verantwortungsvoll handle usw., aber in Wahrheit nur auf die körperlichen Vergnügungen des Paradieses aus ist!

---

62 *Bauer* 1916, S. 41f.

Wer aus dem Motiv ewigen materiellen Vergnügens handelt, betet im Grunde nur sich selbst an.

Der Mensch ist nur dann vollkommen, wenn er das Gute um seiner selbst willen tut. »Weil es gut ist, tue ich es!«, und nicht: »Weil ich dadurch ins Paradies komme« (samt dem dahinter steckenden Bild von gutem Essen und Trinken sowie hübschen Mädchen) sollte die Devise sein. Damit der Mensch in seiner Menschlichkeit vollkommen wird, muss er höhere Motive und höhere Ziele anstreben. Gott hat den Menschen Propheten und Schriften geschickt, um ihnen auf diesem Weg zu helfen und sie an ihre Bestimmung als verantwortungsvolle Verwalter (*ḫalīf*, »*Kalif*«) in diesem Universum zu erinnern. Gott ruft den Menschen zur Vollkommenheit: Damit ruft er ihn zu sich selbst.

Die vielen Bilder von Paradies und Hölle im Koran dienten dazu, die Wüstenbewohner des siebten Jahrhunderts auf der Arabischen Halbinsel dort abzuholen, wo sie waren. Ihr Leben war einfach. Der Traum von grünen Gärten, von Wein, Essen und Trinken, von körperlichem Vergnügen war für Beduinen, die jeden Tag von Neuem ums Überleben kämpfen mussten, ein greifbares Motiv dafür, langsam ihr archaisches Leben mit seinen Bräuchen und Traditionen kritisch zu reflektieren. Diese koranischen Bilder tauchen besonders, wie schon erwähnt, in der mekkanischen Anfangsphase der Verkündigung als pädagogisches Konzept auf. Es ist vergleichbar mit den motivierenden Worten eines Elternteils, das z. B. zu seinem neunjährigen Kind sagt: »Wenn du in der Schule gute Noten schreibst, bekommst du das Computerspiel, das du dir wünschst!« Den Eltern geht es im Grunde nicht um die Noten in der vierten Klasse, sondern um die Zukunft ihres Kindes, sie wollen, dass es in der Schule Erfolg hat, damit es später einen guten Beruf erlernen kann und eine sichere Zukunft hat. Sie haben also ein viel höheres Ziel im

Sinn als die Noten der vierten Klasse und versprechen das PC-Spiel nur, weil sie dem Kind als Motiv etwas Greifbares aus der Lebenswirklichkeit in Aussicht stellen wollen. Mit den Worten »Wenn du in der Schule gute Noten schreibst, schaffst du dir damit gute Voraussetzungen für dein zukünftiges berufliches Leben«, kämen sie bei ihrem neunjährigen Kind nicht weit, da die Begriffe »Zukunft« und »berufliches Leben« kein Bestandteil seiner Lebenswirklichkeit sind und es sich also darunter nicht viel vorstellen kann. Es wäre jedoch traurig, wenn man einem 20-jährigen Mann ein PC-Spiel als Geschenk in Aussicht stellen müsste, damit er Zeit und Kraft in sein Studium investiert. Unterschiedliche Entwicklungsstufen benötigen unterschiedliche pädagogische Konzepte. Auch unterschiedliche historische Kontexte benötigen unterschiedliche, dem jeweiligen Kontext angepasste pädagogische Mittel.

Es ist eine naive Vorstellung, dass Gott auf seinem Thron sitzt und den Menschen Instruktionen schickt, um zu sehen, wer sich an sie hält und wer nicht, um dann diejenigen, die ihm gehorchen, zu belohnen und sich an den Ungehorsamen zu rächen. Diese Vorstellung wird Gott in keiner Weise gerecht. Sie macht aus ihm einen Diktator, der nur auf Gehorsam aus ist, der verherrlicht werden will und nach Selbstbestätigung sucht. Die Beziehung zu solch einem »Diktator-Gott« kann nur auf Angst basieren. Wie soll ich jemanden aufrichtig lieben, der mir Angst macht?! Wie kann ich eine gesunde Beziehung zu jemandem haben, der mir droht und mich erniedrigt, indem er seine Macht an mir erprobt?! Die Menschen sollten aus Liebe zu Gott, also zum Guten ethisch korrekt handeln, als Antwort auf die göttliche Liebe. »Er liebt sie und sie lieben ihn.«[63] In diesem Vers erwähnt Gott

---

63 Koran 5:54.

zuerst seine Liebe zu den Menschen, er war es, der den ersten Schritt auf die Menschen zu getan hat. Die Liebe des Menschen zu Gott soll die Antwort darauf sein. Gott ruft den Menschen zu sich mit Mitteln der Liebe und der Barmherzigkeit.

Die islamische Formel *allahu akbar*, die im islamischen Gebetsruf mehrmals wiederholt und mit der das rituelle islamische Gebet eingeleitet wird, bedeutet auf Deutsch: »Gott ist größer.« Die Formel sagt jedoch nicht größer als was. Viele muslimische Gelehrte interpretieren diese Formel im Sinne der Allmacht Gottes. Demnach bedeutet *allahu akbar*: »Gottes Macht ist größer als jede andere Macht im Universum«, und deshalb sei es ihm auch anheimgestellt, was er tue oder lasse.

Die Formel *allahu akbar* will uns sagen, dass Gott größer ist, als wir es uns vorstellen können. Egal wie man Gott denkt, Gott ist größer. Kann man nun einen Gott denken, der größer ist als ein allmächtiger Gott? Anders gefragt: Kann man einen Gott denken, der die Menschen mit Mitteln jenseits der Allmacht für sich gewinnen möchte? Diese Frage beantworte ich mit einem klaren Ja. Ein Gott, der uns mit Liebe und Barmherzigkeit zu sich ruft, ist größer. Er will uns nicht zu etwas zwingen, nicht manipulieren, uns keine Angst machen. Er will, dass wir uns in Freiheit, aus einer inneren Überzeugung und mit Vertrauen auf seine Barmherzigkeit zu ihm wenden.

Auch wenn der Mensch sündigt, bleibt Gott dem Menschen zugewandt, denn seine Barmherzigkeit ist bedingungslos und absolut. Deshalb sagt der Prophet Muhammad: »Gott streckt Arme der Liebe und Vergebung in der Nacht für diejenigen aus, die am Tag gesündigt haben, und er streckt Arme der Liebe und Vergebung am Tag für diejenigen aus, die in der Nacht gesündigt haben«.[64] Anders als viele muslimische

---

64 Überliefert nach *Muslim*, Hadith-Nr. 2759.

Gelehrte es darstellen, sagt dieser Hadith (prophetische Überlieferung), dass Gott sich dem Sündigen nicht verschließt. Er dreht ihm nicht den Rücken zu, sondern wartet mit offenen Armen auf seine Rückkehr. Der Mensch ist es, der sich Gott verschließt, der Mensch ist es, der Gott den Rücken zudreht, der Nein zu seiner Liebe sagt. In einer anderen Aussage des Propheten Muhammad wird die Freude Gottes über jeden, der sich ihm wieder zuwendet, bildhaft beschrieben: »Stellt euch vor, jemand ist alleine in der Wüste mit seinem Kamel unterwegs und plötzlich läuft das Kamel mit all seinem Essen und Trinken davon. Als der Mann es aufgibt, sein Kamel wieder zu finden und sich resignierend, auf den Tod wartend, auf den Boden legt, steht plötzlich sein Kamel mit Essen und Wasser neben ihm. Stellt euch die Freude dieses Menschen vor! So freut Gott sich über jeden, der sich von ihm ab- und wieder zugewandt hat, mehr als dieser Mensch in der Wüste über das Kamel.«[65]

2.8 Die Barmherzigkeit Gottes ist kein grünes Licht für die Sünde

Viele Muslime fragen mich: »Aber wenn das so ist, dass Gott immer barmherzig ist, auch zu dem Sündigen, ist das dann nicht grünes Licht für jeden, zu sündigen, so viel er will? Gott ist doch ohnehin barmherzig! Außerdem, wenn Gott zu uns allen gleich barmherzig wäre, dann wäre dies unfair. Es ist einfach ungerecht von Gott, einen, der um ein aufrichtiges Leben bemüht ist, gleich zu behandeln wie einen, der das nicht tut.« Das Problem, auf das diese Frage hinweist, liegt in der Frage selbst. Der Fragende geht von den Katego-

---

65 Überliefert nach *Muslim*, Hadith-Nr. 2744.

rien der Belohnung und Bestrafung aus. Die Barmherzigkeit Gottes hat aber nichts mit Belohnung oder Bestrafung zu tun. Der Prophet Muhammad sagte eines Tages zu einigen seiner Gefährten: »Unterstütze deinen Mitmenschen, wenn ihm Unrecht geschieht, aber auch, wenn er im Unrechten ist.« Da fragten seine Zuhörer verwundert: »Dass wir jemanden unterstützen, weil ihm Unrecht geschehen ist, verstehen wir, aber wie sollen wir jemanden unterstützen, der anderen Unrecht tut?« Der Prophet antwortete darauf: »Du hilfst deinem Freund, wenn er im Unrechten ist, indem du ihn davon abbringst.«[66] Und so möchte die Barmherzigkeit Gottes uns auch dann »abholen« und uns helfen, wenn wir uns auf dem falschen Weg befinden. Sie will uns nicht im Stich lassen, sondern uns auf den rechten Weg leiten.

In der Barmherzigkeit Gottes gründet sein ewiger Entschluss zur Erwählung des Menschen. Zu diesem ewigen Plan Gottes gehört sein Wille zur Integration des Menschen in seine Gemeinschaft. Voraussetzung dafür ist jedoch die Vervollkommnung des Menschen, die sich in der Annahme göttlicher Liebe und Barmherzigkeit ausdrückt. Dazu muss sich der Mensch in Freiheit entscheiden. Die Sünde wirft den Menschen jedoch jedes Mal ein Stück auf dem Weg der Vollkommenheit zurück. Die Sünde steht daher im Gegensatz zur Vollendung der Barmherzigkeit Gottes und wird keineswegs durch sie bedeutungslos.

Die Barmherzigkeit Gottes drückt sich darin aus, dass er um uns bekümmert ist. Es lässt ihn nicht kalt, wenn Unrecht geschieht. So sagte der Prophet: »Gott ist betroffen, wenn jemand sündigt.«[67] Der Mensch ist Gott eben nicht gleichgültig, Gott ist sowohl vom Leid dessen betroffen, dem Unrecht

---

66 Überliefert nach *al-Buḫārī*, Hadith-Nr. 2311.
67 Überliefert nach *al-Buḫārī*, Hadith-Nr. 5222.

geschieht, als auch dadurch, dass der Sünder sich mit seinem unrechten Handeln von ihm abwendet. Es ist jedoch ein großer qualitativer Unterschied, ob man nicht sündigt, weil man Angst vor der Hölle hat, oder weil man Vollkommenheit und damit die Gemeinschaft Gottes anstrebt.

Einige Muslime sagen: »Ich strenge mich die ganze Zeit an, vermeide diesen oder jenen Genuss im Leben, und am Ende ist Gott zu mir genauso barmherzig, wie zu denen, die alles genossen haben?!« Dieses Argument bringt eine gewisse Unzufriedenheit zum Ausdruck: Man empfindet es als Last, nicht zu sündigen, man ist nicht ganz davon überzeugt, der Verzicht auf Sünden kommt nicht von Herzen. Ein Freund von mir, der in einem arabischen Land als muslimischer Gelehrter arbeitet, erzählte mir von einem Engländer, der mit sechzig Jahren den Islam annehmen wollte. Er ging zu einem Imam und fragte ihn, ob er den Islam annehmen könne. Der Imam verneinte dies. Der Engländer war sehr enttäuscht und kam nach langer Verzweiflung zu meinem Freund und stellte ihm dieselbe Frage. Mein Freund sagte ihm, natürlich könne er sofort zum Islam übertreten. Als mein Freund den Imam zur Rede stellte, sagte dieser: »Der Mann ist sechzig Jahre alt, er hat alles im Leben genossen, schöne Mädchen, Alkohol, und nun soll er mit mir ins Paradies kommen, der ich nichts davon gehabt habe, was er lebenslang genossen hat?! Das geht nicht!« Es ist ein grundsätzliches Problem, dass Sünde lediglich rein materiell gedacht wird als Verstoß gegen ein Gebot bzw. Verbot (z. B. das Unterlassen eines Gebets oder Alkoholgenuss). Die eigentliche Sünde setzt dort ein, wo Achtung und Liebe für andere und für sich selbst fehlen. Sünde ist kein juristischer Begriff, sondern ein Ausdruck einer inneren Unausgeglichenheit des Menschen, die den Menschen daran hindert, Liebe und Barmherzigkeit zur Wirklichkeit zu machen. Anders ausgedrückt: die ihn daran hindert, sein Leben auf Gott hin aus-zurichten.

Gelehrte, die Freitag für Freitag von der Kanzel in ihren Pre-digten den Menschen mit dem Zorn Gottes und seiner Strafe drohen, wenn sie seine Vorschriften nicht einhalten, schaffen sich eine gewisse Machtstellung, sie drohen den Menschen im Namen Gottes. Kaum etwas schreckt die jungen Muslime mehr ab als Gelehrte, die glauben, bestimmen zu können, wer ins Paradies und wer in die Hölle kommt. Manche würden wohl selbst Gott, wenn er eine andere Meinung als sie selbst vertreten würde, in die Hölle schicken. Ich zweifle nicht nur an der guten Absicht, sondern auch an der psychischen Verfas-sung eines Menschen, der behauptet, Gott zu lieben, zugleich aber anderen Menschen das Höllenfeuer wünscht! Ein guter Mensch, der seine Vollkommenheit anstrebt, wünscht allen Menschen, unabhängig davon, ob sie seiner Meinung sind oder nicht, die ewige Glückseligkeit und schließt sie in seine Gebete ein. Er würde sich sogar freuen, wenn er wüsste, dass Gott sich auch der Sündigen am Ende erbarmen würde, ja, dass Gott sich sogar derer, die ungewollt nicht an ihn geglaubt haben, weil sie entweder nichts oder nur ein verzerrtes Bild von ihm mitbekommen haben, am Ende erbarmen würde. Eine gesunde Seele, die mit göttlicher Liebe und Barmherzigkeit erfüllt ist, würde sich dies unbedingt wünschen.

Der Koran unterstreicht, dass die einzig wahre Verfügung über die Barmherzigkeit bei Gott liegt und nicht beim Men-schen. Denn der Mensch würde die göttliche Barmherzigkeit, die alle und alles umfasst, nur selektiv vergeben und vielen vor-enthalten: »Wenn ihr über die Vorräte der Barmherzigkeit Got-tes verfügen würdet, würdet ihr aus Furcht, euch zu veraus-gaben, Zurückhaltung üben. Denn der Mensch ist geizig.«[68]

---

68 Koran 17:100.

Viele Menschen missverstehen die Rede von der Barmherzigkeit Gottes und glauben, dass seine Barmherzigkeit im Spannungsverhältnis zur Gerechtigkeit stünde. Sie meinen, wenn Gott der absolut Barmherzige ist, dann wird er allen Sündern ihre Sünden bedingungslos vergeben, und somit wird niemand für seine Verfehlungen zu Rechenschaft gezogen. Dieses Denken resultiert aus einem Missverständnis der Barmherzigkeit Gottes. Weiter oben habe ich eine wichtige koranische Unterscheidung zwischen dem Attribut Gottes als der Allbarmherzige (*ar-Raḥmān*) und seinem Attribut Allerbarmer (*ar-Raḥīm*) angeführt. Allerbarmer bezieht sich auf die Eigenschaft Gottes der Vergebung. Allbarmherziger bezieht sich auf mehrere Aspekte, darunter den ewigen Plan Gottes, den Menschen in seine Gemeinschaft einzuschließen. Dazu muss sich der Mensch vervollkommnen. Gott ist also an Gerechtigkeit interessiert, er ist aber an mehr als nur an der Wiederherstellung von Gerechtigkeit interessiert. Er will, dass sich der Mensch, ob Täter, oder Opfer, vervollkommnet und in die Gemeinschaft Gottes eintritt. Folgendes Beispiel soll diesen Gedanken veranschaulichen: Wenn in einem Streit zwischen zwei jungen Brüdern der eine dem anderen Unrecht tut und beide zu ihrer Mutter gehen, damit sie zwischen ihnen schlichtet, dann ist die Mutter auf jeden Fall daran interessiert, dass der eine, dem Unrecht getan wurde, sein Recht (z. B. sein Eigentum) wieder bekommt. Die Wiederherstellung von Gerechtigkeit, in dem der eine Bruder dem anderen sein Eigentum wiedergibt, reicht allerdings lange nicht, um die Mutter zufriedenzustellen, denn sie ist darüber enttäuscht, dass der eine Bruder, der dem anderen Unrecht getan hat, überhaupt in der Lage gewesen ist, dies zu tun, sie will es nicht wahr haben, dass ihr Sohn ungerecht handelt, sie kann sich mit diesem Zustand nicht zufrieden geben. Die Mutter will, dass sich ihre Kinder vorbildhaft verhalten. Sie ist nur dann beruhigt, wenn sie weiß, dass ihre Kinder in der Zukunft nicht mehr auf die Idee kommen, sich selbst oder wem auch immer Unrecht zu tun. Die Mutter ist also an der Vervollkommnung ihrer Kinder interessiert. Und so ist Gott auch an der Wiederherstellung von Gerechtigkeit interessiert, er bleibt aber nicht dabei stehen. Daher stimmt es, dass er der Richter ist, aber seine Eigenschaft als Richter ist nur ein Teil seiner Wirklichkeit, Gott ist mehr als nur ein Richter, er will mehr als nur Gerechtigkeit. Diese will er unbedingt, er will aber darüber hinaus, dass der Täter geläutert wird, dass er durch Einsicht zur Vervollkommnung seines Selbst kommt und dass das Opfer in der Lage ist, zu vergeben und nicht auf Rache zu bestehen. Deshalb sagte der Prophet zu seinen Gefährten: »Hilf deinem Nächsten, egal, ob ihm Unrecht getan wurde oder ob er Unrecht tut.« Seine Gefährten waren sehr verwundert und fragten nach: »Dass man jemandem hilft, dem Unrecht getan wird, ist ja verständlich, aber jemandem zu helfen, der Unrecht tut, das verstehen wir nicht!« Der Prophet sagte: »Hilf dem, der Unrecht tut, indem du ihn von seinem unrechten Handeln abbringst.«[69] Der Prophet war also nicht nur an der Wiederherstellung von Gerechtigkeit interessiert, sondern darüber hinaus daran, demjenigen zu helfen, der Anderen Unrecht tut, und zwar nicht, indem man ihn bestraft, sondern indem man zu Maßnahmen greift, die diesen Menschen zur Einsicht bringen. Die Veränderung muss von Innen kommen, und so sagt Gott im Koran: »Gewiss, Gott ändert die Lage eines Volkes nicht, ehe die Menschen nicht selbst ihre Lage ändern.«[70] Barmherzig-

---

69 Überliefert nach *al-Buḫārī*, Hadith-Nr. 2311.
70 Koran 13:11.

keit schließt also Gerechtigkeit keineswegs aus, Gott geht es nicht darum, Menschen grünes Licht zur Sünde zu geben, um dann im Namen der Barmherzigkeit allen zu vergeben, dies würde zu Anarchie führen. Dadurch würde sich auch der Plan Gottes nicht verwirklichen, denn Gott strebt nach der Vervollkommnung des Menschen, um ihn in seine Gemeinschaft aufzunehmen. Und so sagte der Prophet, dass Gott Sünden, die zwischen den Menschen stattgefunden haben, auch im Jenseits nicht über die Köpfe der Opfer hinweg vergeben wird. Erst wenn die Opfer vergeben, vergibt Gott. Durch seine Barmherzigkeit wird Gott dem Täter mit seinen Verfehlungen, ja mit den Opfern selbst konfrontieren, damit dieser durch diesen schmerzhaften Prozess zur Einsicht kommt und die Chance erhält, sich zu vervollkommnen. Durch die erfahrenen Schmerzen geschieht Vergeltung und Wiederherstellung von Gerechtigkeit, aber auch Einsicht und innere Transformation, die das Opfer dann dazu motivieren, zu vergeben. Und so werden Gerechtigkeit und Barmherzigkeit verwirklicht.

3. Gottes Beziehung zu Mensch und Welt

3.1 Gott sucht Mitliebende

Warum hat Gott eigentlich den Menschen erschaffen, und wie handelt er in der Welt? Wenn Gott größer ist, als gedacht werden kann, kann er den Menschen nicht deshalb erschaffen haben, um vom Menschen verherrlicht zu werden. Ein vollkommener Gott ist auf jeden Fall größer als ein Gott, der die Schöpfung benötigt, um verherrlicht zu werden und sich dadurch in seiner Majestät bestätigt zu fühlen. Gott sucht nicht nach Bestätigung seiner Allmacht, auch nicht nach einer Demonstration seiner Herrlichkeit. Er ist sich selbst genug und auf niemanden angewiesen. Der Gedanke, Gott habe die Menschen erschaffen, weil er verherrlicht oder angebetet werden wolle, macht aus Gott einen von Minderwertigkeitsgefühlen geplagten, egoistischen »Diktator«, der auf der Suche nach sich selbst ist. Das ist dann aber nicht mehr Gott.

Wenn es Gott aber nicht darum geht, verherrlicht zu werden, warum hat er dann den Menschen erschaffen? Sure 55, die den Titel »der Allbarmherzige« (*ar-Raḥmān*) trägt, gibt eine klare Antwort darauf: aus seiner bedingungslosen Barmherzigkeit. Der Koran drückt dies so aus: »Es ist der Allbarmherzige, der den Menschen den Koran gelehrt hat, der den Menschen erschaffen hat.«[1] Gott hat den Menschen in seiner Eigenschaft als Allbarmherziger erschaffen, und das wissen Muslime durch den Koran, also durch die Mitteilung Gottes. In obigen Versen ist nicht die Begründung der Schöpfung

---

1 Koran 55:1–3.

angesprochen, etwa: »Weil Gott barmherzig ist, hat er sich für die Erschaffung des Menschen entschieden«, denn Gott ist immer entschieden, er ist das Unbedingte, das Absolute, das nicht in der Zeit lebt und nicht in der Zeit Entscheidungen trifft, mit anderen Worten: Die Entschiedenheit Gottes für die Erschaffung des Menschen geht auf seinen ewigen Willen zurück, sie ist Bestandteil seiner Eigenschaft als Allbarmherziger, seiner ewigen Entschiedenheit, mit dem Menschen Kontakt aufzunehmen und sich ihm mitzuteilen. Diese ewige Entschiedenheit Gottes realisiert sich jedoch in einer zeitlichen Dimension, die sich nicht außerhalb von Gott befindet. In Gott befindet sich die ganze Schöpfung, die der Zeit unterworfen ist. Gott selbst unterliegt der Zeit nicht, hat aber diese zeitliche Dimension in sich, die sein Eingreifen in der Zeitlichkeit, also in der Geschichte, möglich macht. Würde man die Zeit-Dimension außerhalb von Gott lokalisieren wollen, müsste man eine Grenze definieren, wo bzw. wann Gott aufhört, damit etwas anderes, das außerhalb von ihm ist, beginnen kann. Diese panentheistische Vorstellung unterscheidet sich von einer pantheistischen. Im Pantheismus sind Gott und Welt identisch. Dem Panentheismus zufolge dagegen ist die Welt in Gott erhalten, der demnach also mehr ist als die Welt. Gott und Welt sind im Panentheismus nicht identisch. In Bezug auf die Frage, ob Gott außerhalb der Welt zu denken ist (Transzendenz) oder in der Welt (Immanenz), ist der Pantheismus in der Mitte positioniert. Da Gott ewig und absolut ist, ist die zeitliche Dimension in ihm nicht irgendwann entstanden, sondern war seit jeher in ihm existent. Er greift in diese durch sein Wort ein. So heißt es im Koran z. B.: »Wenn wir eine Sache wollen, dann sagen wir zu ihr nur: ›Sei!‹, dann wird sie.«[2] »Hierauf wandte er

---

2 Koran 16:40.

sich zum Himmel, der aus Rauch bestand, und sagte zu ihm und zur Erde: ›Kommt her, freiwillig oder widerwillig!‹ Sie sagten: ›Wir kommen freiwillig.‹«[3]

Gott war also immer für die Schöpfung entschieden, und dies aus seiner absoluten Barmherzigkeit heraus, weil er Mitliebende sucht. Jedoch, wie schon gesagt, nicht deshalb, weil er Mitliebende brauchte, sondern weil er seine Liebe und Barmherzigkeit teilen will, und dies tut er eben aus seiner Liebe und Barmherzigkeit heraus. Und so sagt er im Koran: »Er liebt sie und sie lieben ihn.«[4] Hier sagt der Koran unmissverständlich, worum es eigentlich geht; Gott sucht Mitliebende, und er macht den ersten Schritt. Gott wollte seine Liebe und Barmherzigkeit nicht für sich behalten, sondern teilen. Er ist seit Ewigkeit eine Beziehung mit dem Menschen eingegangen, schon vor dessen Schöpfung, dies zeugt von seiner ewigen Liebe und Barmherzigkeit zum Menschen. Die Schöpfung des Menschen macht die Verwirklichung dieser Liebe möglich.

Gottes Liebe ist ein Angebot an den Menschen, sie zu erwidern. Gott braucht die Schöpfung nicht, um barmherzig zu sein, oder damit sich seine Barmherzigkeit vollende. Die Barmherzigkeit Gottes war als seine Wesenseigenschaft immer da. Absolute Barmherzigkeit ist ja nichts anderes als Gott, und Gott ist die absolute Barmherzigkeit. Nur die Offenbarung dieser Barmherzigkeit, die Offenbarung Gottes selbst, seine Selbstmitteilung, bedarf eines Gegenübers, das in der Lage ist, sie in der Zeitlichkeit zu erfahren, damit sich die göttliche Intention, Mitliebende zu gewinnen, verwirklichen kann. Denn Barmherzigkeit bedeutet nichts anderes als die bedingungslose Zuwendung Gottes dem Menschen gegen-

---

3 Koran 41:11.
4 Koran 5:54.

über. Die Offenbarung der Barmherzigkeit Gottes kann sich nur in Beziehung zur Schöpfung verwirklichen.

3.2 Die Gott-Mensch-Beziehung ist eine Liebesbeziehung

Die Vorstellung von der Gott-Mensch-Beziehung wird stark vom jeweiligen Gottesbild bestimmt. Zugespitzt gesagt, gibt es zwei idealtypische Positionen: Die erste sieht in der Religion lediglich Instruktionen (instruktionstheoretisches Modell), die zweite versteht sie als Ausdruck einer dialogischen Beziehung zwischen Gott und Mensch (dialogisches Modell).

Die Gott-Mensch-Beziehung ist keine Herr-Knecht-Beziehung

Viele Muslime projizieren ihre Vorstellung von einem mächtigen Familienoberhaupt oder von einem archaischen Stammesvater, dem man unhinterfragt gehorchen und sich unterwerfen muss, auf ihre Vorstellung von Gott. Demnach gestaltet sich die Gott-Mensch-Beziehung als Beziehung zwischen einem Herrn und seinem Knecht, wie wir uns eine Herr-Knecht-Beziehung vorstellen; einen Knecht, der keine Freiheit besitzt und lediglich wie eine Marionette Anweisungen seines Herren ausführt. Der Herr braucht seinen Knecht, er ist auf seine Dienste angewiesen, um seine Herrlichkeit genießen zu können. Will aber Gott wirklich, dass Menschen ihm dienen? Braucht er unseren Dienst? Diese Vorstellung eines restriktiven Gottes, dem es nur um sich selbst geht, unterscheidet sich kaum von der Vorstellung eines restriktiven Diktators, dem es nicht um die Interessen seines Volkes geht, sondern um die Unterwerfung der Menschen unter seinen Willen. Der Mensch ist unmündig, er ist auf die Instruktionen Gottes angewiesen. Der Koran und die prophetische Tradition werden in dieser Sichtweise als Instruktionen wahrgenommen, die Gott dem Menschen verkündet, da dieser nicht in der Lage sei, von sich aus zu erkennen, was gut und was schlecht für ihn ist. Der Koran und die Sunna (die prophetische Tradition) sind demnach eine Art Bedienungsanleitung für das Funktionieren des Menschen. Diese Metapher wird sehr oft von Gelehrten benutzt, die damit die Unmündigkeit des Menschen und seine Angewiesenheit auf göttliche Instruktionen unterstreichen wollen. Ihr Argument lautet: »Wie der Konstrukteur einer Maschine diese am besten kennt und zur optimalen Nutzung eine Bedienungsanleitung beilegt, weiß Gott, der Schöpfer des Menschen, am besten, was für den Menschen gut und was schlecht ist. Daher müssen wir uns an seine Anleitung halten, auch dann, wenn uns der Sinn nicht immer einleuchtet. Man muss nicht immer alles verstehen. Wir müssen einfach nur das tun, was Gott sagt, dann ist alles in Ordnung, dann kann nichts schief gehen. Unser Verstand ist ohnehin so begrenzt, dass er nie alles wird nachvollziehen können, daher soll man nicht krampfhaft versuchen, alles zu verstehen.« Problematisch an dieser Vorstellung ist, dass im Menschen eben lediglich eine Maschine gesehen wird. Die Freiheit des Menschen, seine Selbstbestimmung und der Stellenwert seiner Vernunft, mit der er Entscheidungen treffen kann, rücken weit in den Hintergrund. Die Beziehung des Menschen zu Gott wird auf eine Dimension reduziert, nämlich die des Gehorsams. Gehorsame werden für ihren Gehorsam belohnt, Ungehorsame entsprechend bestraft. Diese Perspektive impliziert, dass es Gott um sich selbst geht, also um blinden Gehorsam ihm gegenüber. Die Fähigkeit des Menschen, sein Leben selbst in die Hand zu nehmen, Gotteserfahrungen zu machen und diese zu reflektieren, eine individuelle Beziehung zu Gott aufzubauen, eine eigene Religiosität zu entwickeln und diese selbst zu verantworten, für sich selbst zu entscheiden, wie er sein Leben entwerfen und auf Gott individuell ausrichten sowie eine aufrichtige Beziehung zu ihm aufbauen will – all das wird ignoriert und unterdrückt. Wäre es aber nicht unfair von Gott, uns eine Vernunft zu geben, die verstehen will, die viele Fragen hat und vieles hinterfragen will, die dem folgen will, was ihr einleuchtet, was sie nachvollziehen kann – aber zugleich von uns zu erwarten, diese Vernunft zu unterdrücken? Ist dann Vernunft eine Falle, die Gott dem Menschen gestellt hat, um zu sehen, ob er sich für das blinde Gehorchen oder das kritische Reflektieren entscheidet? Spielt Gott die Vernunft gegen sich selbst aus? Ist die Vernunft der Hauptfeind des Menschen? Ist das menschliche Leben ein einziger Kampf gegen die eigene Vernunft? Sind diejenigen Sieger, die sich für Gott und gegen die Vernunft entschieden haben, und die Verlierer, die sich zur Vernunft und gegen Gott gewandt haben?! Viele Gelehrte, aber auch viele Religionskritiker spielen Gott gegen die Vernunft aus. Sie stellen die Menschen vor die Wahl: entweder Gott oder die Vernunft. Diese Position wird weder Gott noch der Vernunft gerecht. Beide gehen dadurch verloren. Aus Gott wird ein selbstsüchtiger Diktator, und die Vernunft wird ausgeschaltet.

Diesem Modell nach ist der Koran nichts anderes als ein Gesetzesbuch mit klaren Instruktionen, an die sich der Mensch unhinterfragt halten muss. Sowohl der historische Kontext der Verkündigung als auch der der Rezipienten spielen keine Rolle. Aus dem Islam wird somit eine Gesetzesreligion, ein juristisches Schema, das möglichst alle Lebensbereiche des Menschen bestimmen soll. Alle göttlichen Anweisungen, unabhängig davon, ob sie den Gottesdienst oder die gesellschaftliche Ordnung betreffen, benötigt Gott demnach für seine Verherrlichung. Dies impliziert, dass

Gott in seiner Herrlichkeit gekränkt oder beleidigt ist, wenn sie nicht eingehalten werden. Gottes Zorn richtet sich dieser Interpretation nach gegen den Menschen und dient dazu, seine Herrlichkeit und Allmacht zu demonstrieren. Denken wir allerdings Gott als zornig, weil er nicht zu Genüge geehrt wird, dann denken wir Gott nicht als vollkommen. Es gibt einen größeren Gott als diesen: einen, dem es eben nicht um sich selbst, sondern um den Menschen geht. Der bekannte persische Mystiker Rumi bringt dies folgendermaßen durch die Worte Gottes zum Ausdruck: »Ich habe nicht befohlen (den Gottesdienst), damit ich irgendeinen Profit daraus erziele, sondern um meinen Dienern Güte zukommen zu lassen.«[5]

Menschen, die dieses Bild von Gott als Richtergott haben, führen sich interessanterweise selbst wie Richter auf. Alles in der Welt ist für sie entweder schwarz oder weiß, gut oder böse. Die Menschen sind entweder Gott gehorsam, dann sind sie gut, oder ungehorsam, dann sind sie schlecht. Sie bestimmen die Beziehung zwischen Gott und Mensch lediglich über diesen Aspekt des Gehorsams, d. h. über die Einhaltung oder Nichteinhaltung von Gesetzen. Von der Zuwendung zu Gott im Sinne der Zuwendung zur Liebe und Barmherzigkeit ist kaum die Rede. Für die Vertreter dieser Lehrmeinung sucht Gott nicht Mitliebende, sondern Sklaven. Viele dieser Menschen beeilen sich, anderen Menschen, die ihre Beziehung zu Gott nicht auf Basis von Gehorsam, sondern von Liebe gestalten und Gott aus Liebe und nicht als Pflichterfüllung anbeten, ihren Glauben abzusprechen, da sie es im Grunde nicht ertragen können, freie Menschen zu

---

5 *Jalalu'ddin Rumi*: The Mathnawi of Jalalu'ddin Rumi. Edited and translated by Reynold A. Nicholson. Cambridge 1926. Volume II, Verse 1750–1771.

sehen, wo sie selbst versklavt wurden. Eines haben sie jedoch nicht verstanden: Sie haben sich selbst versklavt. Was dabei verloren geht, ist das, worum es eigentlich geht: die Liebe.

Gott kommuniziert zu jeder Zeit mit dem Menschen

Gott braucht den Menschen nicht, und trotzdem hat er ihn erwählt. Er tat dies, wie schon gesagt, aus seiner bedingungslosen Barmherzigkeit, weil er seine Liebe teilen will; er sucht Mitliebende. Somit ist Gott den ersten Schritt auf den Menschen zugegangen. Er hat dem Menschen aber auch von seinem Geist eingehaucht, und so trägt der Mensch etwas Göttliches in sich. Als Ausdruck dieses »Heiligen« im Menschen mussten sich die Engel vor ihm niederwerfen: »Als ich [Gott] ihn [den Menschen] erschuf und ihm von meinem Geiste einhauchte, warfen sich die Engel vor ihm nieder.«[6] Dieses Göttliche im Menschen ist zugleich ein Medium, das das Unbedingte (Gott) mit dem Bedingten (dem Menschen) verbindet. Gott hat den Menschen erschaffen, und er interessiert sich für ihn. Er möchte mit ihm in einen Dialog treten. Dadurch würdigt Gott den Menschen, und diese dem Menschen verliehene Würde darf nicht angetastet werden, denn sie ist eine göttliche Auszeichnung: »Wir haben den Kindern Adams Würde verliehen.«[7] Gott ruft den Menschen zu sich, zu seiner Liebe und Barmherzigkeit, er möchte aber, dass sich der Mensch in Freiheit für ihn entscheidet. Sein Ruf ist ein Angebot, eine Einladung zu seiner Gemeinschaft. Deshalb hat Gott den Menschen nicht gleich in einem vollkommenen, paradiesischen Zustand erschaffen, sondern dem Menschen beide Möglichkeiten offengelassen: sich für das

---

6 Koran 15:29.
7 Koran 17:70.

Gute oder das Schlechte zu entscheiden: »Gott hat dem Menschen die Sündhaftigkeit und Aufrichtigkeit gegeben.«[8] Die Idee des Teufels steht auch metaphorisch für das Böse, das Gott als Voraussetzung für die freie Hinwendung des Menschen zu Gott zugelassen hat. Gäbe es für den Menschen keine Möglichkeit, sich für das Schlechte zu entscheiden, könnte der Mensch nicht anders als gut handeln. Gerade dieser Umstand, dass Gott eine freie Entscheidung des Menschen für sich wünscht, ist ein Zeichen seiner Würdigung des Menschen.

Den Urzustand, in dem der Mensch erschaffen wurde, bezeichnet der Koran als *fiṭra*, ein ontologischer Zustand, der nach der Vervollkommnung des Menschen strebt und seine Verwirklichung in ihr findet. *Fiṭra* drückt also die Veranlagung des Menschen aus, sein Leben auf Gott hin auszurichten. Freiheit bedeutet jedoch nicht nur die Abwesenheit von Zwang bzw. äußerlichen Hindernissen, auch nicht nur die Wahlfreiheit zwischen Alternativen, denn die vorhandenen Alternativen könnten alle schlecht sein. Freiheit ist dann gegeben, wenn man sich für sein Ziel entscheiden und es verwirklichen kann. Wenn der Mensch seine *fiṭra* verwirklichen kann, in dem Sinne, dass er sein Leben auf Gott, auf Liebe und Barmherzigkeit, ausrichten kann, dann ist seine Freiheit gegeben. Gott will, dass sich der Mensch in Freiheit auf diesen Weg begibt und sich bewusst für ihn entscheidet. Es entspricht dem Willen Gottes, dass der Mensch vollkommen wird, weil dies die Voraussetzung dafür ist, in die Gemeinschaft Gottes aufgenommen zu werden. Vollkommen ist, wer anstrebt, vollkommen zu sein mit dem Wissen, nie vollkommen, im Sinne von fehlerfrei sein zu können. Vollkommen ist demnach derjenige, der in einem lebenslangen Pro-

---

8 Koran 91:8.

zess immer und immer an sich arbeitet, nach seinen Schwächen sucht, um diese zu ändern, und seine Stärken erkennt, um sie zu fördern. Vollkommen ist, wer zwar Fehler macht, aus diesen aber lernt; wer seine innere Ausgeglichenheit anstrebt; wer bestrebt ist, in seinem Gegenüber stets das Positive zu sehen; wer seine Mitmenschen lieben kann; wer verzeihen kann. Zum Vollkommensein gehört aber auch, sich seiner Verantwortlichkeit für sich und für die Schöpfung bewusst zu sein und bemüht zu sein, entsprechend zu handeln. Seine Vervollkommnung muss der Mensch selbst in die Hand nehmen. Aus Barmherzigkeit ließ Gott den Menschen nicht alleine, sondern schickte ihm Propheten und Schriften, zur Erinnerung an sein Streben nach Vervollkommnung. Der Prophet Muhammad drückt dies so aus: »Ich bin entsandt, um die guten Charaktereigenschaften der Menschen zu vervollkommnen.«[9] Weder Propheten noch Schriften kamen jedoch mit Instruktionen, die alle Details des Lebens regeln und den Menschen dadurch bevormunden. Den Weg muss der Mensch selbst finden und gehen. Dieser Weg ist unterschiedlich. Jeder muss in sich gehen, seine Stärken und seine Schwächen erkennen und an sich arbeiten. Dafür gibt es kein allgemeingültiges Rezept. Als einmal ein Mann den Propheten Muhammad um einen Ratschlag bat, sagte dieser zu ihm: »Sei nicht zornig!«, und wiederholte dies mehrmals. Einem anderen antwortete der Prophet auf die Frage nach dem besten Handeln: »gute Charaktereigenschaften haben«, ein andermal erwiderte er auf dieselbe Frage: »die Lobpreisung Gottes«, wieder ein andermal: »das rituelle Gebet zu Beginn der Gebetszeit«, und zu anderer Gelegenheit sagte er: »Der Bessere von euch ist der, der besser zu seiner Frau ist.« Der Prophet gab also je nach den Umständen des Fra-

---

9 Überliefert nach *al-Ḥākim*, al-Mustadrak, Hadith-Nr. 4159.

genden bzw. der Zuhörerschaft eine andere Antwort auf mehr oder weniger dieselbe Frage. Das zeigt: Ein allgemeingültiges Rezept gibt es nicht. Gott möchte, dass es dem Menschen, jedem Menschen, gelingt, sich zu vervollkommnen. Gott schaut dabei nicht tatenlos zu, sondern er kommuniziert mit dem Menschen mittels Propheten und Schriften, aber auch mittels Eingebung, die jeden Menschen erreicht (arab.: *wahy*, auch: *ilhām*). Der Koran führt dazu einige mit Propheten in Zusammenhang stehende Beispiele an. Dazu muss hier angemerkt werden, dass im Koran Propheten nicht als Übermenschen gezeichnet werden, sondern als Prototypen des Menschen, um so etwas über die Gott-Mensch-Beziehung im Allgemeinen aussagen zu können. Gerade die Prophetengeschichten im Koran verdeutlichen die dialogische Beziehung zwischen Gott und Mensch. Die göttliche Eingebung hat die Funktion, dem Menschen neue Sichtweisen zu öffnen, sie erweitert seine Optionen, insbesondere dann, wenn er nicht mehr weiter weiß. Ob der Mensch sich für eine dieser neuen Optionen entscheidet, ist ihm selbst überlassen. Gott würdigt die Freiheit des Menschen und zwingt den Menschen daher zu nichts, er macht ihm lediglich und immer wieder von neuem Angebote. Auch wenn der Mensch diese Angebote ablehnt, hört Gott auf keinen Fall auf, dem Menschen immer und immer wieder Angebote zu machen und die Situation neu zu kalkulieren, sodass – egal wie oft der Mensch diese Angebote ablehnt – Gott immer das nächstbeste mögliche Angebot inspiriert.

Als Moses in der Wüste nicht weiter wusste und ihn sein Volk um Wasser bat, kam die *wahy*: »Schlag mit deinem Stock auf den Felsen!«, woraufhin zwölf Quellen aus dem Felsen hervorströmten.[10] Und als Moses und die Israeliten

---

10 Vgl. Koran 7:160.

vom Pharao und seinen Soldaten verfolgt wurden und nicht mehr weiter wussten, kam die ermutigende *wahy*: »Zieh mit meinen Dienern nachts los! Und dann schlag ihnen mit deinem Stock einen trockenen Weg durch das Meer, und du brauchst weder Furcht noch Angst zu haben.«[11] Eine *wahy* diente ihm auch schon als Warnung vor dem Pharao: »Und wir gaben dem Moses ein: ›Zieh mit meinen Dienern nachts los! Man wird euch verfolgen.‹«[12] Auch als Neugeborener wurde er durch eine *wahy* vor dem sicheren Tod errettet: »Und wir gaben der Mutter Mose ein: ›Stille ihn! Und wenn du fürchtest, [dass er umgebracht werden könnte,] dann setze ihn im Meer aus und hab keine Angst [um sein Leben] und sei nicht traurig! Wir werden ihn dir zurückbringen.«[13] Auch in der Geschichte vom Propheten Josef taucht eine Hoffnung erweckende *wahy* auf: »Als sie [Josefs Brüder] mit ihm gingen und übereingekommen waren, ihn in den Brunnen zu werfen, gaben wir ihm ein: ›Du wirst ihnen später über das, was sie da getan haben, Kunde geben.‹«[14] Solche Eingebungen beschränken sich nicht auf Propheten, denn auch der Mutter von Moses wurde eingegeben, obwohl sie keine Prophetin war. Solche und ähnliche Erzählungen im Koran wollen uns Menschen auf die göttliche Stimme in uns, die uns immer wieder Mut und Hoffnung machen will, aufmerksam machen. Göttliche Eingebungen betreffen jeden Menschen zu jeder Zeit. Sie finden Eingang durch spontane Gedanken und Ideen. Der Mensch muss sie rational abwägen und dann Entscheidungen treffen. Diese Art der Eingebung ist nicht mit einer göttlichen Verkündigung zu verwechseln, bei der es um die göttliche Berufung etwa von Propheten geht. Bei der Ein-

---

11 Koran 20:77.
12 Koran 26:52.
13 Koran 28:7.
14 Koran 12:15.

gebung handelt es sich vielmehr um ein Eingreifen Gottes, der mit dem Menschen kommunizieren möchte, wenn sich der Mensch in einer verzweifelten oder kritischen Situation befindet, denn Gott schaut unserem Elend nicht tatenlos zu. Die Frage ist, ob der Mensch bereit ist, diese Stimme zu registrieren. Dazu braucht er eine Reise in sein tiefstes Inneres.

Dadurch, dass Gott durch solche Eingebungen in unser Leben eingreift, schränkt er nicht die Freiheit des Menschen ein. Gott versucht dem Menschen immer und immer wieder neue und andere Optionen und Alternativen zu eröffnen, neue Ideen einzugeben, hat aber zugleich Respekt vor der Freiheit des Menschen, der letztendlich für sich selbst Verantwortung tragen muss.

Religion dient nicht dazu, den Menschen zu bevormunden, ihm Instruktionen vorzuschreiben, ihn seiner Freiheit zu berauben oder seine Vernunft zu unterdrücken. Religion will dem Menschen Sinn für sein Leben geben, ihn an sein Menschsein erinnern, ihm aber auch die Möglichkeit bieten, eine Beziehung zu Gott aufzubauen. Dieser letzterwähnte Aspekt ist zentral. Religion darf nicht auf ihre ethische Funktion reduziert werden.

3.3 Religion ist mehr als Ethik

Wird Religion auf ihre ethische Dimension reduziert, so wird sie funktionalisiert und letztlich überflüssig. Ethische Grundlagen können auch aus der menschlichen Vernunft abgeleitet werden. Schon im achten Jahrhundert gab es diese Diskussion zwischen den Muʿtaziliten und ihren Gegnern. Die Muʿtaziliten gelten als rationalistische Schule im Islam. Sie vertraten die Ansicht, dass der Mensch durch seine Vernunft erkennen könne, was gut und was schlecht ist. Dazu brauche er weder Propheten noch eine Mitteilung von Gott. Diese erinnerten den Menschen lediglich an das, was er ohnehin schon wisse oder zumindest wissen sollte. Diese Position wurde übrigens auch von den Maturiditen (genannt nach dem Gelehrten al-Māturīdī gest. 941 n. Chr.) vertreten. Die Gegner der Mu'taziliten widersprachen dem, weil sie in dieser Sichtweise die Autonomie des Menschen zu stark betont sahen, die die Bedeutung der göttlichen Verkündigung relativieren würde. Sie betonten demgegenüber die Angewiesenheit des Menschen auf Gott und seine Instruktionen. Eigentlich sind beide Positionen höchst problematisch, beide reduzieren Religion auf eine ethische bzw. rechtliche Dimension, darüber hinaus betrachtet die zweite Religion auch als ein Instrument der Bevormundung.

Religion muss etwas leisten, das die Vernunft nicht leistet, ansonsten wird sie ersetzbar. Religion ist mehr als eine ethische Dimension. Schaut man sich den Koran an, stellt man fest, dass es Gott in erster Linie darum geht, in Beziehung mit dem Menschen zu treten. Die spirituelle Dimension steht im Vordergrund. Gott möchte, dass sich der Mensch vervollkommnet. Der Koran verwendet in diesem Zusammenhang den Begriff der »Läuterung« (*tazkiya*). Sucht man z. B. koranische Aussagen, warum Gott Menschen Propheten und Schriften geschickt hat, liest man folgendes: »Gott ist es, der den Menschen einen Gesandten aus ihrer Mitte geschickt hat, um ihnen seine Verse vorzutragen, sie zu läutern [vervollkommnen] und sie die Schrift und die Weisheit zu lehren.«[15] Diese Aussage wiederholt sich in der dritten Sure, Vers 164. Es geht also um die Läuterung des Menschen, um seine Vervollkommnung, um das Göttliche in ihm hervorzuheben. Die Unterweisung in der Schrift, die kognitive

---

15 Koran 62:2.

Dimension, kommt an zweiter Stelle. Aber warum will Gott, dass sich der Mensch vervollkommnet? Denn die Vervollkommnung des Menschen ist kein Selbstzweck.

Im Koran heißt es: »Im Jenseits werden weder Geld noch Kinder nutzen, erfolgreich sein wird der, der mit einem gesunden Herzen zu Gott kommt.«[16] Um in die Gemeinschaft Gottes zu kommen, muss man ein »gesundes« Herz haben. Der Koran verwendet die Metapher des gesunden Herzens für die innere Vollkommenheit des Menschen. Sinn der Selbstläuterung des Herzens und der Vervollkommnung des Menschen ist, dass der Mensch in die Gemeinschaft Gottes eingeht. Der Koran spricht von der Rückkehr zu Gott: »Du Seele voll Ruhe, kehre zu deinem Herrn zufrieden zurück.«[17] Endpunkt der Rückreise ist Gott, das Eintreten in die Gemeinschaft Gottes. Gott zwingt niemanden, in seine Gemeinschaft einzutreten, er lädt ein, macht dem Menschen Angebote und wirbt für die Gemeinschaft mit sich. Gott ist sehr bemüht darum, der Mensch kann sich aber in Freiheit dafür oder dagegen entscheiden. Gott ist nicht zornig, wenn jemand Nein zu ihm sagt, er freut sich jedoch, wenn er den Menschen für seine Liebe gewinnen kann. Wie bereits erwähnt, verglich der Prophet die Freude Gottes über die Rückkehr des von ihm Abgewandten mit der Freude des Mannes, der glaubte, in der Wüste sterben zu müssen und plötzlich sein Kamel mit den Nahrungsmitteln neben sich fand.

Im Koran wird Gottes Wunsch nach der Gemeinschaft mit dem Menschen schon im Diesseits als Hauptanliegen offenbar. Sein Wunsch und somit sein Angebot gilt für alle. Um aber in die Gemeinschaft Gottes einzutreten, muss sich die

---

16 Koran 26:88–89.
17 Koran 89:27–28.

Seele vervollkommnet haben. Denn Gott liebt nicht »diejenigen, die Unheil stiften«[18], »die Ungerechten«[19], »die Hochmütigen«[20], »die Unaufrichtigen«[21], »die Verschwender«[22] usw. Diese Menschen können nicht in die Gemeinschaft Gottes eingehen, bevor sie sich nicht geändert haben. Und so sagte der Prophet Muhammad, dass alle ins Paradies kommen werden »bis auf den, der sich weigert«[23]. Der Islam öffnet den Muslimen die Perspektive, ihr Leben auf Gott hin auszurichten. Es geht ihm nicht darum, den Menschen zu sagen, was sie wann zu tun haben, wie sie gut handeln sollen, sondern darum, ihnen zu sagen, warum sie gut handeln sollen. Und dies ist es auch, was wir nicht bloß aus der Vernunft herleiten können; wir brauchen dazu die Mitteilung Gottes. Vernunft und Offenbarung schließen sich also nicht aus, kommen sich auch nicht in die Quere, sie ergänzen sich. Die Vernunft gibt eine Antwort auf die Frage nach dem »Wie«: Wie kann der Mensch vollkommen werden? Und die Offenbarung gibt primär eine Antwort auf die Frage nach dem »Warum«: Warum soll sich der Mensch vervollkommnen?

---

18 Koran 2:190.
19 Koran 3:57.
20 Koran 4:36.
21 Koran 4:107.
22 Koran 6:141.
23 Überliefert nach *al-Buḫārī*, Hadith-Nr. 6737.

4. Das Menschenbild im Islam

4.1 Muslim ist jeder, der Ja zu Gottes Liebe und Barmherzigkeit sagt

Islam bedeutet, sein Leben auf Gott hin auszurichten. Was heißt das aber konkret? Gott hat den Menschen aus seiner bedingungslosen Liebe und Barmherzigkeit heraus und mit der Absicht erwählt, ihn für seine Gemeinschaft, für die Gemeinschaft der Liebe und Barmherzigkeit zu gewinnen. Die Annahme der Einladung Gottes, also die Annahme seiner Liebe und Barmherzigkeit, drückt sich nicht in Worten aus, sondern in den Handlungen des Menschen. Das ist der Grund, warum der Koran nicht zwischen Glaube und Handeln trennt und an insgesamt 49 Stellen vom Glauben und aufrichtigen Handeln als Bedingung für die ewige Glückseligkeit spricht.

Der Mensch ist ein Medium der Verwirklichung göttlicher Liebe und Barmherzigkeit durch sein freies Handeln. Gott und Mensch arbeiten Seite an Seite, um Liebe und Barmherzigkeit als gelebte Wirklichkeit zu gestalten. Je vollkommener der Mensch ist, desto stärker wirkt Gott durch ihn, denn je vollkommener er ist, desto mehr ist er bereit, die göttlichen Absichten durch sich hindurch zu verwirklichen. Und je mehr er ein Medium der Verwirklichung göttlicher Intentionen ist, desto mehr Liebe und Barmherzigkeit verbreitet er (und umgekehrt). Der Mensch, der die Einladung Gottes zu Liebe und Barmherzigkeit annimmt und bereit ist, ein Medium der Verwirklichung göttlicher Intention zu sein, ist ein Muslim. Islam ist die Annahme der

Liebe und Barmherzigkeit Gottes. Diese Annahme drückt sich nicht lediglich in Worten aus (für den Islam im islamischen Glaubensbekenntnis: Ich bezeuge, dass es keine Gottheit außer den einen Gott gibt, und ich bezeuge, dass Muhammad sein Prophet ist), sondern in liebevollem und barmherzigem Handeln.

Ich möchte versuchen, eine Vorstellung vom Islam jenseits eines dogmatischen Verständnisses zu vermitteln, in dem es lediglich um die Frage nach den richtigen Glaubenssätzen geht. Manche Gelehrte haben sich in der Frage verloren, woran ein Muslim glauben muss, und ihre Liste beschränkt sich keineswegs auf die sechs Glaubensgrundsätze (Gott, Engel, Bücher, Propheten, Wiederauferstehung und Vorherbestimmung), sondern es kommen noch viele Glaubenssätze dazu, wie der Glaube an die Rechtschaffenheit aller Gefährten des Propheten, der Glaube an die Fürbitte des Propheten am Tag des Gerichts, der Glaube an eine Brücke, die über die Hölle geht, der Glaube an die Schau Gottes im Jenseits, der Glaube an die Existenz einer Waage am Tag des Gerichts usw. Wer an einen dieser Glaubenssätze nicht glaubt, ist ihrer Meinung nach vom Islam abgefallen und für die Ewigkeit verdammt. Auf der anderen Seite reduzieren sogenannte liberale Muslime den Islam auf das Glaubensbekenntnis. Beide, Fundamentalisten und sogenannte Liberale, höhlen den Islam aus. Bei beiden geht der Kern des Islam, den der Koran als den »rechten Weg« bezeichnet, verloren.

Wie beschreibt der Koran den rechten Weg? Dazu macht er folgende Aussagen: »Sprich [Muhammad zu den Menschen]: Kommt her, ich will bekanntgeben, was euer Herr euch verbot: Ihr sollt ihm nichts an die Seite stellen. Und die Eltern sollt ihr ehren. Und ihr sollt eure Kinder nicht aus Armut töten; wir werden euch und sie versorgen, und nähert euch nicht dem Ehebruch. Und tötet kein Leben, das Gott verwehrt hat … Und kommt dem Vermögen der Waisen nicht zu nahe, außer um es zu mehren, bis sie herangewachsen sind. Und richtet nach Gerechtigkeit. Und seid gerecht bei den Zeugenaussagen, wäre es auch gegen einen Verwandten. Und haltet euer Versprechen. All dies gebot er euch, damit ihr es euch zu Herzen nehmt. Denn dies ist mein *rechter Weg*. So folgt ihm und folgt nicht anderen Wegen, damit ihr nicht vom Wege Gottes getrennt werdet.«[1] Der Koran bezeichnet diese Inhalte als Kern aller drei Religionen: Islam, Christentum und Judentum. Er bezeichnet sie als den rechten Weg Gottes. Man darf sich nicht wundern, dass diese Inhalte den Zehn Geboten Mose ähneln. Denn der Koran betont an mehreren Stellen, dass diese drei Religionen um dieselbe Botschaft kreisen.

Die Bezeichnung »rechter Weg« kommt in der ersten Sure des Koran vor, die Muslime in jedem Gebet wiederholen: »Leite uns den rechten Weg.«[2] In den oben zitierten Versen der sechsten Sure wird dieser Weg genau definiert. Dieser ist auch der Weg, zu dem alle Propheten vor Muhammad gerufen haben. Das ist auch der Grund, warum der Koran von einem einzigen Glauben spricht, den er »Islam« nennt: »Die Religion bei Gott ist der Islam.«[3] Er meint nicht das, was wir heute als Islam bezeichnen: die Religion, die im siebten Jahrhundert auf der Arabischen Halbinsel von Muhammad verkündet wurde. Vielmehr meint er mit Islam, sein Leben auf Gott hin ausrichten, also die Annahme von Gottes Liebe und Barmherzigkeit und deren Verwirklichung im Handeln, sowohl gegenüber den Mitmenschen als auch gegenüber Gottes Schöpfung. Daher wird zum Beispiel Abraham im Koran als Muslim bezeichnet[4],

1 Koran 6:151–153.
2 Koran 1:6.
3 Koran 3:19.
4 Vgl. Koran 3:67.

sowie auch Lot[5], Noah[6] und auch die Anhänger Jesu[7]. Die Verwirklichung von Gottes Liebe und Barmherzigkeit auf der Erde verliert ihre zentrale Bedeutung, wenn wir den Islam alleine auf Glaubenssätze oder auf das Glaubensbekenntnis reduzieren.

Nach der oben dargestellten Definition des Islam ist jeder, der sich zu göttlicher Liebe und Barmherzigkeit bekennt und dies durch sein Handeln bezeugt, ein Muslim. Die islamische Tradition bekennt sich seit eh und je zum koranischen Grundsatz, dass jeder Mensch als Muslim geboren ist. Deshalb gibt es im Islam auch kein bestimmtes Ritual für Kinder, das sie ab einem bestimmten Alter vollziehen müssen, um in den Islam einzutreten. Sie sind Muslime, solange sie sich nicht bewusst gegen den Islam entscheiden. Der Koran bezeichnet den Islam daher als Veranlagung: »So richte dein Angesicht auf die Religion im reinen Glauben, getreu der Natur [arab.: *fiṭra*], in welcher Gott die Menschen erschaffen hat! Nicht zu verändern ist die Erschaffung Gottes. Dies ist die Religion, die gerade. Aber die meisten Menschen wissen nicht.«[8] Und: »Die Religion bei Gott ist der Islam.«[9] Dass jeder Mensch als Muslim geboren wird, wird im Koran begründet: »Und als dein Herr aus den Kindern Adams, aus ihren Lenden, ihre Nachkommen nahm und sie zeugen ließ sich selbst gegenüber: ›Bin Ich nicht euer Herr?‹, sagten sie: ›Ja, wir bezeugen es.‹«[10] Nach islamischem Glauben hat schon vor Erschaffung der Menschen jede menschliche Seele vor Gott bezeugt, dass sie an Gott glaubt, weshalb jeder Mensch schon als Muslim geboren wird und in diesem

5 Vgl. Koran 51:36.
6 Vgl. Koran 10:72.
7 Vgl. Koran 5:111.
8 Koran 30:30.
9 Koran 3:19.
10 Koran 7:172.

Zustand bleibt, bis er sich bewusst gegen den Glauben an den einen Gott stellt. Auch der Prophet Muhammad bekräftigte dies in seiner Aussage: »Jedes Neugeborene wird entsprechend der ›Fiṭra‹ [die Veranlagung an Gott zu glauben] geboren«[11]. Buḫārī betitelt das Kapitel, in dem dieser Hadith angeführt wird mit »Gottes Schöpfung ist nicht zu verändern«[12], um genau auf die Tatsache im Koran hinzuweisen, dass jeder als Muslim geboren wird.

Nach Ibn Taymiyya »ist dem Menschen maḥabbat Allāh (Liebe zu Gott) von der Schöpfung her mitgegeben worden: ›Gott hat die Natur des Menschen auf die Gottausgerichtetheit, d. h. auf die Lehre Abrahams (ḥanīf) geprägt, deren Fundament die Liebe zu Gott ist.‹[13] ›Es kann daher kein Anbeten geben außer aus der Liebe zu dem Angebeteten.‹[14]«[15]

Nun gibt es Menschen, die Gott ablehnen, weil sie nichts von ihm gehört bzw. nur ein verzerrtes Bild von ihm haben. Diese sind keine Leugner, denn das, was sie leugnen, ist nicht Gott, ist nicht der Islam. Ihnen muss Hoffnung gemacht werden, dass sie im Grunde potenzielle Zugehörige zur Gemeinschaft Gottes sind, denn ihre ablehnende Haltung dem Gottglauben gegenüber stammt nicht aus bewusstem Leugnen, sondern aus Nichtüberzeugung bzw. Unwissenheit. Wir dürfen also Menschen keineswegs verdammen, nur weil sie meinen, an Gott nicht zu glauben, da sie womöglich nach der *fiṭra* leben, jedoch nie von Gott gehört haben bzw. nur in einer verzerrten Form, sodass sie eigentlich nicht Gott ableh-

---

11 Überliefert nach *al-Buḫārī*, Hadith-Nr.: 4497.
12 Koran 30:30.
13 *Taqī ad-Dīn Aḥmad Ibn Taymiyya*: Minhāǧ as-sunna an-nabawīya, Bulāq 1322/1904, Bd. 3, S. 101. In Falaturi, A.: „Der Islam – Religion der raḥma, der Barmherzigkeit". In: Falaturi, A. (Hrsg.): *Der Islam im Dialog – Aufsätze von Professor Abdoljavad Falaturi*. Hamburg 1996. S. 86.
14 Ebd. S. 102 in *Falaturi* S. 87.
15 *Falaturi* S. 86 f.

nen, sondern das, was sie denken, was Gott sei. Es reicht nicht, einfach irgendetwas von Gott bzw. vom Islam gehört zu haben, um dann zu erwarten, daran zu glauben, denn der Koran spricht davon, dass der Prophet so zu verkünden hat, dass sein Wissen mit dem Wissen seiner Adressaten, zu denen er die Verkündung bringt, auf selber Stufe steht.[16] Wem die Wahrheit ersichtlich ist und wer diese jedoch trotzdem verleugnet, der ist ein *kāfir*, ein Leugner. Ansonsten wäre es unvereinbar mit der Barmherzigkeit Gottes, Menschen in der Hölle zu bestrafen, nur weil sie keinen Zugang zum objektiven Verstehen des Glaubens hatten, ihnen keine oder keine ausreichenden bzw. verzerrte Informationen zur Verfügung standen. Diese Problematik war den muslimischen Gelehrten bewusst, sie haben sie unter der Frage nach dem Ausgang für die sogenannten »*ahlu l-fatra*« behandelt, Menschen also, die keine Verkündung erreicht hat. Dabei besteht ein Konsens darüber, dass diese Menschen keineswegs bestraft werden, denn: »Wir [Gott] bestrafen nicht, ohne einen Gesandten geschickt zu haben.«[17] Die Intention sollte sein, das Tor zu Gott offen zu halten, und zwar für alle Menschen, und ihnen das Angebot Gottes auf schönster Weise zu unterbreiten, auch wenn er nicht bewusst an Gott glaubt, denn Gott sucht nach Menschen, durch die er seine Intention, Liebe und Barmherzigkeit, verwirklichen kann; Menschen, die bereit sind, seine Angebote anzunehmen und zu verwirklichen. Und umgekehrt ist jeder, der lediglich mit der Zunge meint, an Gott zu glauben, jedoch Liebe und Barmherzigkeit nicht durch sein Handeln bezeugt, kein Muslim. So sagte der Prophet Muhammad: »Keiner ist gläubig, wenn er seinem Bruder nicht das wünscht, was er sich selbst wünscht«[18],

---

16 Vgl. Koran 21:109.
17 Koran 17:15.

und: »Derjenige, der satt schläft, aber weiß, dass sein Nachbar hungert, der glaubt nicht an meine Botschaft.«[19]

Nun könnte jemand einwenden: »Wenn alle guten Menschen Muslime sind, was macht dann den Islam aus?« Hier muss man zwischen dem Islam im Allgemeinen (als Bezeichnung für die Annahme der Liebe und Barmherzigkeit Gottes) und dem Islam als dem spezifischen Weg zur Gottesgemeinschaft unterscheiden, neben dem es noch viele andere gibt. Islam im allgemeinen Sinne ist der Kern aller Religionen, die zu Liebe und Barmherzigkeit rufen; dies ist mit dem »rechten Weg« gemeint: Sein Leben auf Gott hin ausrichten. Der Islam im spezifischen Sinne ist derjenige Weg zu Gottes Liebe und Barmherzigkeit, den Muhammad verkündet hat. Seine Identität bekommt dieser Islam durch spezifische Elemente, die nur für Muslime gelten, wie das fünfmalige Pflichtgebet am Tag in Richtung Mekka, das Fasten im Monat Ramadan, die Pilgerfahrt nach Mekka usw. Man kann also sagen, dass gerade die fünf Säulen des Islam (Glaubensbekenntnis, Gebet, Fasten, soziale Abgabe und Pilgerfahrt) die identitätsstiftenden Merkmale für den Islam im spezifischen Sinne sind. Diese Elemente sind jedoch keineswegs als Selbstzweck zu verstehen. Sie alle dienen dem höchsten Ziel: nämlich der ethischen und spirituellen Vervollkommnung des Menschen, damit er möglichst viel Liebe und Barmherzigkeit wirkt und damit letztendlich möglichst viel von der göttlichen Intention verwirklicht, denn, wie schon gesagt, je vollkommener der Mensch ist, desto stärker wirkt Gott durch ihn.

Wer sind nun die Ungläubigen? Auch der Begriff des Unglaubens darf nicht im dogmatischen Sinne verstanden werden. Der arabische Begriff *kufr*, der sich im Koran mehrfach

---

18 Überliefert nach *al-Buḫārī*, Hadith-Nr. 13.
19 Überliefert nach *aṭ-Ṭabarāni*, al-Ǧāmiiʿ al-kabīr, Hadith-Nr. 750.

wiederholt, wird in der Regel mit »Unglaube« übersetzt. Entsprechend wird *kāfir* (Plural: *kuffār* bzw. *kāfirūn*) mit »Ungläubiger« übersetzt. Betrachtet man diese koranischen Stellen genauer, dann sieht man, dass Unglauben in diesem Zusammenhang ein höchst fragwürdiger Begriff ist. So wird der Erzteufel im Koran als *kāfir* bezeichnet[20], obwohl er keineswegs die Existenz Gottes leugnete; ja der Koran führt mehrere Dialoge zwischen ihm und Gott an. Wie kann er an die Existenz Gottes nicht glauben, wenn er doch mit ihm sprach? Die Mekkaner, die an Gott, aber auch an andere Gottheiten glaubten, werden im Koran als Polytheisten (arab.: *mušrikūn*) bezeichnet. Folgender koranischer Vers geht sowohl auf die Polytheisten (die Mekkaner), als auch auf Juden und Christen (»Leute der Schrift«) ein: »Die *kāfirūn* unter den Leuten der Schrift und unter den Polytheisten wünschen nicht, dass von eurem Herrn irgendetwas Gutes auf euch herabgesandt wird.«[21] Ich habe bewusst den Begriff *kāfirūn* nicht übersetzt, da in so gut wie jeder Koranübersetzung der Begriff »Ungläubige« verwendet wird, diese Übersetzung ist falsch.[22] Der zitierte Vers bezeichnet keineswegs alle Polytheisten (Mekkaner) bzw. alle Christen und Juden als *kāfirūn*, obwohl diese keine Muslime im engeren Sinne waren. Eines steht also fest: Es geht beim Begriff *kāfirūn* keineswegs um eine Bezeichnung von Nichtmuslimen. Aber worum geht es dann?

Ein Mensch, der sich weigert, die Einladung Gottes zu Liebe und Barmherzigkeit anzunehmen, ist nicht bereit, ein

---

20 Vgl. Koran 38:74.
21 Koran 2:105.
22 Eine Ausnahme stellt die Koranübersetzung von Ahmad Milad Karimi dar. Er übersetzt den Begriff *kāfirūn* mit Verleugner bzw. Leugner, vgl. *Ahmad Milad Karimi*, Der Koran. Vollständig und neu übersetzt von Ahmad Milad Karimi. Mit einer Einführung und herausgegeben von Bernhard Uhde, Freiburg/Basel/Wien 2009.

Medium der Verwirklichung göttlicher Intentionen zu sein. Einen solchen Menschen bezeichnet der Koran als *kāfir*. *Kāfir* kann daher ein gläubiger Muslim, Christ oder Jude sein. Ein *kāfir* kann ein Mensch sein, der an Gott glaubt, regelmäßig betet und fastet, sich an alle Speisevorschriften hält, jedoch die Liebe und Barmherzigkeit Gottes nicht annehmen will, indem er in seinen Handlungen alles andere als Liebe und Barmherzigkeit Wirklichkeit werden lässt. Ein Mensch, der hochmütig ist, ein Mensch, der, weil er Muslim ist, meint, besser als andere zu sein, ein Mensch, der mit dem Zeigefinger auf andere zeigt, ein Mensch, der andere Menschen nicht würdigt, ungerecht oder unbarmherzig ist usw., weigert sich auf diese Weise, die Liebe und Barmherzigkeit Gottes anzunehmen. Deshalb sagte der Prophet Muhammad: »Wer einen Funken Hochmut in seinem Herzen trägt, kommt niemals ins Paradies.«[23] Zuerst muss er sich läutern und seinen Hochmut ablegen. Gerade Salafisten und andere Fundamentalisten und Extremisten, die im Namen ihres Glaubens Hass und Unfrieden auf Erden verbreiten, bezeugen dadurch ihre Ablehnung von Gottes Liebe und Barmherzigkeit. Der Erzteufel wurde dem Koran nach zu einem *kāfir*, nachdem er sich weigerte, den Menschen zu huldigen und sich vor ihm niederzuwerfen. Auch Adam hatte gesündigt, denn er aß vom verbotenen Baum; so hatte er dem Befehl Gottes zuwidergehandelt, wurde dadurch jedoch nicht zu einem *kāfir*. Er bat um Vergebung, und Gott hat ihm, folgt man dem Koran, sofort vergeben. Diese Sünde richtet sich also nicht gegen Gott, und Gott hat kein Problem, eine solche Form der Sünde zu vergeben. Eine Sünde hingegen, die sich ausdrückt in der Weigerung, Gottes Liebe und Barmherzigkeit anzunehmen, hat ihre Konsequenzen. Denn sie ist die

---

23 Überliefert nach *Muslim*, Hadith-Nr. 134.

Weigerung, Liebe und Barmherzigkeit hier auf der Erde zuzulassen. Sie richtet sich gegen die Intention Gottes und verhindert deren Verwirklichung.

Ich würde daher den Begriff *kufr* keineswegs mit »Unglaube« übersetzen, sondern mit »Ablehnung« oder »Verweigerung«, und zwar Ablehnung bzw. Verweigerung der göttlichen Liebe und Barmherzigkeit. Diese Ablehnung drückt sich in der Weigerung des Menschen aus, ein Medium für Gottes Handeln und somit ein Medium der Liebe und Barmherzigkeit zu sein. Dies hat nichts mit Glaube oder Unglaube an Gott im dogmatischen Sinne zu tun.

4.2 Der Mensch verwirklicht Gottes Absichten

Die Absicht, die Gott mit der Schöpfung verfolgte, ist, Mitliebende zu gewinnen, die in seine Gemeinschaft kommen. Dabei trifft Gott keine willkürliche Auswahl, wer in seine Gemeinschaft kommt und wer nicht, sondern er lädt alle in seine Gemeinschaft ein. Gott macht dabei jedem einzelnen Menschen kontinuierlich Angebote. Es liegt am Menschen, sich in Freiheit dafür oder dagegen zu entscheiden; Gott nimmt ihm diese Entscheidung nicht ab.

Die Leitung des Menschen auf den rechten Weg geschieht also durch eine Kooperation zwischen Mensch und Gott: Weder führt Gott allein den Menschen auf den rechten Weg, noch findet ihn der Mensch von sich aus. Von Gott kommt das Angebot, vom Menschen dann die Annahme dieses Angebots oder die Zurückweisung. Trotz Zurückweisung lädt Gott mit weiteren Angeboten zu seiner Gemeinschaft ein. Der Koran drückt diesen Dialog zwischen Gott und Mensch aus, indem er an einer Stelle Gott und an einer anderen den Menschen als Rechtleitenden bezeichnet. In Sure 7,

Vers 178 heißt es: »Wen Gott auf den rechten Weg leitet, geht den richtigen Weg, und wen Gott in die Irre führt, hat alles verloren.« Und an anderer Stelle: »Wahrlich, Wir haben dir [Muhammad] das Buch mit der Wahrheit hinabgesandt zum Heil der Menschheit. Wer sich selbst auf den rechten Weg leitet, der tut dies zu seinem eigenen Besten; und wer irregeht, der geht irre zu seinem Schaden. Und du bist nicht Wächter über sie.«[24] Gott erschuf den Menschen, zog sich dann aber nicht zurück, sondern offenbarte sich dem Menschen, teilte sich selbst mit und lud ihn zu seiner Gemeinschaft ein. Dies ist der Grund, warum Gott dem Menschen Propheten sandte. Das Medium, durch das Gott den Menschen darauf aufmerksam macht, dass es weitere Optionen gibt, ist laut Koran die göttliche Inspiration oder Eingebung (arab.: *wahy,* oder: *ilhām*). So wurde – wie bereits angeführt – z. B. der Mutter von Mose und dem Propheten Josef eingegeben.[25] Diese Form der Inspiration erfährt jeder Mensch – unabhängig von seinem Glauben. Durch diese macht Gott dem Menschen Angebote, sein Leben im Sinne der Liebe und Barmherzigkeit schöner und konstruktiver zu gestalten.

Der Koran spricht allerdings davon, dass nicht nur die göttliche Stimme zum Menschen spricht, sondern auch eine innere negative Stimme, die der Koran mit dem Teufel symbolisiert.[26] Um herauszufinden, ob das Angebot ein göttliches oder ein teuflisches ist, muss sich der Mensch fragen, ob das jeweilige Angebot seine Möglichkeiten erweitert oder nicht, ob das Angebot die göttliche Liebe und Barmherzigkeit verwirklicht oder nicht.

---

24 Koran 39:41.
25 Vgl. Koran 20:38, 28:7 und 12:15.
26 Vgl. Koran 6:121.

Gott greift nicht direkt in die Welt ein, sondern handelt durch den Menschen. Der Mensch ist ein Medium der Verwirklichung göttlicher Liebe und Barmherzigkeit. Gott heilt zum Beispiel Kranke durch Ärzte und Medikamente, die die Menschen selbst entwickeln. Je mehr sich etwa Mediziner bemühen, zu forschen und Therapiemöglichkeiten und Medikamente zu entwickeln, desto mehr werden sie zum Medium für das Eingreifen Gottes bei der Heilung von Kranken. Es gibt also kein Entweder-oder: Ist es Gott oder der Mensch, der wirkt? Ist Gott derjenige, der Kranke heilt, oder der Arzt? Gott und Mensch kooperieren, indem Gott seine Intention durch den Menschen Realität werden lässt, ohne dabei die Freiheit des Menschen zu beeinträchtigen. Und je mehr sich der Mensch vervollkommnet, auch im wissenschaftlichen und zivilisatorischen Sinne, desto mehr Möglichkeiten hat Gott, durch ihn einzugreifen. Die Verwirklichung von Gottes Liebe und Barmherzigkeit geht also Hand in Hand mit der menschlichen Entwicklung. Was die Natur betrifft, greift Gott durch die Naturgesetze in die Welt ein. Und auch der Mensch kann sie nutzen. Je mehr der Mensch die Natur erforscht und die Naturgesetze erkennt, desto mehr Möglichkeiten öffnen sich für ihn, sie in seinem Dienste zu nutzen.

Die Vervollkommnung des Menschen darf also keineswegs auf eine ethisch-abstrakte Dimension reduziert werden; sie betrifft alle Bereiche des Lebens. Gottes Liebe und Barmherzigkeit werden Wirklichkeit durch Ärzte, Ingenieure, Anwälte, Richter, Soziologen, Politologen, Psychologen, Mütter, Väter, Kinder, Geschwister, Arbeiter usw. in all ihrem verantwortungsvollen Schaffen. Gott handelt zusammen mit all diesen Menschen, er wirkt durch uns alle. In dieser Perspektive lässt sich in jedem unserer Lebensumstände ein Ruf Gottes an uns entdecken, durch den er uns auf die uns angemessene Weise in seinen Plan integrieren möchte.

Der Mensch ist also ein Medium göttlichen Wirkens, wenn er sich dafür zur Verfügung stellt. Das heißt jedoch nicht, dass Gott ihn wie ein Werkzeug nur benutzt. Denn nicht nur die Intention Gottes verwirklicht sich durch den Menschen, sondern auch der Mensch selbst. Er kommt seinem Ziel, seiner Vervollkommnung einen Schritt näher. Zwei Begriffe drücken im Koran dieses Menschenbild aus: der Begriff ʿabd (Diener Gottes) und der Begriff ḫalīf (Verwalter). Beide beziehen sich auf die Erwählung des Menschen. Gott hat den Menschen aus seiner bedingungslosen Liebe heraus erwählt. Damit der Mensch dieser Erwählung gerecht wird und in die Gemeinschaft Gottes zurückkehrt, muss er Gottes Liebe annehmen.

Man dient Gott in dem Sinne, dass man sich als Medium für Gottes Wirken zur Verfügung stellt. Da Gott in der Welt hauptsächlich durch den Menschen eingreift, könnte man zugespitzt sagen: Gott braucht den Menschen, um seine Absicht von Liebe und Barmherzigkeit zur Realität zu machen. Diese Angewiesenheit Gottes auf den Menschen ist jedoch kein Zeichen der Schwäche, denn Gott ist nicht auf den Menschen angewiesen, um sein Wesen als die Barmherzigkeit zu verwirklichen: Er ist der absolut Barmherzige. Er hat sich in Freiheit für diese Art des Eingreifens in der Welt durch den Menschen entschieden. Natürlich könnte er diese selbstgegebene Regel aufheben und direkt in die Welt eingreifen. Gott will jedoch die Freiheit des Menschen nicht übergehen und hat beschlossen, durch den freien Entschluss des Menschen zu wirken. Das »Dienen« hat also einen doppelten Charakter: Einerseits wird dadurch Gottes Intention, andererseits die Vollkommenheit des Menschen Wirklichkeit. Mit »Dienen« ist also keineswegs ein Zustand der Bevormundung oder der Versklavung des Menschen gemeint. Wir dienen Gott, indem wir seiner Schöpfung dienen.

Im Koran findet sich ein Dialog zwischen Gott und den Engeln, in dem Gott die Erschaffung des Menschen als Verwalter auf der Erde ankündigt, die Engel jedoch nicht glauben, dass der Mensch dieser Aufgabe gewachsen ist. Sie waren über die Erschaffung des Menschen nicht erfreut.[27] Der Mensch wird in diesem Dialog als »Kalif« (ḫalīf) bezeichnet. Wörtlich übersetzt heißt das »Nachfolger« oder »Verwalter«. Im Arabischen sagt man aber auch z. B. zu einem Freund: »Ich verreise für zwei Monate und ich ernenne dich zum Kalifen (Verwalter, ḫalīf) über mein Hab und Gut.« Jemanden als Kalifen/Verwalter zu ernennen setzt also Vertrauen voraus. Die Engel waren skeptisch und hielten nicht viel von der Idee, den Menschen zu erschaffen.[28] Gott hingegen schenkte dem Menschen von Beginn an sein Vertrauen, er würdigte ihn schon, bevor er ihn erschuf. Denn die Erwählung des Menschen geht auf einen ewigen Entschluss Gottes zurück. Als »Kalif« hat der Mensch den irdischen Auftrag, die ihm zur Verfügung stehenden materiellen und nichtmateriellen Ressourcen (dazu gehören seine Gesundheit, seine Zeit, seine Talente und geistigen Fähigkeiten) in seinem eigenen Sinne, aber auch im Sinne seiner Mitmenschen verantwortungsvoll zu verwalten – mit dem Ziel, die Erde zu kultivieren und die Ordnung des Zusammenlebens zu wahren; und so die göttliche Liebe und Barmherzigkeit Wirklichkeit werden zu lassen. Wie schon erwähnt, bezieht sich dieser Einsatz auf alle Lebensbereiche des Menschen. Jeder muss entsprechend den Ressourcen, die ihm zur Verfügung stehen, erkennen, welchen Beitrag er zur Verwirklichung von Gottes Liebe und Barmherzigkeit leisten kann. Der eine ist Arzt, die andere Lehrerin, die dritte Kindergärtnerin, der vierte ein lie-

---

27 Vgl. Koran 2:30.
28 Vgl. ebd.

bevoller Großvater usw. Jeder hat seinen individuellen Kontext, in dem er sich bewegt und in dem er Gottes Liebe und Barmherzigkeit zur Wirklichkeit machen kann.

4.3 Die Würde des Menschen ist unantastbar

Die ewige Erwählung des Menschen zu Gottes Geschöpf begründet dessen Würde. Seine Erwählung gehört zum Gesamtplan der göttlichen Vorsehung. Die Barmherzigkeit Gottes garantiert die Würde des Menschen, weil sie gleichbedeutend mit der Treue Gottes zu seinem ewigen Entschluss ist, den Menschen zur Würde des Gottesdieners zu erheben. Gott bietet dem Menschen seine vervollkommnende Barmherzigkeit an, damit er sein Leben in Liebe und Barmherzigkeit zu Gott und zu seinen Mitmenschen gestalten kann. Die Beziehung des Menschen zu seinem Herrn ist durch Vertrauen gekennzeichnet. Gott macht dem Menschen das Angebot, sein Vertrauter zu werden. Der Mensch kann sich dafür oder dagegen entscheiden. Die Würde des Menschen gründet nicht in seiner Vollkommenheit, sondern in der erbarmenden Liebe Gottes. Die Würde eines jeden Menschen ist unantastbar. Dass Gott dem Menschen von seinem Geist eingehaucht hat, begründet die Veranlagung des Menschen, sein Leben auf Gott hin auszurichten und ermöglicht es ihm, am innergöttlichen Leben teilzuhaben, also eine direkte Beziehung zu Gott aufzubauen. Der Koran spricht in diesem Zusammenhang von *fiṭra* als ontologischer Veranlagung im Menschen, sein Leben auf Gott hin auszurichten, indem er seine Vervollkommnung anstrebt. Dadurch wird der Mensch ins Innere Gottes hineingeholt. Der vollkommene Mensch ist nach dem Heilsplan Gottes der in Gott zurückgekehrte Mensch. Daher spricht der Koran von der Rückkehr zu

Gott nach dem Tod.[29] Somit findet die Schöpfung ihre Vollendung in der vollkommenen Verwirklichung der Lebensgemeinschaft mit Gott. Dies verdeutlicht, warum sich Gott gerade im Zusammenhang mit der Wiederauferstehung im Jenseits der Barmherzigkeit verschrieben hat: »Er hat sich selbst zur Barmherzigkeit verpflichtet, er wird euch zum Tag der Wiederauferstehung versammeln.«[30]

Dort, wo ein Mensch gedemütigt wird, dort, wo seine Würde nicht mehr anerkannt wird, herrscht Erbarmungslosigkeit im menschlichen Zusammenleben. Die Anerkennung der Würde jedes Menschen schafft Beziehungen, die auf Gleichheit und Gerechtigkeit beruhen. Die göttliche Erwählung des Menschen begründet seine Würde, und daher ist er berufen, die Würde aller seiner Mitmenschen zu wahren und sich dafür einzusetzen.

4.4 Ohne Freiheit keine Würde

Der Mensch muss sich in Freiheit für die Gemeinschaft mit Gott entscheiden können. Ohne Freiheit kann es diese Entscheidung des Menschen nicht geben. Gott respektiert die Freiheit des Menschen, auch wenn er sich so sehr die Gemeinschaft aller Menschen wünscht. Gott akzeptiert ein Nein, auch wenn dies eine Ablehnung der Liebe und Barmherzigkeit Gottes bedeutet. Die Würde des Menschen bleibt auch dann aufrechterhalten. Gott hört aber nie auf, mit den Mitteln der Liebe und Barmherzigkeit um den Menschen zu werben. Durch diese Freiheit, die Gott dem Menschen schenkt, geht er das Risiko ein, dass der Mensch sich gegen

---

29 Vgl. Koran 89:27–28.
30 Koran 6:12.

die Liebe und Barmherzigkeit auch hier und jetzt auf der Erde entscheidet. Dieses Risiko geht Gott ein, weil es ohne Freiheit auch keine aufrichtige Liebe geben kann. Gott will aber, dass seine Beziehung zum Menschen auf gegenseitiger aufrichtiger Liebe basiert. Daher hat die Achtung der menschlichen Freiheit für Gott einen höheren Rang als die Verhütung einer Sünde. Er lässt die Sünde zu, obwohl sie seinem Willen absolut widerspricht. Er schaut dabei jedoch nicht tatenlos zu, sondern versucht durch unterschiedliche Mittel, den Menschen zu sich zu rufen, ihn an das Gute zu erinnern.

Gelehrte, die meinen, Menschen zur Liebe Gottes zwingen zu können, indem sie ihnen drohen, haben nicht verstanden, dass Liebe ohne Freiheit nicht möglich ist. Aber auch Freiheit ist nicht ohne Liebe möglich; Liebe und Freiheit sind korrelativ. Liebe muss von innen kommen, Liebe kann man nicht aufzwingen. Manche Gelehrte, die ein restriktives Bild von Gott zeichnen, deuten auch Krankheiten oder jedes andere Leid und Übel, das den Menschen trifft, als Strafe Gottes. Dies widerspricht jedoch seiner Barmherzigkeit. Krankheiten sind biologische Prozesse, Erdbeben und andere Naturkatastrophen sind natürliche Prozesse, die nicht von Gott verursacht werden. Wenn man sie unbedingt religiös deuten will, dann höchstens als Versuch, den Menschen nach vielen gescheiterten, unbeantworteten Rufen zu Gott wachzurütteln. So z. B. die Dürreperiode zu Zeiten des Pharaos, als seine Leute und er durch ihr unrechtes Handeln und ihre Gräueltaten maßlos gegen die Menschlichkeit verstoßen hatten: »Wir haben ja über die Leute Pharaos die Jahre der Dürre und Mangel an Früchten kommen lassen, damit sie sich vielleicht erinnern lassen.«[31]

---

31 Koran 7:130.

4.5 Die erste Sünde war die Weigerung, den Menschen zu würdigen

Wenn im Islam über die erste Sünde gesprochen wird, geht es in der Regel um Adam und Eva und den Verzehr der Frucht vom verbotenen Baum. Der Koran spricht jedoch von einer anderen Sünde, die dieser vorausgegangen und die unverzeihlich sei, während die Sünde Adams nach islamischer Vorstellung von Gott ohne weiteres verziehen wurde.[32] »Und als wir den Engeln sagten: ›Werft euch vor Adam nieder!‹, warfen sich alle vor ihm nieder außer Iblīs [der Erzteufel]; dieser weigerte sich und war hochmütig. Er gehörte nämlich zu den *kāfirūn*.«[33] Die eigentliche Sünde, die Iblīs nach koranischer Darstellung begangen hat, ist seine aus Hochmut resultierende Ablehnung, den Menschen zu würdigen. Er weigerte sich, sich vor dem Menschen niederzuwerfen. Dadurch erteilte Iblīs nicht nur Adam, sondern dem Menschen als solchem eine Absage. Der Koran spricht deshalb an einer anderen Stelle von den Menschen im Plural: »Und wir haben euch Menschen erschaffen. Hierauf gaben wir euch eine Gestalt. Hierauf sagten wir zu den Engeln: ›Werft euch vor Adam nieder!‹ Da warfen sie sich alle nieder, außer Iblīs.«[34] Iblīs steht exemplarisch für jeden, der nicht an den Menschen als freies, mit einer unveräußerlichen Würde versehenes und vernünftiges Wesen glaubt. Denn die Aufforderung an die Engel, sich vor Adam niederzuwerfen, hat eine Vorgeschichte: »Und Gott lehrte Adam aller Dinge Namen. Dann zeigte er sie den Engeln und sprach: ›Nennt mir die Namen dieser Dinge!‹ Sie sagten: ›Gepriesen seist du! Wir haben kein Wissen außer

---

32 Vgl. Koran 2:37.
33 Koran 2:34.
34 Koran 7:11.

113

dem, was du uns gelehrt hast. Du bist der, der Bescheid weiß und Weisheit besitzt‹. Er sagte: ›Adam! Nenne ihnen ihre Namen!‹ Als er sie ihnen kundgetan hatte, sagte Gott: ›Habe ich euch nicht gesagt, dass ich die Geheimnisse von Himmel und Erde kenne? Ich weiß, was ihr kundgebt, und was ihr verborgen haltet.‹«[35] Danach wurden die Engel aufgefordert, sich vor Adam niederzuwerfen. Dass Adam »alle Dinge« nennen konnte, steht für die Vernunft, die den Menschen auszeichnet. Jeder, der den Menschen, seine Würde, seine Freiheit und seine Vernunft nicht achtet, ist ein »Iblīs«, ein *kāfir*, auch wenn er an Gott glaubt und ihn anbetet, denn er leugnet das Hauptprojekt Gottes und was dieses ausmacht. Im Koran wird ein weiteres Ereignis vor der Huldigung durch die Engel erwähnt: »Als ich [Gott] ihn [den Menschen] erschuf und ihm von meinem Geiste einhauchte, warfen sich die Engel vor ihm nieder.«[36] Der Mensch trägt also etwas Göttliches in sich. Auch als Zeichen der Würdigung dieses Heiligen im Menschen mussten sich die Engel vor ihm niederwerfen.

An den Menschen nicht zu glauben, ihn zu entwürdigen, ihm seine von Gott geschenkte Freiheit und seine Vernunft abzusprechen, ist eine unverzeihliche Sünde, die aus dem Menschen einen Teufel macht, wie sie aus dem Engel einen Teufel gemacht hat. Erst durch die Absage eines bestimmten Engels an den Menschen entstand der Teufel.

Wer einen Menschen erniedrigt, ihn auf welche Weise auch immer entwürdigt, muss sich bewusst sein, dass er damit nicht nur das Menschsein eines anderen verletzt, sondern auch sein eigenes Menschsein aufgibt und sich in einen »Teufel« verwandelt. Die größte Sünde, die der Mensch begehen kann, ist nicht die, die sich gegen Gott richtet, son-

---

35 Koran 2:30–33.
36 Koran 15:29.

dern die gegen seinen Mitmenschen. Gott ist und bleibt ja souverän, er ist der Absolute, ihn kann niemand entwürdigen. Als Adam dem Befehl Gottes zuwiderhandelte und vom Baum aß, dauerte es nicht lange, und Gott vergab ihm.[37] Gott ist nicht beleidigt oder gekränkt, wenn jemand ihm widerspricht, solange niemandem, auch nicht einem selbst, geschadet wird. Der Mensch steht im Mittelpunkt des göttlichen Interesses, nicht Gott selbst.

Auch Menschen, die streng religiös sind, aber andersgläubige Menschen erniedrigen oder sonst schlecht behandeln, verlassen ihr Menschsein. Religionen sind insbesondere dazu da, um die Würde des Menschen hervorzuheben, und nicht, um sie zu unterdrücken. Viele, die sich heute als streng religiös bezeichnen, anderen Menschen jedoch mit Hochmut begegnen, sollten dringend ihre Religiosität kritisch reflektieren. Das Kriterium der Religiosität ist nicht die Zahl der Gebete, die Länge des Bartes oder das Tragen eines Kopftuchs, auch nicht, ob man Sunnit oder Schiit ist, ob man zu dieser oder jener Denkschule gehört. Das Kriterium ist, ob man an die Würde, die Freiheit und die Vernunft des Menschen glaubt – also an das Menschsein. Nur so kann der Mensch ein Medium der Verwirklichung von Gottes Liebe und Barmherzigkeit sein.

Es ist traurig, dass heutzutage viele junge Musliminnen und Muslime, die beginnen, ihre Religion zu praktizieren, hochmütig werden und meinen, sie seien jetzt religiös, also besser als andere, und Gott sei auf ihrer Seite und gegen die anderen. Der Prophet Muhammad erzählt von einem religiösen Mann, der einen Sündigen sah und dabei dachte: »Gott wird dem nicht vergeben.« Daraufhin sagte Gott zu ihm: »Wer maßt sich an, zu behaupten, ich würde ihm nicht ver-

---

37 Vgl. Koran 2:37.

geben? Ich vergebe ihm seine Sünden und nehme alle deine Gebete nicht an.«[38] Der Prophet will damit sagen, dass bei Gott unsere Gebete und unsere Religiosität nicht zählen, wenn wir in der Gesellschaft hochmütig sind und mit dem Finger auf andere zeigen.

Das eigentliche Problem liegt im Verständnis des Praktizierens von Religion. Viele verstehen darunter äußerliche Formen, also etwa das rituelle Gebet oder das Tragen eines Kopftuchs. Das ist ein schweres Fehlverständnis religiöser Praxis. Der Islam besteht aus weit mehr als äußerlichen Zeichen oder Ritualen. Religion zu praktizieren bedeutet, die Vollkommenheit seines Menschseins anzustreben, für sie zu arbeiten, ein Medium der Liebe und Barmherzigkeit zu sein. Dies muss dann in der Interaktion mit seinen Mitmenschen zum Ausdruck kommen, in der Liebe und Barmherzigkeit, die man seinen Mitmenschen schenkt, in Aufrichtigkeit und Verantwortlichkeit, in gesellschaftlichem Engagement, in Anteilnahme an Freude und Trauer seiner Mitmenschen, in Demut und Bescheidenheit, in Vergebung und Verständnis für die Schwächen anderer, in der Anerkennung und Würdigung anderer und vor allem im Einsatz für eine bessere und zivilisiertere Welt.

Um das alles zu erreichen, müssen wir hart an uns arbeiten, in die Tiefen unserer Seele eintauchen, um uns selbst besser kennenzulernen, um unsere Stärken und unsere materiellen und nichtmateriellen Ressourcen, aber auch unsere Schwächen zu entdecken. Das ist das, was der Prophet Muhammad mit dem großen oder eigentlichen Dschihad bezeichnet hat. Der Begriff »Dschihad« bedeutet Anstrengung. Als der Prophet Muhammad einmal mit seinen Sol-

---

38 ʿAlī al-Qārī, Mirqāt al-mafātīḥ (= Erhebungen der Schlüssel), Beirut 2002, S. 1619.

daten von einem Krieg zurückkam, sagte er zu ihnen: »Nun sind wir vom kleinen zum großen Dschihad zurückgekommen.« Sie wunderten sich, was er damit meinte, und er sagte: »Der Kampf gegen das Schlechte in einem selbst, das ist der eigentliche Dschihad.«[39] Der Ort des Dschihad ist also das Herz, und es geht dabei um einen inneren, spirituellen Kampf gegen Hochmut, Untugend, die Verlockung zu moralisch verwerflichen Taten, Ignoranz und anderen schlechten Charaktereigenschaften.

4.6 Rituale sind mehr als Gottesdienst

Gebet, Fasten, Pilgerfahrt und andere religiöse Rituale werden meist als »Gottesdienst« bezeichnet. Diese Bezeichnung suggeriert, dass es sich hierbei um Dienste an Gott selbst handle. Die Konsequenz daraus ist, dass diese Rituale dann als Selbstzweck gesehen werden. Man betet also, um gebetet zu haben, man fastet, um gefastet zu haben usw., denn was vermeintlich zählt, ist die Verrichtung des Rituals selbst. Man glaubt, man erlange auf diese Weise Gottes Wohlgefallen, weil die Verrichtung der Rituale Ausdruck des Gehorsams gegenüber Gott sei. Dadurch verherrliche der Mensch Gott, und das sei, worum es Gott gehe. Aus Gott wird dadurch ein Buchhalter, der beispielsweise die Zahl der verrichteten Gebete addiert und davon die Zahl der nicht verrichteten Gebete subtrahiert. Dadurch verlieren religiöse Rituale jeglichen Bezug zum Diesseits und zum Alltagsleben des Menschen. Sie dienen dann nur der Anbetung Gottes, als wäre Gott umso zufriedener, je mehr er angebetet würde und zornig oder beleidigt, wenn er nicht zu Genüge verherr-

---

39 Überliefert nach *al-Bayhaqī*, az-Zuhd al-kabīr, Hadith-Nr. 373.

licht würde. Gott braucht den Dienst des Menschen nicht. Er freut sich, wenn sich der Mensch ihm zuwendet, seine Gemeinschaft sucht. Und genau das ist es, was der Mensch in seinem Gebet bzw. Fasten oder anderen Ritualen zum Ausdruck bringen soll. Durch das Verrichten dieser Rituale gibt der Mensch eine Antwort auf die Liebeserklärung, die Gott dem Menschen gemacht hat. Gott hat sich dem Menschen zugewandt, und im Gebet wendet sich der Mensch seinerseits Gott zu; und genauso im Fasten oder in der Pilgerfahrt.

Diese religiösen Rituale haben aber auch eine ethische Dimension. Der Koran betont, dass es um Frömmigkeit im Sinne der Läuterung des Herzens und der Vervollkommnung des Menschen geht: »Die Frömmigkeit besteht nicht darin, dass ihr euch [beim Gebet] mit dem Gesicht nach Osten oder Westen wendet. Sie besteht vielmehr darin, dass ihr glaubt [...] und von eurem Geld spendet [...] Frömmigkeit zeigen diejenigen, die ihr Versprechen einhalten und die in Not und Ungemach geduldig sind.«[40] Religiöse Rituale sind ein wichtiges Hilfsmittel, in sich zu gehen und an sich, an den eigenen Stärken und Schwächen zu arbeiten. Der Koran unterstreicht die ethische Funktion des Gebets: »Und verrichte das Gebet, wahrlich das Gebet hält vom Abscheulichen und Schändlichen ab.«[41] Das gilt aber nur dann, wenn es sich nicht nur um Sätze handelt, die man auswendig aufsagt, sondern wenn man sich im Gebet auf eine Reise in sein Inneres begibt und dabei sich selbst, seine Charaktereigenschaften und seine Handlungen kritisch reflektiert. Durch diese wiederholten inneren Reisen lernt man sich selbst besser kennen. Man lebt sein Leben bewusster und reflektierter. Der Betende kann nach dem Gebet nicht derselbe Mensch sein wie vor

40 Koran 2:177.
41 Koran 29:45.

dem Gebet. Jedes Gebet bereichert den Menschen innerlich. Es geht nicht um einen Dienst an Gott oder darum, ihm einen Gefallen zu tun, auch nicht darum, Gottes Befehl zu gehorchen. Das Gebet dient dem Menschen selbst, nur er hat etwas davon. Und natürlich freut sich Gott, wenn sich der Mensch auf den Weg zu ihm macht und seine Gemeinschaft sucht. Dasselbe gilt für das Fasten. Im Koran heißt es: »Ihr Gläubigen! Euch wurde das Fasten vorgeschrieben, wie es den Menschen vor euch vorgeschrieben war, damit ihr fromm werdet.«[42] Und zur Frömmigkeit sagte der Prophet Muhammad: »Frömmigkeit ist hier« und zeigte dabei auf sein Herz; dies wiederholte er drei Mal.[43] Das Herz ist der Ort der Frömmigkeit; je frommer der Mensch ist, desto mehr Liebe und Barmherzigkeit, aber auch Demut und Bescheidenheit allen Geschöpfen gegenüber trägt er in seinem Herzen. Was hat aber der Verzicht auf Essen und Trinken mit Frömmigkeit zu tun? Nichts, wenn er als Selbstzweck gesehen wird. Die Enthaltsamkeit vom Essen und Trinken ist nur der einleitende Schritt zum Fasten. Durch den Verzicht auf Nahrungsmittel soll der Mensch Abstand von seinen materiellen Bedürfnissen nehmen, um Raum zu schaffen, andere Dimensionen in sich zu entdecken und sich diesen zuzuwenden. Das Fasten ist wie das Gebet eine Reise in sich hinein. So sagte der Prophet: »Wer richtig fastet, ist nach dem Fasten wie am Tag seiner Geburt.«[44] Durch das Fasten ist der Mensch geistig gereinigt und wie neugeboren. Dasselbe gilt für die Pilgerfahrt.

Wer nicht betet oder nicht fastet, der macht Gott damit nicht zornig, sondern ihm selbst entgeht dadurch etwas,

---

42 Koran 2:183.
43 Überliefert nach *Aḥmad*, Musnad, Hadith-Nr. 16208.
44 Überliefert nach *Aḥmad*, Musnad, Hadith-Nr. 1594.

nämlich die Gelegenheit, sich und das eigene Leben zu reflektieren. Er versäumt auch, sich Gott zuzuwenden, der ihm die ganze Zeit zugewandt ist.

Wenn man religiöse Rituale so auffasst, dann bekommen sie für den Menschen eine andere Bedeutung. Sie betreffen ihn direkt. Der Blick wird damit auf den Menschen selbst gelenkt. Die Gebote dienen dem Menschen, seiner Vervollkommnung und Glückseligkeit, und nicht Gott. Es geht auch nicht mehr darum, dass ein Mensch, der betet, besser ist als einer, der nicht betet, oder der Fastende besser ist als der Nichtfastende. Nicht das Gebet und das Fasten, also nicht die Rituale selbst, sind das Kriterium, durch welches sich die Menschen voneinander unterscheiden, sondern das Ergebnis, der »Output« dieser Rituale: die Vollkommenheit des Menschen in seinem Menschsein. Oder – »koranisch« gesprochen – durch die Frömmigkeit: »Ihr Menschen! Wir haben euch aus einem männlichen und einem weiblichen Wesen erschaffen und wir haben euch zu Völkern und Stämmen gemacht, damit ihr euch kennenlernt. Als der Vornehmste gilt bei Gott derjenige von euch, der am frömmsten ist.«[45]

Religiöse Rituale wie das Beten und Fasten betreffen somit zwei Dimensionen, eine spirituelle und eine ethische. Die spirituelle Dimension drückt die Zuwendung des Menschen zu Gott, seine Suche nach einer individuellen Beziehung zu Gott aus, daher sagt der Koran zum Beispiel im Zusammenhang mit dem Gebet nicht einfach: »Bete!«, sondern: »Baue das Gebet auf« (arab.: *iqāma*). Im Gebet baut man eine Beziehung zu Gott auf. Dies setzt aber voraus, dass man sich selbst gut kennt. Und hier kommt die zweite Dimension religiöser Rituale ins Spiel: die ethische. Sie zielt auf die Vervollkommnung des Menschen.

---

45 Koran 49:13.

Angehörige fundamentalistischer Strömungen sprechen Muslimen, die nicht beten, den Glauben ab. Sie sehen die Rituale lediglich als Pflichterfüllung an. Manche empfinden sie als Last und meinen, für die Überwindung dieser Last gebühre ihnen die Belohnung des Paradieses. Wer jedoch im Gebet eine Last sieht, die man erdulden muss, der hat den Sinn des Gebets nicht verstanden. Das Gebet dient dem Menschen und seiner Vervollkommnung und ist keineswegs eine Pflichterfüllung, die man irgendwie hinter sich bringen soll. Es geht bei den Ritualen nicht um eine Liste, die man abhaken müsste. Erst wenn man das Menschsein in sich entdeckt, ist man bemüht, es zu vervollkommnen und seiner *fiṭra* (dem ontologischen Zustand, der nach der Vervollkommnung des Menschen strebt) zu entsprechen. Das Gebet und weitere religiöse Rituale sind nur eine Hilfe auf diesem Weg der inneren Vervollkommnung. Ausgehend von solch einem Verständnis freut man sich auf jede Gelegenheit zu einer Reise in sich hinein, ob im Gebet oder auch außerhalb eines bestimmten religiösen Rituals.

Gelehrte und Menschen, die religiöse Rituale auf Pflichterfüllung reduzieren, nehmen der menschlichen *fiṭra* die Möglichkeiten ihrer Entfaltung. Es wundert daher nicht, dass gerade unter solchen Menschen, die das Gebet als abzuhakende Pflicht sehen, die anzutreffen sind, die voller Hochmut anderen ihren Glauben absprechen und über sie richten. Viele von ihnen maßen sich an, sich an Gottes Stelle zu stellen und Urteile über andere Menschen zu fällen. In Diskussionen sind sie meist aggressiv und überheblich. Wenn sie über den Islam sprechen, entsteht der Eindruck, sie machten eine Kampfansage. Ihre Mimik und ihre Stimme sind oft hassgeladen. Die Rede von der Hölle und dem Zorn Gottes überwiegt. Diese Menschen haben es versäumt, ihre Herzen der Liebe und Barmherzigkeit zu öffnen. Sie sehen in der Religion nur das, was *sie* sehen wollen. Wer in der Religion nur eine aggressive Kampfansage gegen alle Andersdenkenden sieht und den eigentlichen Sinn der Religion als eine alle umfassende Botschaft der Liebe und Barmherzigkeit ausblendet, der muss sich kritisch hinterfragen. Denn das, wovon diese Menschen reden, ist alles andere als eine göttliche Religion. Jede Weltanschauung, die die positive Entfaltung des Menschen und eine friedliche Beziehung zu seinen Mitmenschen sowie eine spirituelle Beziehung zu Gott verhindert oder vernachlässigt, oder die dem Menschen seine Würde in irgendeiner Weise abspricht, richtet sich gegen Gott.

5. Gott hat sich im Islam selbst mitgeteilt

Spätestens mit dem Zweiten Vatikanischen Konzil (1962–65) hat sich in der katholischen Theologie ein kommunikationstheoretisches Offenbarungsverständnis etabliert. Diesem Verständnis zufolge wird Offenbarung »nicht als Mitteilung von Sachverhalten, sondern als Mitteilung von Gottes eigenem Wesen und damit als personale Selbstmitteilung Gottes verstanden«.[1] Die traditionelle islamische Theologie kennt den Begriff »Offenbarung« in diesem Sinne als Selbstmitteilung Gottes jedoch nicht.[2] Der Koran wird in der traditionellen islamischen Theologie als »Herabsendung« (*tanzīl*)[3] beziehungsweise als »Inspiration« oder »Eingebung« (*waḥy*)[4] bezeichnet. In der islamischen Ideengeschichte gab es eine lange Diskussion über das Attribut der »Rede Gottes« und damit über das Wesen des Koran.

Obwohl der Islam nicht von Offenbarung im Sinne der Selbstmitteilung Gottes spricht, stellt sich dennoch die Frage: Hat sich Gott nach islamischem Glauben im Sinne des kommunikationstheoretischen Offenbarungsverständnisses selbst offenbart? Der Koran ist mehr als ein Liebesbrief an die Men-

---

1 *Klaus von Stosch*, Einführung in die Systematische Theologie, Paderborn 2009, S. 80.
2 Renz merkt zu Recht an, dass die Frage der Personalität des koranischen Gottes bisher nur selten von islamischen Theologen thematisiert wurde; vgl. *Andreas Renz*, Der Mensch unter dem An-Spruch Gottes. Offenbarungsverständnis und Menschenbild des Islam im Urteil gegenwärtiger christlicher Theologie, Würzburg 2002.
3 Vgl. Koran 2:23, 2:97, 2:176, 3:3, 4:47, 4:136, 7:196, 15:9, 16:44, 17:105–106, 25:1, 26:193, 39:23, 76:23.
4 Vgl. Koran 4:163, 6:19, 12:3, 18:27, 42:7, 20:114, 43:43, 53:4.

schen. Im Koran begegnet mir auch Gott selbst. Er ergreift mich nicht nur mit seinen Inhalten, sondern auch mit seiner ästhetischen Dimension: »Vor ihm [dem Koran] erschauert die Haut derer, die fromm sind. Dann aber erweichen Haut und Herz im Gedenken an Gott.«[5] Daher ist der Koran nicht nur eine Mitteilung, sondern eine Selbstmitteilung Gottes. Gott manifestiert sich im Koran.

Wie schon oben erwähnt, ist die Eigenschaft Gottes, die im Koran am häufigsten vorkommt, die Bezeichnung »der Allbarmherzige« bzw. »der Allerbarmer«. Die Offenbarung Gottes und seiner Barmherzigkeit bedeutet jedoch mehr als eine Mitteilung von etwas; sie bedeutet vielmehr, dass diese Barmherzigkeit Gottes für den Menschen zugänglich, also erlebbar und erfahrbar wird, dass Gott erfahrbar wird. Seine Barmherzigkeit hat Gott nicht nur im Wort (im Koran) offenbart, sondern in der Schöpfung selbst. Jeder Akt der Barmherzigkeit in dieser Welt ist eine Offenbarung der Barmherzigkeit Gottes, denn die Barmherzigkeit Gottes »umfasst alle Dinge«[6].

Der Koran gibt einen Hinweis auf diese Manifestation der Barmherzigkeit Gottes und fordert dazu auf, sie bewusst wahrzunehmen: »Schau doch auf die Spuren der Barmherzigkeit Gottes! Schau, wie er die Erde wieder belebt, nachdem sie abgestorben war.«[7] Der Mensch kann durch sein Zutun die Erde fruchtbar machen und damit die Barmherzigkeit Gottes veranlassen. So verstanden erhält die Offenbarung einen dialogischen Charakter, denn der Mensch selbst kann sie hervorrufen und veranlassen, indem er barmherzig und gütig handelt. Genau das ist der Auftrag des

---

5 Koran 39:23.
6 Koran 7:156.
7 Koran 30:50.

Menschen. Der Prophet Muhammad erzählte: »Im Jenseits wird Gott einen Mann fragen: ›Ich war krank und du hast mich nicht besucht, ich war hungrig und du hast mir nichts zu essen gegeben, und ich war durstig und du hast mir nichts zu trinken gegeben.‹ Der Mann wird daraufhin erstaunt fragen: ›Aber du bist Gott, wie kannst du krank, durstig oder hungrig sein?!‹ Da wird ihm Gott antworten: ›Am Tag soundso war ein Bekannter von dir krank, und du hast ihn nicht besucht; hättest du ihn besucht, hättest du mich dort, bei ihm, gefunden. An einem Tag war ein Bekannter von dir hungrig, und du hast ihm nichts zum Essen gegeben, und an einem Tag war ein Bekannter von dir durstig, und du hast ihm nichts zum Trinken gegeben.‹«[8] Diese Erzählung erinnert an das Matthäus-Evangelium, Kapitel 25, das eine ähnliche Erzählung anführt und anschließend betont: »Was ihr für einen meiner geringsten Brüder getan habt, das habt ihr mir getan«.

Gott selbst ist im bedürftigen Menschen gegenwärtig. Jedes menschliche Zeugnis erbarmender Liebe gegenüber dem Mitmenschen ist deshalb eine Antwort auf die Liebe Gottes. Diese Spiritualität befähigt den Menschen, das Antlitz des barmherzigen Gottes im Angesicht jedes Menschen zu erkennen und Gott im Mitmenschen zu dienen.[9] Dort, wo man eine Hand der Barmherzigkeit und der Güte ausstrecken kann, manifestiert sich Gott: Dort ist Barmherzigkeit, dort ist Gott. Dort, wo eine Mutter ihr Kind umarmt, dort, wo man einen Menschen anlächelt, überall dort, wo man ein Zeichen der Güte, der Liebe und der Barmherzigkeit setzt, dort bewirkt man die Offenbarung von Gottes Barm-

---

8 Überliefert nach *Muslim*, Hadith-Nr. 2569.
9 Vgl. *Edith Olk*, Die Barmherzigkeit Gottes als zentrale Quelle des christlichen Lebens. Theologische Reihe, Bd. 93, St. Ottilien 2011, S. 362.

herzigkeit, dort macht man Gott erfahrbar. Barmherziges Handeln macht Gott gegenwärtig.

Gott hat es uns Menschen vorgemacht, bedingungslos Barmherzigkeit zu schenken, und er macht uns durch Propheten und Schriften sowie durch die Veranlagung des Menschen, sein Leben auf Gott hin auszurichten, ein Angebot, seine Barmherzigkeit anzunehmen, indem der Mensch selbst sie lebt und weiterschenkt. Offenbarung ist die Offenbarung der barmherzigen Liebe Gottes, die als wirkende Liebe dem Menschen in seinem Menschsein zugewandt ist. Durch sein barmherziges Handeln bezeugt der Mensch die Barmherzigkeit Gottes und lässt sie Wirklichkeit werden. Er verkündet durch eine unterschiedslos allen Menschen zugewandte Barmherzigkeit die universale Barmherzigkeit Gottes. Der Mensch ist zum barmherzigen Handeln hier und jetzt aufgefordert; sein Handeln ist eine notwendige Antwort auf die erfahrene Barmherzigkeit Gottes. Eine Verweigerung der Barmherzigkeit gegenüber anderen ist ein Selbstausschluss aus Gottes Barmherzigkeit, ein Nein zu Gottes Barmherzigkeit. Die Liebe des Menschen zu Gott muss sich in der tätigen Barmherzigkeit in der Gesellschaft ausdrücken. Diese Berufung zur zwischenmenschlichen Barmherzigkeit stellt den Kern des islamischen Ethos dar.

Barmherzigkeit ist nicht nur als Befolgung eines Gebots oder einer sittlichen Norm zu verstehen, sondern als Grundvoraussetzung dafür, selbst Gottes Barmherzigkeit zu erlangen. Der Mensch hat Zugang zur Liebe Gottes und zu seiner Barmherzigkeit insofern und in dem Maße, in dem er selbst innerlich bereit ist, Liebe und Barmherzigkeit dem Nächsten zu schenken. Die menschliche Barmherzigkeit ist also die Frucht eines Transformationsprozesses, der notwendig ist, damit der Mensch schrittweise für Gottes Barmherzigkeit empfänglich wird. Je weiter der Mensch in diesem Transformationsprozess voranschreitet, umso aufnahmefähiger wird er für die göttliche Barmherzigkeit, und umso näher kommt er der Gottesgemeinschaft.

Muhammad sagte: »Gott erbarmt sich der Barmherzigen.«[10] Eine Aussage, die erinnert an Mt 5,7: »Selig sind die Barmherzigen, denn sie werden Erbarmen finden.« Indem er in Barmherzigkeit liebt, bezeugt der Mensch seine Erwählung zum Diener Gottes (*'abd*), zum Medium der Liebe und Barmherzigkeit. Der Mensch antwortet durch sein Engagement in barmherziger Liebe nicht nur auf Gott, sondern darüber hinaus auch auf die Leiden seiner Mitmenschen, die in ihm Barmherzigkeit und Hingabebereitschaft wecken.[11]

Der Mensch ist auch dann ein Medium der Offenbarung göttlicher Liebe und Barmherzigkeit, wenn er anderen ihre Fehler vergibt. Jeder Einzelne muss ja immer wieder erfahren, dass er nicht von Sünden frei ist. Seine Bereitschaft zur Vergebung ist eine Antwort auf diese Erfahrung. Die barmherzige Nächstenliebe erreicht ihren Höhepunkt daher, wie Edith Olk anmerkt, »in der Vergebungsbereitschaft der Feindesliebe. Die Vergebung ist ein Zeugnis des Sieges der erbarmenden Liebe über die Sünde und als solche eine Vorbedingung für die Versöhnung unter den Menschen. Dieser Sieg findet im Inneren des Vergebenden statt, indem er sein natürliches Bedürfnis nach Vergeltung gegenüber dem Übeltäter überwindet und sich erneut für die Beziehung zu ihm öffnet. Er verurteilt den Übeltäter nicht, stellt ihm aber Fragen an sein Gewissen, um ihn zur Erkenntnis der Wahrheit über sich selbst und zur Bekehrung zu bewegen. Vergebung setzt voraus, dass die objektiven Forderungen der Gerechtigkeit

---

10 Überliefert nach *al-Buḫārī*, Hadith-Nr. 1284 und *Muslim*, Hadith-Nr. 923.
11 Vgl. *Olk*, S. 359.

nach Wiedergutmachung des Bösen bzw. des angerichteten Schadens respektiert und erfüllt werden. Als erbarmende Liebe überschreitet sie gleichzeitig den Rahmen der Gerechtigkeit, denn sie begründet die zwischenmenschlichen Beziehungen nicht nur auf den Rechten des einzelnen, sondern darüber hinaus auf dem Bewusstsein des Wertes und der Würde jedes Menschen«.[12]

---

12 Ebd., S. 373.

6. Gottesdienst ist Dienst am Menschen

Manche Gelehrte interpretieren die islamische Religion so, als ginge es lediglich um die Verherrlichung Gottes. Sie berufen sich auf folgenden koranischen Vers: »Ich habe den Menschen und den Dschinn [ein Geistwesen] nur deshalb erschaffen, damit sie mir dienen.«[1] Dieses Verständnis von Religion kollidiert jedoch mit dem Verständnis, dass Gott den Menschen bedingungslos aus seiner Barmherzigkeit erschaffen hat, um seine Liebe mitzuteilen (»er liebt sie und sie lieben ihn«[2]), dass er nichts für sich selbst braucht, schon gar nicht die Anbetung. Um den Begriff »dienen« zu verstehen, müssen wir zurück zu dem Dialog zwischen Gott und den Engeln, der laut Koran vor der Erschaffung des Menschen stattfand. Dort heißt es, dass der Mensch seine Bestimmung als Verwalter finde. Indem der Mensch alles, was ihm an materiellen und nichtmateriellen Ressourcen zur Verfügung steht, verantwortungsvoll verwaltet, betet er Gott an und dient ihm. Die muslimischen Gelehrten waren sich immer einig, dass sich Gottesanbetung nicht nur im Gebet vollzieht, sondern in jeder Handlung, die verantwortungsvoll durchgeführt wird. So spricht der Koran im Zusammenhang mit dem Glauben an Gott regelmäßig im selben Atemzug vom aufrichtigen Handeln: »Diejenigen, die glauben und Aufrichtiges tun …«[3] Glaube und aufrichtiges Handeln gehören immer zusammen. Der Dienst an Gott vollzieht sich im Dienst an seinen

---

1 Koran 51:56.
2 Koran 5:54.
3 Koran 2:82.

129

Geschöpfen. Einen Menschen anzulächeln ist ebenso Gottesdienst wie eine Pflanze zu gießen. Jede sinnvolle Handlung, die einen Beitrag zu einem schöneren, friedlicheren, verantwortungsvolleren, erfüllenderen Leben voller Liebe und Barmherzigkeit leistet, ist Gottesdienst. Jede Verringerung von Not und Leid auf der Erde ist Gottesdienst. Es geht beim Gottesdienst somit nicht um Gott, sondern um seine Schöpfung. Man dient Gott, indem man seiner Schöpfung dient. Je mehr man den Geschöpfen dient, desto mehr dient man Gott. Und damit der oben erwähnte Vers aus der Sure 51 nicht missverstanden wird – als brauche Gott irgendetwas für sich selbst –, sagt Gott im nächsten Vers: »Ich will von ihnen keinen Unterhalt haben, und ich will nicht, dass sie mir zu essen geben.«

Die Vorstellung mancher Gelehrter, wonach Gottesdienst lediglich darin bestünde, bestimmte Rituale wie Beten und Fasten zu verrichten, höhlt die Religion aus, kappt jeglichen Bezug zur Lebenswirklichkeit. Dahinter verbirgt sich die Vorstellung, dass Gott bestrebt sei, dass die Menschen ihn verherrlichten und anbeteten, um ihn zufriedenzustellen. Wie ich aber mehrfach zum Ausdruck gebracht habe, ist diese Vorstellung nicht mehr als eine Projektion eines archaischen Stammesvaters. Religiöse Rituale sind nicht Gottesdienst, sondern ein Mittel zur Vervollkommnung des Menschen, damit er allererst in die Lage kommt, selbstlos und empathisch Liebe und Barmherzigkeit zu verwirklichen. Religiöse Rituale sollen uns dabei unterstützen, die göttlichen Intentionen zu verwirklichen. Sie sind zugleich ein Medium des Rückzugs, um in Zweisamkeit mit Gott zu versinken: »Wirf dich nieder [im Gebet] und nahe dich.«[4]

4 Koran 96:19.

7. Scharia als juristisches System steht im Widerspruch zum Islam selbst

Wenn unter Scharia ein juristisches System verstanden wird, das alle Lebensbereiche erfassen und genau vorschreiben soll, in welcher Situation was zu tun ist, dann steht das in klarem Widerspruch zum Islam. Wieso eigentlich? Weil es nicht Aufgabe von Religionen, auch nicht des Islam, ist, Gesetze zu erlassen. Das eigentliche Anliegen des Islam ist, dass der Mensch sich vervollkommne, sowohl als Individuum als auch als Gesellschaft, um die Gemeinschaft Gottes zu erlangen. Vervollkommnung aber kommt nicht von außen, auch nicht durch den Zwang eines Gesetzes. Sie ist vielmehr ein Prozess, der von innen kommen soll und muss. Der Mensch muss an sich arbeiten und sich in seinem Menschsein vervollkommnen. Sich aus Angst vor einer weltlichen oder jenseitigen Sanktion in bestimmter Weise zu verhalten, mag zum Erhalt einer gesellschaftlichen Ordnung dienen, leistet jedoch kaum einen Beitrag zur inneren Vervollkommnung. Religion muss zu einer Lebenshaltung werden. Das ist viel mehr als die Befolgung von Gesetzen. Sich gut zu verhalten, nur weil ein Gesetz dies vorschreibt, birgt in sich außerdem die Gefahr, dass man sein Verhalten verändert, sobald das Gesetz nicht mehr gilt. Dies ist gut an dem Verhalten von Touristen zu beobachten, die aus sehr repressiven islamischen Ländern kommen. Jedes Mal, wenn ich von einem Besuch bei meinen Eltern aus Saudi-Arabien zurückkomme, erlebe ich im Flugzeug, wie viele der Frauen, die vollverschleiert eingestiegen sind, mit ganz modernen und großzügig ausgeschnitten Kleidern demselben Flugzeug entsteigen. Nicht selten habe ich es erlebt, wie die Männer schon im Flugzeug nach Alkohol fragen. Viele Flugbegleiterinnen können ein Lied davon singen, wie sie von vielen Männern aus diesen Ländern angestarrt und belästigt werden. In ihren Ländern verhalten sich diese Menschen anders – aber eben nur aus Angst vor einer juristischen Sanktion, nicht aus aufrichtiger Überzeugung. Diese Beobachtung beschränkt sich natürlich nicht auf Menschen aus muslimischen Ländern. Denken wir auch an amerikanische Soldaten im Irak oder in Guantanamo, die Gefangene auf menschenverachtende Weise gefoltert und missbraucht haben. Denken wir an Menschen aus der sogenannten Ersten Welt, die als »Sextouristen« nach Südamerika oder nach Thailand reisen. Denken wir an die verschiedenen Formen der Ausbeutung von Ölländern und die Unterstützung diktatorischer Regime in diesen Ländern durch Europa und die USA, um eigene wirtschaftliche und strategische Interessen zu wahren. Die Liste ist lang. Der Islam erhebt das Gewissen zu einer inneren Stimme, die den Menschen zum Guten ruft – auch dann, wenn kein Gesetz mehr greift. Der vollkommene Mensch, den der Islam anstrebt, sieht sein Menschsein dann verwirklicht, wenn er sich immer für das Gute entscheidet und immer das Gute will. Nur dann ist er auch wirklich frei. Folgende Aussage des Propheten Muhammad erinnert an Immanuel Kants Freiheitsbegriff: »Keiner ist richtig gläubig, wenn sein Wille nicht dem entspricht, was ich verkündet habe.«[1] Nach Kant ist der Mensch frei, wenn er für das Gute entschlossen ist. Somit benötigt der Freiheitsbegriff nach Kant keine Wahlfreiheit, da es nicht darauf ankommt, dass verschiedene Möglichkeiten zur Auswahl stehen. Auch wenn nur eine Handlungsoption besteht, ist der Mensch frei, solange er es kraft seiner Vernunft als gut erkennt, diese Option zu ergreifen. Nach Kant ist der frei, der sich aus innerer Verpflichtung, also moralisch verhält. Nur die bewusst pflicht-

---

1 Überliefert nach *an-Nasawī*, al-Arbaʿūn, Hadith-Nr. 8.

gemäße Entscheidung ist somit auch eine freie Entscheidung und umgekehrt. Und um zu wissen, was gut und was schlecht ist, und um nicht seinen Trieben unterworfen zu sein, benötigt der Mensch seine Vernunft. Freiheit ist nur durch Vernunft möglich: »Der Wille ist ein Vermögen, nur dasjenige zu wählen, was die Vernunft unabhängig von der Neigung als praktisch notwendig, d. i. als gut, erkennt.«[2]

Nun könnte man einwenden, dass der Koran an mehreren Stellen vom Richten nach göttlichen Normen spricht. So heißt es z. B. in der vierten Sure, Vers 105: »Wir haben dir [Muhammad] das Buch wahrhaftig hinabgesandt, damit du zwischen den Menschen richtest, wie Gott dir Einsicht gegeben hat.« Es wird sogar im Koran kritisiert: »Wer nicht nach dem richtet, was Gott hinabgesandt hat, dies sind die Ungerechten.«[3] Was ist es jedoch, was Gott als Kriterium des Richtens hinabgesandt hat? Handelt es sich hierbei um partikulare juristische Vorschriften, also um Gesetze, wie manche behaupten? Schauen wir uns an, was der Koran selbst dazu sagt: »Gott gebietet euch, die euch anvertrauten Güter ihren Eigentümern zurückzugeben, und wenn ihr unter den Menschen richtet, nach Gerechtigkeit zu richten.«[4] An einer anderen Stelle heißt es: »Und wenn du [Muhammad] unter ihnen richtest, dann richte gerecht!«[5] Ferner: »Wir [Gott] entsandten unsere Gesandten mit klarer Botschaft und schickten mit ihnen das Buch und die Waage herab, auf dass die Menschen Gerechtigkeit üben möchten.«[6]

---

2 *Immanuel Kant*, Grundlegung zur Metaphysik der Sitten, Ausgabe der Preußischen Akademie der Wissenschaften, Berlin 1900ff, AA 0004IV, S. 412, http://www.korpora.org/Kant/aa04/412.html.
3 Koran 5:45.
4 Koran 4:58.
5 Koran 5:42.
6 Koran 57:25.

Das, was Gott also hinabgesandt hat, nach dem es zu richten gilt, ist das Prinzip der Gerechtigkeit. Es geht nicht um einzelne Gesetze, sondern um Gerechtigkeit, die auf Erden verwirklicht werden soll. Jedes Gesetz, das dem Prinzip der Gerechtigkeit gerecht wird, entspricht dem, was Gott hinabgesandt hat, auch wenn dieses Gesetz nicht die Überschrift »muslimisch« trägt; es ist per se muslimisch, wenn es im Sinne der Gerechtigkeit ist. Dem Koran geht es nicht um partikulare juristische Regelungen, sondern um allgemeingültige Prinzipien. Es geht um die Verwirklichung der Gerechtigkeit hier und jetzt in der Welt und somit um die Erfüllung der Aufgabe prophetischer Sendung.[7]

Dennoch begegnen uns ca. 80 koranische Verse, die juristische Aussagen bezüglich der Gesellschaftsordnung machen. Zum Teil geht es auch um Körperstrafen, die im Widerspruch zu den Menschenrechten stehen. Warum stehen diese Verse im Koran, und wie geht man heute mit solchen Versen um? Um diese Fragen zu beantworten, müssen drei wichtige Differenzierungen gemacht werden: Die erste Differenzierung betrifft den historischen Kontext der Verkündigung des Koran, die zweite betrifft die verschiedenen Funktionen, die der Prophet Muhammad innehatte, und die dritte betrifft den Gehalt koranischer Aussagen.

7.1 Erste Differenzierung: mekkanische versus medinensische Koranverse

Der Koran wurde nach muslimischem Glauben nicht auf einmal verkündet, sondern dem Propheten Muhammad durch den Engel Gabriel über einen Zeitraum von 23 Jahren hin-

---

7 Vgl. Koran 57:25.

weg offenbart. 13 Jahre davon lebte Muhammad in Mekka (zwischen 610 und 622 n. Chr.) und zehn in Medina (zwischen 622 und 632 n. Chr.). Die mekkanische Phase unterscheidet sich stark von der medinensischen.

In Mekka bestand die Gesellschaft aus vielen politischen Einheiten, den Stämmen, mit patriarchalisch-hierarchischem Aufbau. Die Loyalität zum Stamm galt als oberstes Prinzip. Die gemeinsame Abstammung begründete die Loyalitätspflicht zum Stamm. Unter den mekkanischen Stämmen herrschten ständig Kriege um wirtschaftliche Ressourcen. Der Stamm, der die meisten wirtschaftlichen Ressourcen kontrollierte, stand in der Hierarchie an der Spitze. Zur Zeit des Propheten war dies sein eigener Stamm namens Quraisch. Auch Sklaverei war sehr stark verbreitet. Sklaven wurden im Krieg erbeutet. Die ständigen Konkurrenzkämpfe zwischen den Stämmen führten zu einer Aufwertung der männlichen Stammesangehörigen gegenüber den weiblichen; Männer konnten Krieg führen, und Kriegsbeute war eine wichtige wirtschaftliche Einnahmequelle. Je mehr Söhne jemand hatte, desto mehr Ansehen genoss er in der Gesellschaft. Töchter hingegen waren eine Last und zudem leichte Kriegsbeute für die Feinde. Der Koran dokumentiert diese Tradition: »Wenn einem von ihnen eine Tochter angekündigt wird, dann verdüstert sich sein Gesicht, und er hadert mit sich. Er verbirgt sich wegen dieser schlechten Nachricht vor seinen Leuten. Soll er diese Schande behalten oder in der Erde vergraben?«[8] Wenn die Töchter eines Stammes von anderen Stämmen als Kriegsbeute genommen und versklavt wurden, verletzte dies die Ehre des Stammes. Mädchen waren ein Schwachpunkt in dieser gesellschaftlichen Konstellation. Man musste sie möglichst vom öffentlichen Gesche-

---

8 Koran 16:58–59.

hen in der Gesellschaft fernhalten, um ihnen den notwendigen Schutz zu bieten. Neben diesen sozialen Missständen im Mekka des siebten Jahrhunderts waren Polytheismus und Aberglaube stark verbreitet. Daher lag der Schwerpunkt der koranischen Verkündigung in dieser mekkanischen Phase auf dem reinen Monotheismus und den Attributen Gottes sowie der Ankündigung des Jüngsten Gerichts; ferner findet man in den mekkanischen Suren viele Berichte über frühere Propheten und deren Völker, mit dem Appell, aus der Geschichte Lehren zu ziehen. Man findet in dieser Phase auch viele allgemeine ethische Prinzipien, allerdings ohne juristische Aussagen. Ziel der koranischen Verkündigung in dieser Phase war an erster Stelle der Bruch mit den Stammestraditionen und dem Polytheismus.

Medina war anders als Mekka. Diese Stadt war viel heterogener. Dort lebten nicht nur Araber, sondern auch Juden. Sie kamen – auf der Flucht vor den Römern – nach den Jahren 70 und 132 n. Chr. nach Medina. 575 n. Chr. kamen nach dem Dammbruch von Ma'rib auch arabische Stämme aus dem Jemen nach Medina. Sie schlossen Verträge mit den jüdischen Stämmen ab und arbeiteten für sie in der Landwirtschaft und im Handel. Während die Mekkaner Geschäftsleute waren, die viel gereist sind, waren die Medinenser eine sesshafte Bevölkerung, deren Haupteinnahmequelle die Landwirtschaft war. Allerdings herrschten auch unter den Stämmen in Medina starke Rivalitäten, und es gab kriegerische Auseinandersetzungen. In Mekka behauptete sich der Stamm Quraisch als stärkster, in Medina konnte sich kein bestimmter Stamm durchsetzen, sodass Muhammad, als er im Jahre 622 n. Chr. nach Medina kam, als mehr oder weniger »neutrale« Person willkommen war. Dort konnte er schnell die verschiedenen Stämme (jüdische und arabische) unter einem Dach vereinen. Kurz nach seiner Ankunft unterzeichnete der Prophet mit der Bevölkerung Medinas (dazu gehörten jüdische und arabische Stämme, aber auch seine Anhänger aus Mekka, die mit ihm ausgewandert waren) den berühmten Vertrag von Medina. Laut diesem Vertrag standen nicht nur allen namentlich angeführten Vertretern des Islam und Judentums die gleichen Rechte und Pflichten zu, sondern auch die Religionen selbst wurden anerkannt. Und so bildeten die Juden nach diesem Vertrag eine Umma (Gemeinschaft) mit den Muslimen: »Die Juden hatten ihre Religion und die Muslime die ihrige«[9]. Die Mekkaner, die mit dem Propheten einwanderten (*muhāǧirūn*), und die Medinenser, die ihm Schutz boten (*anṣār*), genossen laut diesem Vertrag Gleichstellung. Alle im Vertrag aufgelisteten Stämme und Sippen gewährten einander Schutz. Man würde in unseren heutigen Termini sagen, dass die Entwicklung auf die Konstituierung einer Nation zulief. Nun brauchte diese Gesellschaft eine rechtliche Grundlage. Muhammad begann daher in Medina, an den Grundlagen für die Errichtung eines »Rechtsstaats« zu arbeiten. Dies spiegelt sich auch im Koran wider. Neben spirituellen und ethischen Aspekten wurden jetzt Gesetze und Regelungen vorgeschrieben, die das gesellschaftliche Leben regeln sollten.

Und nun ergibt sich die für uns heute wichtige Frage: Wie gehen wir mit diesen gesellschaftlichen Regelungen um, die sich in Medina herausgebildet haben und sich sowohl im Koran als auch in der prophetischen Tradition, der »Sunna« widerspiegeln? Während Konsens unter allen muslimischen Gelehrten darüber besteht, dass Regelungen von religiösen Ritualen (dazu gehören vor allem die sogenannten fünf Säulen des Islam: Glaubensbekenntnis, das rituelle Gebet, das

---

9 Enzyklopädie des Islam, eslam.de, http://www.eslam.de/manuskripte/vertraege/verfassung_von_medina.htm.

Fasten, die soziale Abgabe und die Pilgerfahrt) sowie Regelungen mit ethischem Charakter, wie das Gebot der Güte und Aufrichtigkeit, einen ahistorischen Charakter besitzen, d. h. für alle Musliminnen und Muslime für alle Zeiten gelten, gibt es Uneinigkeit, was Regelungen betrifft, die dem gesellschaftlichen Wandel unterliegen (dazu gehören Erbschaftsregelungen, Körperstrafen usw.).

Salafisten z. B. sehen in der Gesellschaftsordnung von Medina des siebten Jahrhunderts eine ahistorische Gesellschaftsordnung, die die Menschheit überall und zu jeder Zeit anstreben soll. Wer sich nicht daran hält, ist vom Glauben abgefallen. Sie berufen sich auf koranische Verse, wie z. B. den oben zitierten: »Wer nicht nach dem richtet, was Gott hinabgesandt hat, dies sind die Ungerechten«[10] bzw. »Wer nicht nach dem richtet, was Gott hinabgesandt hat, dies sind die Leugner.«[11] Moderne islamische Reformschulen streben hingegen die historische Kontextualisierung solcher gesellschaftlicher Regelungen an (z. B. die Ankaraner Schule[12] bzw. die Arbeiten von Nasr Hamid Abu Zaid[13]).

Wenn wir Muslime die koranische Botschaft ernst nehmen und die Menschen nicht vor die Wahl stellen wollen, entweder zu den Gesellschaftsstrukturen des siebten Jahrhunderts zurückzukehren, um nach dem Koran leben zu können, oder den Koran zu verwerfen, um im Heute leben zu können, dann führt kein Weg an der historischen Kontextualisierung koranischer gesellschaftlicher Regelungen vorbei. Mit historischer Kontextualisierung ist jedoch keineswegs gemeint,

---

10 Koran 5:45.
11 Koran 5:44.
12 Vgl. *Felix Körner* (Hg.), Alter Text – neuer Kontext. Koranhermeneutik in der Türkei heute, Freiburg/Basel/Wien 2006.
13 Vgl. *Nasr Hamid Abu Zaid*, Gottes Menschenwort. Für ein humanistisches Verständnis des Koran, Freiburg/Basel/Wien 2008.

diese Regelungen lediglich als ein Stück Geschichte zur Kenntnis zu nehmen, die uns heute nichts anginge. Diese Regelungen gehen uns heute sehr wohl etwas an, jedoch nicht als juristische Vorschriften und Gesetze. Um dies verständlich zu machen, führe ich eine erste Unterscheidung ein, die unbedingt gemacht werden muss: die Unterscheidung zwischen mekkanischen und medinensischen Koransuren.

Die sechste koranische Sure ist eine mekkanische. Sie wurde verkündet, bevor sich ein islamischer Staat in Medina konstituierte. In den Versen 151 bis 153 dieser Sure lesen wir die zentralsten Aussagen des Koran kompakt zusammengefasst: »Sprich [Muhammad zu den Menschen]: Kommt her, ich will bekanntgeben, was euer Herr euch verbot: Ihr sollt ihm nichts an die Seite stellen. Und die Eltern sollt ihr ehren. Und ihr sollt eure Kinder nicht aus Armut töten; wir werden euch und sie versorgen, und nähert euch nicht dem Ehebruch. Und tötet kein Leben, das Gott verwehrt hat. […] Und kommt dem Vermögen der Waisen nicht zu nahe, außer um es zu mehren, bis sie herangewachsen sind. Und richtet nach Gerechtigkeit. Und seid gerecht bei Zeugenaussagen, wäre es auch gegen einen Verwandten. Und haltet euer Versprechen. All dies gebot er euch, damit ihr es euch zu Herzen nehmt. Denn dies ist mein *rechter Weg*. So folgt ihm und folgt nicht anderen Wegen, damit ihr nicht vom Wege Gottes getrennt werdet.« Dem christlichen Leser kommen diese Gebote bekannt vor. Sie ähneln den zehn Geboten Mose. Muhammad ist kein Stifter eines neuen Glaubens, deshalb lehnen Muslime auch die Bezeichnung »Muhammadaner« ab. Sie suggeriert, es handle sich um eine neue, von Muhammad gestiftete Religion. Die oben zitierten Verse bezeichnen die aufgelisteten Gebote als »den rechten Weg Gottes«. Diese Bezeichnung »rechter Weg« kommt in der ersten Sure des Koran vor, die Muslime in jedem Gebet wiederholen: »Leite uns den rechten

Weg.«[14] In der sechsten Sure wird dieser Weg genau definiert. Es ist der Weg, zu dem auch alle Propheten vor Muhammad gerufen haben: »Sprecht [ihr Muslime]: Wir glauben an Gott und was uns offenbart wurde, und was Abraham, Ismael, Isaak, Jakob und seinen Kindern offenbart wurde, und was andere Propheten von ihrem Herrn erhalten haben. Wir machen keinen Unterschied zwischen ihnen; und Ihm ergeben wir uns.«[15] Das ist der Grund, warum der Koran von einem Glauben spricht, wenn es um die Hinwendung zu Gott geht. Der Koran nennt diese Hinwendung zu Gott, die sich in der Annahme seiner Liebe und Barmherzigkeit verwirklicht und im Handeln gegenüber den Mitmenschen und Gottes Schöpfung zum Ausdruck kommt, »Islam«: »Die Religion bei Gott ist der Islam.«[16] Damit ist nicht die Religion »Islam«, wie wir sie heute kennen, gemeint. Denn es wird – wie schon oben angeführt – z. B. Abraham im Koran als Muslim bezeichnet[17] sowie auch Lot[18], Noah[19] und sogar die Anhänger Jesu[20].

Trotz dieser Kontinuität der Botschaften der Propheten spricht der Koran von einem Bruch, den der Islam gerade mit der Botschaft des Mose vollzieht. Dabei handelt es sich um einen Bruch mit den partikularen juristischen Maßnahmen des Judentums, vor allem mit den vielen Verboten. Der Koran bezeichnet diese Verbote als »Last und Fesseln«[21], die Muhammad nun »abnehmen« möchte. An einer anderen Stelle werden sie als Strafe Gottes bezeichnet[22], die jetzt auf-

---

14 Koran 1:6.
15 Koran 2:136.
16 Koran 3:19.
17 Vgl. Koran 3:67.
18 Vgl. Koran 51:36.
19 Vgl. Koran 10:72.
20 Vgl. Koran 5:111.
21 Koran 7:157.
22 Vgl. Koran 4:160.

gehoben werde. Damit positioniert sich der Islam als eine Art Reform des Judentums. Die Kernaussagen (Zehn Gebote) aller göttlichen Religionen bleiben dabei erhalten, andere Verbote werden großteils aufgehoben.

Der Koran spricht lediglich an vier Stellen von Verboten: Neben den oben angeführten Versen, die sich auf die Zehn Gebote beziehen[23], geht die vierte Sure auf das Verbot von Inzucht ein[24]; die zweite Sure erwähnt das Verbot von Wucher,[25] und schließlich werden in der fünften Sure die Speisevorschriften angeführt.[26] Muslimische Gelehrte, die bemüht sind, die Liste der Verbote soweit wie nur möglich zu verlängern (Verbot des Fotografierens, Verbot von Musikinstrumenten, Verbot des Schminkens, Verbot, einer Frau die Hand zu geben usw.) machen die Reformbemühungen Muhammads rückgängig und – mit den Worten des Koran gesprochen – »bestrafen« damit die Muslime. Indem der Koran von einer einzigen Religion spricht, zugleich aber sagt, dass es immer wieder eine Reform in den juristischen Maßnahmen gab (»Jedem von euch gaben wir einen Weg ein«[27]), betreibt er selbst eine historische Kontextualisierung dieser juristischen Maßnahmen. Was universal und ahistorisch bleibt, sind allgemeine Prinzipien, wie diejenigen, die in den Zehn Geboten vorkommen.

Der Koran selbst macht eine wichtige Unterscheidung zwischen eindeutigen und mehrdeutigen Versen. Die eindeutigen Verse nennt der Koran »Mutter des Buches«, diese sind die wegweisenden Verse. Der große Gelehrte und Gefährte des Propheten Muhammad, Ibn ʿAbbās (gest. 688 n. Chr.),

---

23 Vgl. Koran 6:151–153.
24 Vgl. Koran 4:23–24.
25 Vgl. Koran 2:275.
26 Vgl. Koran 5:3 und 5:90.
27 Koran 5:48.

bezeichnete die oben zitierten Verse[28] als diejenigen, die mit »Mutter des Buches« gemeint sind.[29] Diese Verse (»Mutter des Buches«) wurden in der mekkanischen Phase verkündet, sie sind göttliche Gebote und haben keinen juristischen Charakter. Einige der medinensischen Verse, die die Gesellschaftsordnung ansprechen, haben hingegen einen juristischen Charakter, so heißt es in Medina z. B. nicht mehr nur: »Tötet keinen Menschen« oder »Nähert euch nicht dem Ehebruch« oder »Haltet euer Versprechen«, jetzt heißt es zusätzlich: »Euch ist Wiedervergeltung für die Getöteten vorgeschrieben: Der Freie für den Freien, der Unfreie für den Unfreien, und die Frau für die Frau. Wem aber von seinem Bruder verziehen wird, zahle eine angemessene Entschädigung«[30], »Die Unzuchttreibenden peitscht beide mit hundert Hieben aus«[31], und »Die Sühne für das Nichteinhalten eines Versprechens soll die Speisung von zehn Armen sein, oder ihre Bekleidung, oder das Loskaufen eines Sklaven. Wer aber die Mittel dazu nicht findet, der faste drei Tage.«[32]

In der medinensischen Phase war der Prophet Muhammad bemüht, nicht nur Prinzipien zu verkünden, sondern diese auch in Form einer verbindlichen Gesellschaftsordnung zu verwirklichen. Deren Kern liegt aber schon in der mekkanischen Verkündigung, dort wurden die allgemeinen Prinzipien verkündet, die auch von anderen Propheten verkündet wurden. Das medinensische Modell war die Umsetzung dieser Prinzipien durch den Propheten, und zwar mit den Mitteln und Erfahrungen, die ihm damals, im siebten Jahrhun-

28 Vgl. Koran 6:151–153.
29 Vgl. Ismāʿīl Ibn Katīrs Kommentar zu Sure 6, Vers 151 in: Tafsīru l-qurʾān (= Qurʾānische Exegese).
30 Koran 2:178.
31 Koran 24:2.
32 Koran 5:89.

dert auf der Arabischen Halbinsel zur Verfügung standen. Schauen wir uns z. B. die Aussage über die Vergeltung bei Mord genauer an: »Euch ist Wiedervergeltung für die Getöteten vorgeschrieben: Der Freie für den Freien, der Unfreie für den Unfreien, und die Frau für die Frau. Wem aber von seinem Bruder verziehen wird, zahle eine angemessene Entschädigung.«[33] Der bekannte Exeget Ibn Katīr (gest. 1373 n. Chr.) schreibt in seinem Korankommentar, dass dieser Vers verkündet wurde, weil es in vorislamischer Zeit, in der Vergeltung für Mord eine gängige Tradition war, dass bei einem Mord an jemandem aus einem rangniederen Stamm, der höherstämmige Täter entweder nicht zur Rechenschaft gezogen wurde oder nur die Hälfte der Entschädigung (Blutgeld) zahlen musste, die im umgekehrten Fall der andere Stamm hätte zahlen müssen; ebenso wie ein Freier für den Mord an einem Sklaven bzw. an einer Frau eines rangniederen Stammes nicht zur Rechenschaft gezogen wurde. Der oben zitierte Vers will, wie Ibn Katīr sagt, für Gerechtigkeit sorgen, und eröffnet die Möglichkeit der Vergebung durch die Familie des Opfers.[34] In diesem Fall entfällt auch die Vergeltungsstrafe, d. h. der Täter bzw. sein Stamm muss lediglich eine Entschädigung an die Familie zahlen. In diesem Vers geht es also keineswegs um die Einführung der Todesstrafe. Der Koran greift hier ein, um für Gerechtigkeit zu sorgen. Aus dem historischen Kontext dieses Verses sieht man, dass es sich hierbei um eine Regelung in einer Stammesgesellschaft handelt, in der Vergeltung und Blutrache eine wichtige Rolle spielte. Heute hat sich die gesellschaftliche Ordnung verändert. Zumindest in den europäischen Ländern dominie-

---

33 Koran 2:178.
34 Vgl. Ismāʿīl Ibn Katīrs Kommentar zu Sure 2, Vers 178 in: Tafsīru l-qurʾān (= Qurʾānische Exegese).

ren heute keine Stammesstrukturen mehr. Dem Propheten ging es in Medina um die Durchsetzung des Gebots »Tötet keinen Menschen«. Dieses Gebot gilt auch für die Menschen im 21. Jahrhundert. Wie wir jedoch dafür sorgen, mit welchen juristischen, pädagogischen oder gesellschaftlichen Maßnahmen dieses Gebot durchgesetzt wird, ist keine Frage der Religion. Nicht Theologen sollten eine Antwort darauf geben, sondern Juristen, Pädagogen, Psychologen usw., die in ihrer jeweiligen Disziplin darüber forschen und ihre Erkenntnisse laufend aktualisieren.

Die medinensischen Aussagen im Koran, die auf die juristische Regelung einer Gesellschaftsordnung abzielen, sind für uns heute insoweit wichtig, als sie uns aufzeigen, dass Religiosität sich nicht auf ein lediglich theoretisches Wissen über Gott und über die Prinzipien der Gerechtigkeit und Freiheit beschränkt, sondern vom Menschen verlangt, aktiv an seiner Gesellschaft zu partizipieren und einen Beitrag für die Schaffung einer gerechten Gesellschaftsordnung zu leisten. Um gläubig zu sein, reicht es nicht aus, sich zu guten Prinzipien und den Menschenrechten zu bekennen. Das ist zwar wichtig, jedoch nur die Hälfte der Strecke; die andere Hälfte ist das aktive Engagement, das aus dem Bekenntnis heraus eine gelebte Realität schafft. Und das ist es, was wir vom medinensischen Modell lernen, nicht die einzelnen partikularen juristischen Maßnahmen, die mittlerweile zum Großteil überholt sind. Beide Teile des Koran, der in Mekka und der in Medina entstandene, ergänzen sich. In Mekka war eine geistige Revolution das Ziel, und in Medina, diese Revolution in eine gelebte Realität umzusetzen.

7.2 Zweite Differenzierung: Muhammad als Gesandter Gottes und Muhammad als Staatsoberhaupt

Anknüpfend an die Unterscheidung zwischen mekkanischer und medinensischer Phase der Verkündigung muss auch zwischen der Rolle Muhammads als Prophet und seiner Rolle als Staatsoberhaupt unterschieden werden. Diese Unterscheidung ist für das Verständnis des Islam als spirituelle und ethische Botschaft anstelle einer juristischen entscheidend.

Muhammad als Gesandter hatte eine göttliche Botschaft zu verkünden, er war der Überbringer dieser Botschaft. Muhammad als Staatsoberhaupt in Medina war bemüht, den Grundstein zur Errichtung eines Rechtsstaates zu legen.[35] Als Gesandter verkündete er neben dem Monotheismus und den gottesdienstlichen Praktiken allgemeine Prinzipien, die für jede Gesellschaft gelten sollten: Gerechtigkeit, Unantastbarkeit der menschlichen Würde, Freiheit und Gleichheit aller Menschen sowie die soziale und ethische Verantwortung des Menschen. Später – als Staatsoberhaupt in Medina (ab 622 n. Chr.) – war er bemüht, diese Prinzipien mit den ihm im siebten Jahrhundert auf der Arabischen Halbinsel zur Verfügung stehenden Mitteln und Kenntnissen in die Praxis umzusetzen.

Die Unterscheidung zwischen diesen beiden Funktionen hat Muhammad selbst vorgenommen. Als der Prophet nämlich nach Medina kam, sah er, wie die Menschen dort die Dattelpalmen miteinander kreuzten. »Er fragte: ›Was tut ihr?‹ Sie antworteten: ›Das haben wir schon immer so gemacht.‹ Darauf entgegnete er: ›Vielleicht wäre es besser für euch, es nicht zu tun.‹ Und so ließen sie es sein. Als die

---

35 Vgl. *Šihābu d-dīn Al Qarāfī*, al-Furūq (Die Unterschiede), Beirut 2002, S. 221.

Ernte kam, war sie jedoch schlecht. Die Bauern gingen zum Propheten und berichteten es ihm. Daraufhin sagte er: ›Ich bin nur ein Mensch. Wenn ich euch hinsichtlich eurer Religion etwas anordne, so befolgt es. Wenn ich euch jedoch etwas aufgrund meiner Meinung anordne, so bin ich nur ein Mensch. Ihr kennt euch besser aus in euren irdischen Angelegenheiten als ich.‹«[36] Hier zieht der Prophet eine klare Trennung zwischen dem, was er als Gottes Gesandter verkündet, und dem, was er als Mensch als seine Meinung vorträgt. Ähnliche Situationen wiederholten sich öfters. Als z. B. der Prophet im Jahre 627 n. Chr. einen Friedenspakt mit einem der Stämme in Medina (dem Stamm Ġaṭafān) schließen wollte, plante er, ihm ein Drittel der Datteln Medinas zu überlassen. Daraufhin fragten ihn einige seiner Gefährten, ob er dies in seiner Funktion als Gesandter oder als Staatsoberhaupt vorhabe. Als er ihnen sagte, dass er dies in seiner Funktion als Staatsoberhaupt vorhabe, hielten sie ihn davon ab.[37] Für die Gefährten des Propheten war diese Unterscheidung zwischen beiden Funktionen eine Selbstverständlichkeit. Islamische Gelehrte, die diese Bemühungen Muhammads jedoch als Teil seiner göttlichen Verkündung sehen, betrachten alle juristischen Regelungen und die gesamte Gesellschaftsordnung in Medina – dazu gehören auch die Geschlechterrollen – als kontextunabhängige, verbindliche göttliche Gesetzgebung, die alle Muslime, auch die heutigen in Europa, anstreben müssten. Dieses Verständnis blockiert jedoch jede Möglichkeit der Weiterentwicklung der juristischen Ordnung, wie sie zu Zeiten des Propheten in Medina herrschte, und erschwert die Akzeptanz irgendeiner anderen Gesell-

---

36 Überliefert nach *Muslim*, Hadith-Nr. 2361 bis 2363.
37 Vgl. ʿ*Abd al-Malik ibn Hišām,* as-Siratu n-nabawiyya, Band 3, Beirut 1990, S. 174f.

schaftsordnung. Es zwingt jeden Muslim, rückwärtsorientiert zu denken.

Viele traditionelle islamische Gelehrte orientierten sich primär am Wortlaut des koranischen bzw. prophetischen Textes und suchten darin nach klar definierten, allgemeingültigen Kriterien für die Normfindung; der soziale Kontext der Entstehung dieser Texte spielte dabei kaum eine Rolle. Islamische Gelehrte können jedoch nicht juristische, politische, wirtschaftliche, medizinische und naturwissenschaftliche Aufgaben lösen; sie sollten aber an die zuständigen Expertinnen und Experten appellieren, mit bestem Wissen und Gewissen vorzugehen, sodass menschliche Interessen mit Verantwortlichkeit für die ganze Schöpfung gewahrt und verwirklicht werden können. Dafür ist eine interdisziplinäre Zusammenarbeit zwischen der Theologie und anderen Disziplinen nötig, die sowohl die Theologie als auch diese Disziplinen bereichert.

Als Staatsoberhaupt in Medina war Muhammad bemüht, die in Mekka verkündeten Prinzipien nun mit den Erkenntnissen und Erfahrungen, die ihm als Mensch und Kind seiner Zeit zur Verfügung standen, politisch umzusetzen. Manchmal irrte er sich, wie am obigen Beispiel mit der Kreuzung der Palmen exemplarisch gezeigt wurde.

Interessant ist, dass der Koran Muhammad an einigen Stellen kritisiert und zurechtweist, ihn dabei aber stets mit »O Prophet« anspricht und nie mit »O Gesandter«. Der Koran macht eine Unterscheidung zwischen Muhammad dem Propheten (*nabī*) und Muhammad dem Gesandten (*rasūl*). Als Gesandter hat er nur die Aufgabe eines Botschafters, der Gottes Botschaft überbringt. Er hat keinen unmittelbaren Einfluss auf sie, daher ist er in seiner Funktion als Gesandter unfehlbar. Seine Aufgabe als Gesandter ist lediglich die Verkündung, also die Überbringung der Botschaft, nicht mehr.

Er macht den Menschen ein Angebot, das sie in Freiheit annehmen können: »Der Gesandte hat lediglich die Botschaft auszurichten.«[38] Dieses Angebot ist kein politisches oder juristisches, sondern ein spirituelles und ethisches. Als Prophet ist er jedoch ein Mensch, der in einer Interaktion mit der Botschaft steht. Er interpretiert, versucht zu verstehen und die Botschaft so umzusetzen, wie es ihm als Mensch sinnvoll erscheint.

Daher spricht der Koran beim Gebot, Muhammad zu gehorchen, von diesem als Gesandtem: »Gehorcht Gott und dem Gesandten, damit ihr Erbarmen findet.«[39] Vorbildcharakter hat er nur in seiner Funktion als Gesandter: »Im Gesandten ist ein schönes Vorbild für jeden, der auf Gott und den Jüngsten Tag hofft und oft Gottes gedenkt.«[40] Der Koran betont zugleich, dass Muhammad nur ein Überbringer der Botschaft ist, auch »[...] wenn sie die Botschaft nicht annehmen wollen: Du hast nur zu verkünden [...]«[41]. Denn »es gibt keinen Zwang im Glauben.«[42] Die Botschaft muss in Freiheit angenommen werden. In seiner Funktion als Prophet hingegen, in welcher er sein Menschsein einbringt und daher vor Irrtum nicht gefeit ist, wird Muhammad im Koran an mehreren Stellen im Zusammenhang mit menschlichen Angelegenheiten kritisiert, wie etwa im folgenden Vers, der auf eine private Auseinandersetzung des Propheten mit seinen Frauen eingeht: »O Prophet! Warum verbietest du, was Gott dir erlaubt hat, um einigen deiner Gattinnen einen Gefallen zu tun?«[43] Muhammad hatte sich nämlich nach

---

38 Koran 5:99.
39 Koran 3:132.
40 Koran 33:21.
41 Koran 3:20.
42 Koran 2:256.
43 Koran 66:1.

einem Streit mit seinen Frauen verboten, Honig zu essen, da er dies bei einer von ihnen getan hatte und die anderen Frauen daraufhin eifersüchtig waren.

Muhammad als Prophet wird ermahnt, fromm zu sein: »O du, Prophet! Sei fromm und folge nicht den Ungläubigen und den Frevlern!«[44] Als Prophet wird er hauptsächlich wegen irdischer Angelegenheiten angesprochen, die mit der Verkündigung nichts zu tun haben, z. B. im Zusammenhang mit seinen Frauen: »O Prophet! Sprich zu deinen Frauen: ›Falls ihr das irdische Leben mit seinen Reizen begehrt, dann kommt, ich statte euch aus und lasse mich in Frieden von euch scheiden.‹«[45] Oder im Zusammenhang mit dem Gelöbnis der Konstituierung der muslimischen Gemeinschaft in Medina: »O Prophet! Wenn gläubige Frauen zu dir kommen und dir geloben, Gott nichts beizugesellen, nicht zu stehlen, keine Unzucht zu treiben, ihre Kinder nicht zu töten, keine haltlosen Verleumdungen zu verbreiten und gegen dich in dem, was sich geziemt, nicht ungehorsam zu sein, dann nimm ihr Gelöbnis an und bitte Gott um Verzeihung für sie!«[46] Im Zusammenhang mit dem Eherecht: »O Prophet! Wenn ihr euch von Frauen scheidet, so berücksichtigt eine Wartezeit, die ihr berechnen sollt.«[47] Im Zusammenhang mit dem Umgang mit Kriegsgefangenen: »O du Prophet! Sprich zu den Gefangenen: Wenn Gott Gutes in euren Herzen kennt, wird er euch Besseres geben, als euch weggenommen worden ist und euch verzeihen.«[48]

Als Gesandter ist Muhammad ein Überbringer der göttlichen Botschaft, dabei geht es nicht um private, politische

---

44 Koran 33:1.
45 Koran 33:28; vgl. auch 33:50.
46 Koran 60:12.
47 Koran 65:1.
48 Koran 8:70.

oder juristische Angelegenheiten: »O du Gesandter! Verkünde alles, was von deinem Herrn auf dich hinabgesandt wurde. Wenn du es nicht tust, so hast du seine Botschaft nicht ausgerichtet.«[49] Die Aufgabe des Gesandten ist nur zu verkünden, keineswegs jedoch, die Menschen dazu zu zwingen, sie anzunehmen: »Wer dem Gesandten gehorcht, der gehorcht Gott, doch wer ihm den Rücken kehrt, so haben Wir dich nicht als ihren Aufpasser entsandt«[50], denn »der Gesandte hat lediglich die Botschaft auszurichten.«[51] Muhammad als Staatsoberhaupt versuchte, Prinzipien der Gerechtigkeit, der Gleichheit und Freiheit in der Gesellschaft zu etablieren, und griff dabei auf menschliche Erfahrungen zurück. Er tat dies als jemand, der nach eigenem menschlichem Ermessen handelte und nicht als Gesandter. Der Koran sagt nichts darüber, ob man Muhammad als Staatsoberhaupt gehorchen müsse, denn dies ist eine irdische Angelegenheit, die die Menschen untereinander ausmachen müssen. Deshalb schweigt der Koran auch über die Nachfolgerschaft des Propheten Muhammad als Staatsoberhaupt, obwohl Muhammad keines plötzlichen Todes starb, sondern über eine längere Zeit krank war, es also durchaus Gelegenheit zu einer diesbezüglichen Botschaft gegeben hätte.

Zur Frage des Gehorsams gegenüber Muhammad dem Gesandten macht der Koran hingegen klare Aussagen, denn es geht hierbei nicht um persönliche, juristische oder politische Angelegenheiten, sondern um die Vervollkommnung des Menschen. Das ist die Funktion der Verkündigung: »Gott ist es, der den Menschen einen Gesandten aus ihrer Mitte geschickt hat, um ihnen seine Verse vorzutragen, sie

---

49 Koran 5:67.
50 Koran 4:80.
51 Koran 5:99.

zu läutern [vervollkommnen] und sie die Schrift und die Weisheit zu lehren.«[52] Der Gesandte verkündet also die Schrift, und das Ziel ist die Läuterung des Menschen und die Verkündigung der allgemeinen göttlichen Richtlinien.

7.3 Dritte Differenzierung: theologische versus juristische Aussagen im Koran – das Beispiel der Stellung der Frau im Islam

Eine weitere Unterscheidung, die im Koran gemacht wird, betrifft die Frage, ob die koranischen Verse sich im juristischen oder im theologischen Sinne zu ihren Gegenständen äußern. Was ist der Unterschied zwischen beiden koranischen Aussageweisen?

Koranische Verse, die theologische Aussagen machen, beziehen sich nicht auf Aspekte, die dem gesellschaftlichen Wandel unterliegen, sie machen daher keine Aussagen, die die Gesellschaftsordnung unmittelbar betreffen und sind daher nicht im engeren Sinn kontextabhängig. Sie sprechen von der Beziehung des Menschen zu Gott, vom Menschenbild und dem Stellenwert des Menschen in der Schöpfung, aber auch von allgemeinen Prinzipien wie Gerechtigkeit oder Gleichheit, ohne auf bestimmte Regelungen oder historische Ereignisse einzugehen. Sie gelten als universale, vom historischen Kontext losgelöste Aussagen. Verse hingegen, die juristische Aussagen machen, beziehen sich auf Sachverhalte, die dem gesellschaftlichen Wandel unterliegen. Sie stellen Regeln für bestimmte Lebenssituationen auf und können daher nur dann verstanden werden, wenn der historische Kontext, in dem sie verkündet wurden, berücksichtigt wird. Wenn es im Koran zum Beispiel heißt: »Gott gebietet, Gerechtigkeit zu üben,

---

52 Koran 62:2.

gütig zu sein und den Verwandten gegenüber freigebig. Und er verbietet Verwerfliches und Schädliches und Gewalttätiges«[53], dann handelt es sich hierbei um eine theologische Aussage, die kontextunabhängig ist. Das Fehlen eines bestimmten grammatikalischen Objekts gibt hier den Verben »gebieten« und »verbieten« den Umfang semantischer Unendlichkeit. Was dieser Vers aussagt, ist als ahistorisch zu verstehen, da es nicht an bestimmte Umstände gebunden ist. Anders, wenn es im Koran z. B. heißt: »Ihr Gläubige! Wenn einem von euch der Tod naht, soll sein Testament von zwei aufrichtigen Menschen bezeugt werden.«[54] Hier führt der Koran etwas Neues ein, das die damalige Gesellschaft nicht praktizierte, nämlich das Testament, und schreibt vor, dass es von zwei Menschen bezeugt werden solle, da es damals auf der Arabischen Halbinsel keine Schriftkultur gab. Heute unterschreibt man sein schriftlich aufgesetztes Testament, und es ist dadurch genauso gültig. Die Zeugenschaft war in einer von Mündlichkeit geprägten Kultur notwendig; inzwischen hat sich die gesetzliche Regelung des Testaments geändert.

Wir haben folgendes Problem im Umgang mit den juristischen Aussagen im Koran: Wenn wir diese Aussagen in ihrem historischen Kontext lesen und nicht als ahistorische, universale Aussagen, wenn wir sie nicht wortwörtlich ins Hier und Heute übertragen wollen, sondern ihrer Intention nach: Woran sollen wir uns dabei orientieren? Woher sollen wir wissen, was die Intention dieser Aussagen ist? Sollen wir uns an der Moderne orientieren oder an der Gesellschaftsordnung des siebten Jahrhunderts in Mekka und Medina? Bevor Muslime die Frage an sich stellen, welche Erwartungen die Moderne an sie hat, sollten sie sich fragen, was ihre Reli-

---

53 Koran 16:90.
54 Koran 5:106.

gion von ihnen will. Oben wurden zwei Modelle des Verständnisses von Religion vorgestellt. Das eine ist das instruktionstheoretische Modell, das in Religionen Ansammlungen von Instruktionen sieht, die die Menschen bevormunden und von ihnen unhinterfragt befolgt werden müssen. Das zweite Modell sieht eine dialogische Beziehung zwischen Gott und dem Menschen, die auf gegenseitiger Liebe basiert. In diesem dialogischen Modell geht es um den Menschen selbst; alles, was ihm gut tut, was zu seiner Vervollkommnung und seiner Glückseligkeit beiträgt, entspricht dem göttlichen Willen. Das erste Modell wird weder Gott noch dem Menschen gerecht, da Gott als restriktiver Gott erscheint, dem es nur um sich selbst geht. Im dialogischen Modell hingegen ist Gott ein vollkommener Gott, dem es nicht um sich selbst geht, sondern um den Menschen. Sein Zorn richtet sich keineswegs gegen den Menschen, sondern gegen die Ungerechtigkeit, da das Leiden des Menschen bzw. seine Unterdrückung oder Entwürdigung Gott nicht kalt lässt. Er ist mitbetroffen, denn die Würde des Menschen ist oberstes Gebot.

Die Frage nach dem Umgang mit juristischen Aussagen im Koran muss meines Erachtens aus der Sicht einer dialogischen Beziehung zwischen Gott und dem Menschen gestellt werden. Es geht also nicht darum, den Erwartungen der Moderne zu entsprechen und den Koran je nach Kontext einmal das eine und einmal das andere sagen zu lassen, denn so sagt der Koran alles und somit nichts. Es geht vielmehr darum, Gott und der Würde des Menschen als des von Gott erwählten Geschöpfes gerecht zu werden. Da die theologischen Aussagen nicht dem gesellschaftlichen Wandel unterliegen, sind sie allgemeingültig. Sie gelten dementsprechend als Rahmen und Orientierung für das Verständnis juristischer Aussagen und müssen entsprechend herangezogen werden, um die Intention juristischer Aussagen zu verstehen.

Schauen wir uns koranische Aussagen an, die den Stellenwert der Frau betreffen. Wir stellen fest, dass es hierzu sowohl juristische bzw. gesellschaftliche als auch theologische Aussagen gibt. Ein Beispiel für eine koranische juristische Aussage betrifft die Erbschaft der Tochter. In Vers 11 der vierten Sure des Koran lesen wir: »Gott gebietet euch hinsichtlich eurer Kinder, dem Kind männlichen Geschlechts das Gleiche an Erbteilen zu geben wie zwei Kindern weiblichen Geschlechts.« Demnach erbt ein Mann das Doppelte von dem, was seine Schwester erbt. Nach traditioneller Lesart handelt es sich hier um eine klare gesetzliche Regelung der Erbschaft der Kinder, die eine ahistorische Gültigkeit hat. Die Gültigkeit dieses Gesetzes ist sowohl vom gesellschaftlichen Kontext der Offenbarung als auch von dem des Lesers unabhängig. Eine zeitgemäße Koranhermeneutik hingegen fragt nach dem sozialen Zusammenhang des Offenbarungskontextes und nach dem sozialen Kontext des Lesers, um die Maxime, also die Intention und das Ziel dieses Verses, zu bestimmen. Ibn Katīr (gest. 1373 n. Chr.), Verfasser eines der am weitesten anerkannten exegetischen Werke im sunnitischen Islam, merkte in seinem Korankommentar *Tafsīru l-qurʾān* (Interpretation des Koran) zu diesem Vers an, dass viele Gläubige die Idee des Propheten Muhammad, auch Frauen an einer Erbschaft zu beteiligen, anfangs vehement ablehnten und sagten: »Frauen und kleine Kinder sollen Erbanteile bekommen, obwohl diese nicht in der Lage sind, in den Krieg zu ziehen und Kriegsbeute zu ergattern?! Verschweigt diese Idee Muhammads, vielleicht vergisst Muhammad, was er gesagt hat, oder wir können ihn überzeugen, diese Regelung wieder fallen zu lassen.«[55] Ibn Katīr fährt fort: »Sie gingen daraufhin zum Propheten und beschwerten

---

55 *Ismāʿīl Ibn Katīr,* Tafsīru l-qurʾān (= Qurʾānische Exegese), Band 1, Beirut 1996, S. 404–405.

sich [...], denn in vorislamischer Zeit erbten Frauen nichts, nur diejenigen, die an Kriegen teilgenommen hatten, hatten ein Anrecht auf Erbanteile. Diese wurden nach Alter aufgeteilt [ältere Familienangehörige bekamen mehr als jüngere].«[56]

Der Grund dafür, dass Frauen, insbesondere Töchter, in vorislamischer Zeit auf der Arabischen Halbinsel vom Erbe ausgeschlossen wurden, liegt in der damaligen Gesellschaftsordnung. Unter den Stämmen herrschten große Spannungen und Konkurrenz um die wirtschaftlichen Ressourcen, sodass sie oft Krieg gegeneinander führten. Die Kriegsbeute war meist die Haupteinnahmequelle der Stämme, weshalb diejenigen, die in der Lage waren, Kriegsbeute zu machen, eine privilegierte Stellung im Stamm innehatten; dieses Privileg spiegelte sich auch in der Erbschaftsverteilung wider. Frauen waren ein Risikofaktor: Zum einen waren sie im Krieg oft Kriegsbeute und wurden versklavt, sodass die Ehre des Stammes verletzt wurde; zum anderen wurden Frauen auch gezielt aus politischen Gründen mit Männern anderer Stämme verheiratet. Sie sollten nichts erben, damit Anteile des Besitzes des eigenen Stammes nicht in die Hände anderer Stämme gelangten.

Muhammad wollte mit diesen Stammesstrukturen brechen und arbeitete sukzessive daran. Der Tochter einen Anteil am Erbe zuzuschreiben, war für diesen beschriebenen Kontext ein revolutionärer Schritt, der anfangs auf großen Widerstand stieß. Lässt man diesen historischen Kontext außer Acht und begnügt sich mit dem Wortlaut des Verses, verleiht man dieser Erbschaftsregelung eine ewige Gültigkeit, und die koranische Botschaft kommt zum Stillstand, ja sie würde rückwärtsgewandtes, unzeitgemäßes und der Inten-

---

56 Ebd.

tion der Botschaft widersprechendes Denken befördern, da sich die gesellschaftlichen Strukturen so verändert haben, dass heute diese Erbschaftsregelung Frauen benachteiligen würde. Eine zeitgemäße Koranhermeneutik fragt hingegen nach der Intention und dem Ziel dieser Regelung; nicht der Wortlaut entscheidet, sondern die Frage, welches Menschenbild dahintersteht: Was will Gott eigentlich? Was soll sich letztendlich verwirklichen? In diesem Sinne ist ersichtlich, dass diese Erbschaftsregelung ein wichtiger Schritt in Richtung Anerkennung der Frau als vollwertiges Mitglied der Gesellschaft war. Das Beharren auf dem Wortlaut des Textes lässt uns allerdings bei diesem ersten Schritt stehenbleiben und verhindert, dass wir die gesellschaftliche Praxis in Richtung der Gleichberechtigung der Geschlechter weiterentwickeln können – womit genau das Gegenteil dessen erreicht wäre, was der Text intendiert.

Woher wollen wir jedoch wissen, dass diese Regelung die Gleichberechtigung der Geschlechter intendiert? Nur weil uns dies die Moderne sagt? Oder weil die Rede von Gleichberechtigung im Islam den Islam modern macht? Geht es lediglich um Apologetik? Es geht um etwas anderes. Damit wir dies zu fassen bekommen, brauchen wir theologische Aussagen im Koran, die die Stellung der Frau vor Gott definieren, Aussagen, die losgelöst von den gesellschaftlichen Rahmenbedingungen ihrer Zeit sind. So lesen wir z. B. im Koran: »Wir haben den Kindern Adams Würde verliehen.«[57] Der Koran macht hier keinen Unterschied zwischen Männern und Frauen. Gott hat den Menschen als Menschen, nicht als Mann oder Frau erwählt und ihm seinen Geist eingehaucht. Der folgende Vers erwähnt Männer und Frauen explizit und gibt eindeutig zu verstehen, dass beide vor Gott gleich sind.

---

57 Koran 17:70.

»Wahrlich, die muslimischen Männer und die muslimischen Frauen, die gläubigen Männer und die gläubigen Frauen, die gehorsamen Männer und die gehorsamen Frauen, die wahrhaftigen Männer und die wahrhaftigen Frauen, die demütigen Männer und die demütigen Frauen, die spendenden Männer und die spendenden Frauen, die fastenden Männer und die fastenden Frauen, die ihre Keuschheit wahrenden Männer und die ihre Keuschheit wahrenden Frauen, die Gottes gedenkenden Männer und die Gottes gedenkenden Frauen, Gott hat für sie Vergebung und großen Lohn vorgesehen.«[58] Ein weiterer koranischer Hinweis auf die theologische Gleichstellung von Männern und Frauen ist: »Verheißen hat Gott den gläubigen Männern und Frauen, im Paradies ewig zu verweilen, in den Gärten von Eden. Aber das Wohlgefallen Gottes ist noch größer.«[59] In der vierten Sure heißt es: »Wer Gutes verrichtet, sei es Mann oder Frau, und gläubig ist, jene werden ins Paradies eingehen und keineswegs Unrecht erleiden.«[60] Der Koran macht auch eine theologisch-anthropologische Aussage, in dem beide Geschlechter einander in Liebe und Barmherzigkeit zugeneigt sind: »Zu seinen Zeichen gehört, dass er euch Partnerinnen und Partner aus euch selber schuf, damit ihr bei ihnen ruht. Und er hat zwischen euch Liebe und Barmherzigkeit gesetzt. Darin sind Zeichen für die Nachdenkenden.«[61]

Diese theologischen Aussagen im Koran machen unmissverständlich klar, dass Männer und Frauen gleichberechtigt vor Gott stehen. Und wenn beide vor Gott gleich sind, muss diese Gleichwertigkeit auch hier und jetzt in der Gesellschaft Realität werden, damit die göttliche Intention durch mensch-

58 Koran 33:35.
59 Koran 9:72.
60 Koran 4:124.
61 Koran 30:21.

liches Handeln Wirklichkeit wird. Es ist somit unser Auftrag heute als Muslime, den in Sure 4, Vers 11 ausgesprochenen Gedanken in Richtung Gleichberechtigung weiterzuverfolgen. Unser heutiger gesellschaftlicher Kontext erlaubt uns dies, ohne dass Spannungen entstehen. Dies gilt nicht nur für die Frage der Erbschaft, sondern im Allgemeinen bezüglich der Frage der Anerkennung der Frau als würdevolles Wesen und gleichberechtigtes Mitglied der Gesellschaft.

7.4 Scharia ist ein menschliches Konstrukt

Salafisten lehnen die Menschenrechte ab, weil sie nicht den juristischen Maßnahmen aus der medinensischen Phase (622–632 n. Chr.) entsprechen. Auch das scheinbar gemäßigte Argument einiger Muslime, die Scharia solle nur dann gelten, wenn die Muslime die Mehrheit der Bevölkerung eines Staates stellen, hält den Anspruch auf die Verwirklichung der Scharia als juristisches System und nicht als spirituellen und ethischen Weg zu Gott aufrecht. Dieses Argument höre ich sehr oft von Muslimen in Europa. Sie sind, ähnlich wie die Salafisten, im Grunde auch für die Einführung von Gesetzen des siebten Jahrhunderts, auch wenn diese unserem heutigen Verständnis von Menschenrechten widersprechen, wie z. B. die im Koran oder der prophetischen Tradition angeführten Körperstrafen. Das Grundproblem ist ein Verständnis, das die Scharia auf die partikularen juristischen Maßnahmen im Medina des siebten Jahrhunderts verengt. Nachdem ich einmal im österreichischen Fernsehen in einer Diskussion ähnliche Gedanken zum Ausdruck brachte, schrieb mir ein muslimischer Theologe und fragte, ob ich etwa gegen die Scharia sei. Ich war sehr erstaunt über diese Frage, die man sonst nur von Journalisten gewohnt ist:

»Sind Sie für oder gegen die Einführung von Scharia in Europa?« Denn es gibt keine einzige Aussage im Koran bzw. in der prophetischen Tradition, die die Scharia genau definiert. Fragt man in Indonesien, was Scharia sei, dann bekommt man andere Antworten als etwa in Saudi-Arabien. In Saudi-Arabien dürfen Frauen z. B. nicht Auto fahren. Die Gelehrten begründen dies damit, dass die Scharia dies verbiete. Als hätte es in Medina im siebten Jahrhundert Autos gegeben. Sogar im selben Land verändern sich innerhalb kurzer Zeit die Scharia-Normen. Bis ich Saudi-Arabien im Jahre 1989 verließ, war das Fotografieren dort mit der Begründung verboten, es stehe in Konkurrenz zum Akt der göttlichen Schöpfung (!). Dies galt als Scharia-Norm. Ein paar Jahre danach, als ich in der Hauptstadt Riad zu Besuch bei meinen Eltern war, wunderte ich mich über das Foto des saudischen Mufti auf der ersten Seite einer Lokalzeitung. Das Verbot war aufgehoben worden. Nun ist es ein Teil der Scharia, dass fotografieren erlaubt ist. In manchen islamischen Ländern gehört Demokratie zum Scharia-Verständnis, in anderen steht sie im Widerspruch dazu. Was ich damit sagen will, ist, dass Scharia nichts anderes als ein menschliches Konstrukt ist. Sie ist ein gewachsenes Produkt historischer Versuche vieler Gelehrter, den Islam auszulegen und zu interpretieren. Diese Bemühungen sind prinzipiell ergebnisoffen. Daher kann man nicht von »der Scharia« sprechen. Wer von Scharia spricht, muss zuerst erklären, was er damit meint.

Einige Muslime verwenden den Begriff Scharia und meinen damit alle islamischen Lehren, vom Monotheismus über die Glaubensgrundsätze bis zu den religiösen Ritualen und den gesellschaftlichen und juristischen Vorstellungen. Das mag legitim sein, aber dann sollte man gleich vom Islam sprechen, denn diese Verwendung des Begriffs setzt Scharia mit dem Verständnis vom Islam als Religion gleich. Meist meint man mit Scharia jedoch, vor allem hier in Europa, ein juristisches System, das aus vielen Gesetzen besteht, die genau vorschreiben, wie sich der Mensch in welcher Situation zu verhalten hat. Sie wird also als Parallelrecht zum gültigen Rechtssystem im jeweiligen Land verstanden.

Wenn der Begriff Scharia unbedingt verwendet werden soll, dann schlage ich vor, darunter – neben den religiösen Ritualen und Speisevorschriften des Islam (Verbot von Alkohol und Schweinefleisch) – die mekkanischen Prinzipien zu verstehen, die als universale und ahistorische Richtlinien gelten. Diese fasse ich zu sechs Prinzipien zusammen:

1. Monotheismus
2. Unantastbarkeit der menschlichen Würde
3. Gerechtigkeit
4. Freiheit des Menschen
5. Gleichheit aller Menschen
6. Soziale Verantwortlichkeit

Ob man Scharia als juristisches System versteht, in dem es um Gesetze geht, oder als spirituellen und ethischen Rahmen, in dem es um die Vertiefung der Beziehung des Menschen zu Gott durch die Vervollkommnung des Menschen geht, hängt letztendlich vom jeweiligen Gottesbild ab. Versteht man die Beziehung von Gott und Mensch als Beziehung zwischen einem Befehlenden und einem zu Gehorsam Verpflichteten, oder versteht man diese Beziehung wie die zwischen einer Mutter und ihrem Kind? Basiert diese Beziehung auf Gehorsam und Angst oder auf Liebe, Vertrauen und Respekt? Das sind die eigentlichen Fragen, die sich jeder Muslim selbst stellen soll und muss. Jeder Muslim muss, bevor er sich mit der Scharia als Gesetzessystem beschäftigt, seine Beziehung zu Gott hinterfragen. Es wäre ja mehr als schade, wenn man sein Leben lang einen Gott anbetet, der sich am Ende als eine Projektion herausstellt und mit Gott selbst so gut wie nichts zu tun hat. Dann hat man eigentlich alles verloren, und alles ist dann umsonst gewesen: Man hat sich das ganze Leben nur um sich selbst gedreht und mehr oder weniger seine eigene Vorstellung angebetet: »Sollen wir euch sagen, wer die richtigen Verlierer sind? Das sind jene, deren Bemühungen im diesseitigen Leben verfehlt sind, während sie meinen, sie täten Gutes. Das sind jene, die die Zeichen ihres Herren nicht ernst nehmen.«[62]

7.5 Warum die Angst vor einer historischen Kontextualisierung des Koran?

Muslimische Kritiker einer historischen Kontextualisierung koranischer Verse argumentieren damit, dass diese Kontextualisierung eine Relativierung des Koran bedeute, sodass er nur mehr als historisches Dokument gesehen werde und keinen Lebensbezug für die Muslime heute mehr habe. Ein anderes Argument, das oftmals zu hören ist, lautet: »Wo hört diese historische Kontextualisierung denn auf? Heute deuten wir Körperstrafen im Koran um, morgen deuten wir das Gebet und das Fasten um, sodass am Ende nichts mehr vom Islam bleibt.« Ein drittes Argument meint, durch die historische Kontextualisierung des Koran gehe die praktische Orientierung des Islam verloren. Er werde dadurch auf Spiritualität reduziert, auf das Gebet oder den Besuch der Moschee am Freitag; der Islam sei jedoch nicht nur Glaube, sondern auch Handeln.

---

62 Koran 18:103–104.

Zum Argument der Relativierung des Koran möchte ich Folgendes sagen: Historische Kontextualisierung koranischer Verse darf nicht mit einem Historizismus in dem Sinne gleichgesetzt werden, dass der Koran ausschließlich für den kulturellen und sozialen Kontext des siebten Jahrhunderts auf der Arabischen Halbinsel verkündet wurde, darüber hinaus jedoch keine Bedeutung mehr habe. Das ist mit historischer Kontextualisierung des Koran nicht gemeint. Mir geht es vielmehr darum, den Koran in seinem Kontext zu verstehen, um dann die eigentlichen Aussagen hinter den Buchstaben zu entdecken und sie Wirklichkeit werden zu lassen. Der Koran selbst betont, dass er in einer Form verkündet wurde, die von den Erstadressaten verstanden werden sollte: »Wir [Gott] haben die Schrift in arabischer Sprache gemacht, damit ihr sie verstehen mögt.«[63] Er stellt zugleich den Anspruch, eine »Rechtleitung für alle Menschen«[64] zu sein, also auch für Menschen aus anderen kulturellen und sozialen Kontexten. Damit dies realisierbar wird, müssen die Kernaussagen aus ihm herausgefiltert werden. Sie sind universal und gehen uns heute und morgen, gleich an welchem Ort, etwas an. Diese Kernaussagen des Koran unterscheiden sich nicht von den Kernaussagen anderer Offenbarungen. Wie bereits dargestellt wurde, bezeichnet der Koran diese Kernaussagen als den »rechten Weg Gottes«, sie stimmen mit den Zehn Geboten des Mose überein. Beharrt man auf der Durchsetzung juristischer Maßnahmen aus dem siebten Jahrhundert, läuft man jedoch Gefahr, die eigentliche Intention des Koran, »den rechten Weg«, aus den Augen zu verlieren.

---

63 Koran 43:3.
64 Koran 2:185.

Im Jahre 627 n. Chr. ereignete sich in der islamischen Geschichte ein Vorfall, der die Unterscheidung zwischen einer sinngemäßen und einer wörtlichen Auslegung sehr schön veranschaulicht[65]: Der Prophet Muhammad befahl seinen Gefährten, nach Qurayẓa, einem Ort im Süden Medinas, aufzubrechen und sich zu beeilen. Dies tat er mit den Worten: »Keiner von euch soll das Nachmittagsgebet außerhalb von Qurayẓa verrichten.« Etwa 3000 Muslime bewegten sich in Richtung Qurayẓa, jedoch ging die Sonne fast schon unter, bevor die meisten von ihnen dort angekommen waren. Da das Nachmittagsgebet vor Sonnenuntergang verrichtet werden muss und der Prophet selbst schon angekommen war, also nicht gefragt werden konnte, ergab sich für die langsameren Gefährten des Propheten die Frage, ob das Nachmittagsgebet auf dem Weg – also noch außerhalb von Qurayẓa – gebetet oder besser aufgeschoben und später in Qurayẓa, freilich erst während oder nach Sonnenuntergang nachgeholt werden sollte. Die Gefährten des Propheten waren sich in dieser Frage nicht einig; manche beteten unterwegs, andere holten das Gebet später in Qurayẓa nach. Diejenigen, die das Gebet unterwegs verrichteten, hatten die Worte des Propheten »keiner solle das Nachmittagsgebet außerhalb Qurayẓas verrichten« als Aufforderung verstanden, sich zu beeilen und noch vor Sonnenuntergang in Qurayẓa zu sein. Sie folgten dem Sinn der Aussage des Propheten und nicht dem Wortlaut. Die anderen, die das Gebet erst in Qurayẓa verrichteten, fragten nicht nach dem Sinn der Aussage des Propheten, sondern nahmen sie wörtlich.[66]

Heute stehen wir Muslime vor einer ähnlichen Situation wie die Gefährten des Propheten damals; denn es stellt sich

---

65 Vgl. Überlieferung nach *al-Buḫārī*, Hadith-Nr. 946.
66 *Ibn Hišām* 1990, S. 185.

für uns eine ähnliche Frage: Wie sollen wir mit dem Koran umgehen? Sollen wir den Text wortwörtlich oder sinngemäß verstehen? Soll der Wortlaut des Textes oder der dahinterliegende Sinn befolgt werden? Indem einige Gefährten des Propheten seine Aussage wortwörtlich genommen hatten, ohne nach ihrem Sinn zu fragen, setzten sie ein wichtiges islamisches Gebot, nämlich zu bestimmter Zeit zu beten, kurzfristig außer Kraft. Nur so konnten sie dem wortwörtlichen Verständnis treu bleiben, wenn der Sinn dabei auch verlorenging. Denn alles, was der Prophet hatte vermitteln wollen, war die Aufforderung, sie sollen sich beeilen. Das Gleiche geschieht heute, wenn Muslime auf einer wortwörtlichen Interpretation des Koran bestehen. Das macht es unmöglich, den Koran in die heutige Gesellschaft zu integrieren; sie stellt Muslime vor die Wahl einer »anti-koranischen Modernisierung« oder einer »anti-modernen Korantreue«.[67] Eine historische Kontextualisierung des Koran hingegen erlaubt es, den Sinn koranischer Aussagen in jeden Kontext zu übertragen, denn es geht um ethische Prinzipien, deren Durchsetzung von Land zu Land, von Kontext zu Kontext unterschiedlich aussehen kann. Wie Gerechtigkeit oder Freiheit durchgesetzt werden sollen, müssen die Menschen immer neu aushandeln. Hier gibt es eine direkte, dort eine indirekte Demokratie, anderswo eine andere Form der Demokratie usw. Die Maßnahmen selbst bleiben offen und werden von den Menschen immer neu bestimmt. Es handelt sich dabei keineswegs um religiöse Angelegenheiten.

Zum zweiten Argument der Relativierung von religiösen Ritualen durch die historische Kontextualisierung des Koran will ich Folgendes bemerken: Bei den religiösen Ritua-

---

67 Vgl. *Ömer Özsoy*, Erneuerungsprobleme zeitgenössischer Muslime und der Qur'ān, in: *Körner* 2006, S. 16–28, hier S. 19.

len, wie bei dem rituellen Gebet, dem Fasten im Monat Ramadan, der sozialen Pflichtabgabe oder der Pilgerfahrt nach Mekka, handelt es sich um religiöse Praktiken, die vom gesellschaftlichen Wandel unabhängig sind. Daher gelten sie im siebten Jahrhundert in Mekka und Medina genauso wie im 21. Jahrhundert in Europa. Die Muslime werden immer fünf Mal am Tag beten, im Ramadan fasten und einmal im Leben nach Mekka pilgern. Dies gilt auch für weitere religiöse Gebote, die dem gesellschaftlichen Wandel nicht unterliegen, wie die Speisevorschriften im Koran. Aber auch bei den religiösen Ritualen waren sich die muslimischen Gelehrten immer darüber einig, dass sie in bestimmten Lebenssituationen entsprechend angepasst werden müssten, um den Menschen keine Schwierigkeiten zu bereiten. So darf z. B. ein Reisender die Gebete zusammenlegen bzw. das Fasten im Ramadan unterlassen, wenn dies zu umständlich ist. Heute muss über die Höhe und Form der sozialen Pflichtabgabe (*zakāt*) neu diskutiert werden. Der Prophet Muhammad hat sie mit bestimmten Prozentsätzen des Vermögens bzw. des Einkommens festgesetzt, damit der Staatshaushalt in Medina getragen werden konnte. Heute würden die meisten Staaten kollabieren, wenn die Staatseinnahmen auf der Höhe und Form damaliger Regelungen basieren würden. Die soziale Pflichtabgabe diente damals der Umverteilung in der Gesellschaft und war auch die Haupteinnahmequelle des Staates in Medina. Dies ist auch die Funktion der Steuern im modernen Staat. Daher diskutieren muslimische Gelehrte heute offen darüber, ob in den Ländern, in denen die Lohn-, Einkommens- und Vermögenssteuern erhoben werden, diese nicht für die Muslime zugleich als Erfüllung der sozialen Pflichtabgabe (*zakāt*) gelten sollen. Die religiösen Rituale, wie das Gebet, das Fasten, oder die Pilgerfahrt usw. sind nicht von der historischen Kontextualisierung betroffen. Da

gilt das, was der Prophet Muhammad gesagt hat: »Orientiert
euch bei den Ritualen an mir.«[68] Oder: »Betet wie ihr mich
beten gesehen habt.«[69] Die historische Kontextualisierung
soll keineswegs religiöse Rituale relativieren, sie betrifft vielmehr solche Regelungen, die dem religiösen Wandel unterlegen sind.

Auf das dritte Argument, dass nämlich durch eine historische Kontextualisierung des Koran die Handlungsorientie-
rung des Islam verloren gehe, gehe ich im folgenden Kapitel
ausführlich ein.

7.6 Zwei Definitionen des Glaubens

An ganzen 49 Stellen spricht der Koran vom Glauben und
Handeln als Voraussetzung für die ewige Glückseligkeit des
Menschen. Es heißt immer: »Diejenigen, die glauben und
Aufrichtiges tun«, nicht nur »diejenigen, die glauben«, wie
es zum größten Teil in der traditionellen islamischen Theologie behauptet wird. Viele traditionelle Gelehrte berufen
sich auf Hadithe (Aussagen des Propheten), die nicht authen-
tisch sind (also dem Propheten in den Mund gelegt wurden),
oder sie missinterpretieren sie, um zu belegen, dass es im
Islam hauptsächlich um den Glauben und nicht um das Handeln gehe. Zu diesen Hadithen gehört eine Fülle, die aussagt,
dass jeder, der an den einen Gott glaubt bzw. das islamische
Glaubensbekenntnis ausspricht, auf jeden Fall ins Paradies
kommt, egal wie er auf der Erde gehandelt hat.

So überliefert al-Buḫārī, dass der Prophet gesagt habe:
»Wer daran glaubt, dass es nur einen Gott gibt, der kommt

---

68 Überliefert nach *al-Bayhaqī*, as-Sunan al-kubrā, Hadith-Nr. 8818.
69 Überliefert nach *al-Buḫārī*, Hadith-Nr. 6734.

ins Paradies.« Daraufhin fragte einer den Propheten: »Auch, wenn er Unzucht treibt und stiehlt?« Da bestätigte der Prophet: »Ja, auch wenn er Unzucht treibt und stiehlt.«[70] Der Gelehrte Muslim ibn al-Ḥaǧǧāǧ (gest. 875 n. Chr.) überlieferte, dass der Prophet gesagt haben soll: »Am Tage des Gerichts kommen einige Muslime mit so vielen Sünden, wie Berge, Gott wird sie ihnen jedoch vergeben und den Juden und Christen zuschreiben.«[71] Solche Aussagen stehen im klaren Widerspruch zum Koran und können keineswegs vom Propheten stammen. Der Koran sagt unmissverständlich: »Wer glaubt und Gutes tut, wahrlich, die führen wir in Gärten ein, in deren Niederungen Bäche fließen, und in denen sie ewig weilen werden. Das ist eine wahre Verheißung von Gott, und wessen Wort ist wahrhafter als Gottes? Es geht nicht nach euren Wünschen und denen der Leute der Schrift. Denn wer Böses tut, dem wird es vergolten, und er findet außer Gott keinen Beschützer oder Helfer. Wer aber Gutes tut, sei es Mann oder Frau, und gläubig ist, jene sollen ins Paradies eingehen und keineswegs Unrecht erleiden.«[72] Ferner heißt es in der zweiten Sure, Vers 25: »Und überbringe [du, Muhammad] denen, die glauben und Aufrichtiges tun, dass Gärten des Paradieses auf sie warten«, und in Vers 82: »Diejenigen, die glauben und Aufrichtiges tun, sind die Bewohner des Paradieses, darin werden sie ewig verweilen.« Der Prophet Muhammad sagte auch: »Glaube ist das, was sich im Herzen verankert und seinen Ausdruck im Handeln findet.«[73] Der Glaube wird im Koran also nicht unabhängig vom Handeln definiert, auch wenn die traditionelle Theologie es zum größten Teil anders will. Im Koran werden die

---

70 Überliefert nach *al-Buḫārī*, Hadith-Nr. 1180.
71 Überliefert nach *Muslim*, Hadith-Nr. 4977.
72 Koran 4:122–124.
73 Überliefert nach *Abū Naʿīm al-Aṣbahānī*, al-Arbaʿīn, Hadith-Nr. 43.

religiösen Rituale vom »aufrichtigen Tun« gesondert angeführt, sodass keine Verwechslung bzw. Gleichsetzung geschehen kann. Mit »aufrichtigem Tun« ist somit unmissverständlich das Handeln des Menschen in der Gesellschaft gemeint:
»Diejenigen, die glauben und Aufrichtiges tun und das Gebet
verrichten und die soziale Pflichtabgabe (*zakāt*) leisten, sie
haben ihren Lohn bei ihrem Gott, und es gibt keinen Grund,
sich um sie Sorgen zu machen, und sie werden nicht traurig
sein.«[74]

Wir stehen also vor zwei Definitionen des Glaubens, einer
statischen und einer dynamischen. Die statische Definition
sieht im Glauben lediglich das Bekenntnis zu einer Anzahl
von Glaubenssätzen. Entweder bekennt man sich dazu oder
nicht. Die Diskussionen zwischen Sunniten und Schiiten,
wer zum Islam gehöre und wer nicht, verlaufen entlang der
Frage nach den richtigen Glaubenssätzen: Die Schiiten lehnen
den sechsten Glaubensgrundsatz der Sunniten ab, den Glauben an die Vorherbestimmung, die oft als Art Determination
des Menschen gedeutet wird. Die Sunniten lehnen ihrerseits
den schiitischen Glaubensgrundsatz ab, der sich vor allem
bei der Gruppe der Zwölfer-Schiiten etabliert hat, wonach
die Imame unfehlbare, von Gott gesetzte Nachfolger des Propheten Muhammad seien. Extremisten beider Positionen
sprechen aufgrund dessen der jeweils anderen Seite ihren
Glauben ab. Die statische Definition des Glaubens stellt die
Frage: »Glaubst du an dies und jenes oder nicht?«, und nur
wer sich zu allem, was ihm vorgelegt wird, bekennt, gehört
zum Kreis derer, die ins Paradies kommen. Es geht hier nicht
um einen Prozess, in den sich der Mensch einbringen kann,
sondern lediglich darum, ob man für oder gegen bestimmte
Dogmen ist.

---

74 Koran 2:277.

Muhammad selbst hat den Glauben und die Frage nach der Glückseligkeit nicht vom Handeln des Menschen getrennt verstanden. Und so sagte er: »Derjenige, der satt schläft, aber weiß, dass sein Nachbar hungert, der glaubt nicht an meine Botschaft.«[75] In einer anderen Aussage heißt es »Bei Gott! Er ist nicht gläubig! Bei Gott! Er ist nicht gläubig! Bei Gott! Es ist nicht gläubig derjenige, der seinem Nachbarn Schaden zufügt!«[76]

Mit dem guten Handeln meint der Koran nützliches Handeln in der Gesellschaft. Es geht also nicht darum, die Scharia als juristisches System einzuführen. Worauf es ankommt, ist, dass das jeweilige Handeln nützlich und aufrichtig ist und von dem Charakter des Menschen zeugt. Daher finden wir auch in der prophetischen Tradition eine Fülle von Aussagen, die das gute Handeln zum Kriterium des aufrichtigen Glaubens, aufgrund dessen man in die Gottesgemeinschaft eingeht, erheben. So sagte der Prophet zum Beispiel: »Derjenige, den Gott am liebsten hat, ist der, der für seine Geschöpfe der Nützlichste ist«[77] und anderswo: »Derjenige, den Gott am liebsten hat, ist der mit dem besseren Charakter.«[78] Gutes und aufrichtiges Handeln ist Ausdruck des guten Charakters, und darauf kommt es an: auf die Vervollkommnung des Menschen. Dies betonte Muhammad in vielen Aussagen. So sagte er z. B.: »Der Mensch erreicht mit seinem guten Charakter die höchsten Stufen des Paradieses und mit seinem schlechten Charakter die tiefsten Stufen der Hölle.«[79] »Soll ich euch sagen, was noch besser ist als das Gebet, das Fasten und das Spenden? Das Schlichten zwischen den Men-

---

75 Überliefert nach *aṭ-Ṭabarāni,* al-Ǧāmiʿ al-kabīr, Hadith-Nr. 750.
76 Überliefert nach *al-Buḫārī,* Hadith-Nr. 5586.
77 Überliefert nach *al-Albānī,* Hadith-Nr. 172.
78 Überliefert nach *al-Albānī,* Hadith-Nr. 179.
79 Überliefert nach *Ibn Abī d-Dunya,* Mudārāt an-Nās, Hadith-Nr. 81.

schen!«[80] »Der vollkommenere Gläubige ist der, der den besseren Charakter hat, und der bessere unter euch ist der, der besser zu seiner Frau ist.«[81] »Derjenige unter euch, den ich am meisten liebe und der im Jenseits am nächsten zu mir sein wird, ist der mit den besseren Charaktereigenschaften.«[82] Die Vervollkommnung des Menschen mit dem Ziel, dass er in die Gemeinschaft Gottes eintrete, ist also das höchste Ziel religiöser Normen. Religionen sind nicht da, um Gesetze zu verkünden, sondern um den Menschen mit Gott bekannt zu machen, um ihm einen Zugang zu einer Gotteserfahrung basierend auf Liebe und Barmherzigkeit zu öffnen. Religionen sind da, um den Menschen vom Egoismus zu befreien, ihn zur Empathie und Nächstenliebe zu rufen, sein Menschsein hervorzuheben, sein Inneres zu vervollkommnen. Muhammad formulierte seine Mission: »Ich wurde entsandt, um lediglich den guten Charakter des Menschen zu vervollkommnen.«[83]

Die Diskussionen um die Scharia, um Gesetze und um Körperstrafen, die manche Muslime unbedingt eingeführt sehen wollen, laufen völlig an dem Eigentlichen, nämlich der Vervollkommnung des Menschen, vorbei. Fundamentalisten, die den Islam auf juristische Regelungen reduziert haben, sind ein Paradebeispiel dafür, wie der Mensch sein Menschsein im Namen der Religion verliert. Wenn der Mensch sich erlaubt, im Namen der Religion andere Menschen zu töten, sich über andere Menschen abfällig zu äußern, hochmütig mit dem Finger auf andere zeigt, dann zeugt dies von seiner großen Entfernung von Gott. Der Prophet Muhammad wurde nicht müde, darauf hinzuweisen,

---

80 Überliefert nach *Abū Dawūd*, Hadith-Nr. 4919.
81 Überliefert nach *at-Tirmiḏī*, Hadith-Nr. 1162.
82 Überliefert nach *at-Tirmiḏī*, Hadith-Nr. 2018.
83 Überliefert nach *Aḥmad*, Musnad, Hadith-Nr. 8595.

dass es nicht um Überschriften geht, sondern um die Vollkommenheit des Menschen, um das Göttliche in ihm hervorzuheben. Diejenigen, die die Einführung der Scharia in Europa propagieren, gefährden das friedliche Zusammenleben der Muslime in Europa am stärksten. Fundamentalisten haben sich in juristischen Fragen verloren – und sie haben dabei sich selbst und ihr Menschsein verloren. Von Gott ganz zu schweigen: Ihr Bild von einem repressiven Gott, der im Menschen ein unfähiges und unvernünftiges Wesen sieht, hat mit dem wahren Gott nichts zu tun. Gott ist kein Diktator, der verherrlicht werden will. Die Salafisten glauben, die juristischen Aussagen im Koran und in der prophetischen Tradition seien ein Selbstzweck, und man müsse sie unbedingt einführen, koste es, was es wolle. Ob sie für die Gesellschaft heute gut sind oder nicht, ob sie der Vollkommenheit des Menschen dienen oder nicht, spielt für sie keine Rolle. Dabei haben sie die eigentliche göttliche Intention aus den Augen verloren. Eine historische Kontextualisierung koranischer Aussagen fragt nach der göttlichen Intention, um sie Wirklichkeit werden zu lassen. Was die Gesellschaftsordnung betrifft, geht es um übergeordnete universale Prinzipien, die ein würdevolles Leben des Menschen garantieren sollen. Dazu zählen neben der Unantastbarkeit menschlicher Würde vor allem Gerechtigkeit, Freiheit, Gleichheit und die soziale Verantwortlichkeit. Dasjenige juristische System, das diese Prinzipien stärker verwirklicht, ist dem Islam näher, auch wenn es nicht die Überschrift »Islam« trägt. Ein Blick auf die Welt heute zeigt, dass gerade in den meisten islamischen Ländern, vor allem in den arabischen Golfstaaten, wo am meisten vom Islam gesprochen und gepredigt wird, diese Prinzipien keine Verwirklichung gefunden haben. Ein Land wie Saudi-Arabien, das genügend wirtschaftliche Ressourcen besitzt, um vieles im Bereich Bildung und Forschung voranzutreiben, hat in den letzten Jahrzehnten neben dem Öl den Salafismus in die Welt exportiert. Ausgerechnet das Land, in dem die muslimischen Gelehrten behaupten, nur dort gäbe es den wahren Islam, ausgerechnet dieses Land hat es geschafft, so viel Unheil durch die Verbreitung von menschenverachtendem Gedankengut im Namen des Islam zu verursachen. Nichts hat dem Islam in den letzten Jahren mehr geschadet als dieses salafistische Gedankengut, dessen Vertreter bis heute darüber diskutieren, ob Frauen Auto fahren dürfen oder nicht.

Und ausgerechnet dieser Salafismus ist es, der so penibel darauf achtet, ja so zu essen, so zu sitzen, sich so anzuziehen, so auszusehen wie der Prophet Muhammad. Nach dem Salafismus ist ein Mann ein Frevler, wenn er seinen Bart abrasiert. Eine Frau ist eine Frevlerin, wenn sie kein Kopftuch trägt, ja sogar wenn sie eines trägt, ihr Gesicht jedoch nicht bedeckt. Nach dem Salafismus fällt ein Muslim von seinem Glauben ab, wenn er ein einziges Gebet nicht verrichtet. Und wenn ein Muslim seinen Glauben ändern will, dann wartet auf ihn die Todesstrafe. Auf der einen Seite ein penibles Bemühen, alles buchstabentreu bis ins Detail einzuhalten, und auf der anderen Seite so viel Menschenverachtung. Die saudischen Gelehrten predigen Freitag für Freitag in den Moscheen über Gesichtsverschleierung, über das Verbot der Musik, über die schiitische Gefahr usw. Was ist jedoch mit Gerechtigkeit im eigenen Land? Was ist mit der Würde des Menschen im eigenen Land? Was ist mit den Rechten von Nichtmuslimen auf Ausübung ihrer Religion, privat und öffentlich? Warum wird dies nie thematisiert?! Die Antwort liegt auf der Hand: Gerechtigkeit, Menschenwürde, Freiheit und Gleichheit sind keine juristischen Begriffe. Daher sind sie nicht in das Selbstverständnis der Scharia-Systeme eingedrungen. Sie sind nicht in das Bewusstsein des Muslims als

Teil seines Muslimseins eingedrungen. Wir Muslime diskutieren noch immer darüber, ob der Muslim, der seine Religion wechselt, mit dem Tod zu bestrafen ist. Und dann wollen wir der Menschheit erzählen, dass unsere Religion die Würde des Menschen und seine Freiheit bewahrt! Der Koran betont die Religionsfreiheit an mehreren Stellen und macht Muhammad klar, dass seine Aufgabe als Gesandter nur die Überbringung der göttlichen Botschaft ist. Er macht also nur ein Angebot, das die Menschen in Freiheit annehmen können: »Es gibt keinen Zwang im Glauben.«[84] »Dir [Muhammad] obliegt nur die Verkündung, und uns [Gott] obliegt die Abrechnung.«[85] Während der Koran also eine Haltung des Respekts vor der menschlichen Freiheit einnimmt, haben einige muslimische Gelehrte die menschliche Freiheit beschnitten und über den Menschen die Todesstrafe verhängt, wenn er seine Religion wechselt. Das ist ein Verbrechen gegen den Islam und den Koran selbst.

Als fromm wird heute vielfach wahrgenommen, wer betet, in die Moschee geht, als Mann einen Bart und als Frau ein Kopftuch trägt, wer mit der rechten (nicht mit der linken!) Hand isst und trinkt, keinen Alkohol anrührt usw. Ist das alles?! Nur über die Fassade wird der Mensch als fromm definiert?! Soweit wurde der Islam reduziert: auf ein paar Rituale und Äußerlichkeiten?! Was ist jedoch mit der Essenz der koranischen Botschaft? Was ist mit dem Menschsein, mit der Würde des Menschen, mit seinem Status in der Schöpfung als das edelste Geschöpf Gottes? Gehört dies alles und vieles mehr nicht vorrangig zum Islam? Worum geht es eigentlich? Um Äußerlichkeiten, um die Oberfläche? Das ist

---

84 Koran 2:256.
85 Koran 13:40. Diese Aussage wiederholt sich in über 12 Versen im Koran: vgl. zum Beispiel Koran 3:20, 5:92, 5:99, 13:40, 16:35, 16:82, 24:54, 29:18, 36:17, 42:48, 64:12, 88:22.

der Islam, das soll alles sein?! Was ist mit der Liebe zu Gott, die sich in der Liebe zu seiner Schöpfung ausdrückt? Ist das nicht der Kern der prophetischen Botschaft? Warum wird nicht dies Tag und Nacht in den Moscheen gepredigt und im Religionsunterricht gelehrt? Der Islam wurde auf Äußerlichkeiten reduziert, weil es sich mehr um ein Mittel zur Identitätsbildung handelt. Die Äußerlichkeiten, die sichtbar und greifbar sind, eignen sich viel besser für die Konstruktion religiöser Identitäten als Prinzipien wie Gerechtigkeit, Gleichheit oder Freiheit. Wenn Religionen jedoch nur noch als Identitäten gelebt werden, wird ihr eigentliches Zentrum ausgehöhlt; solcherart entkernte religiöse Identitäten sind sehr anfällig für politische Instrumentalisierung.

Wenn wir die Scharia als juristisches System verstehen, verlieren wir uns in juristischen Fragen, vergessen jedoch, worum es eigentlich geht. Eine solche schizophrene Haltung – und das muss gesagt werden – ist natürlich nicht auf Muslime beschränkt. Salafisten würden nicht so stark auftreten können, wenn es nicht Staaten wie die USA und einige europäische Staaten gäbe, die das Regime in Saudi-Arabien und andere diktatorische Regime unterstützen würden. Die wirtschaftlichen Interessen der USA und Europas haben diese Länder verführt. Demokratische Prinzipien fielen dieser Verführung zum Opfer. Dies macht die Argumentation gegen Salafisten nicht gerade leicht. Denn wenn wir von Demokratie und Menschenrechten sprechen und diese von den Muslimen fordern, gleichzeitig jedoch uns keineswegs als Vorbild präsentieren, dann rüttelt dies an der Glaubwürdigkeit demokratischer Regime. Demokratie verliert dadurch ihren universellen Anspruch. Dies eröffnet den Salafisten die Möglichkeit, mit dem Versagen von Demokratie und Menschenrechten zu argumentieren.

Hier sind auch religiöse Institutionen in den USA und Europa gefordert, stärker für Gerechtigkeit und Menschenrechte, auch auf der internationalen Bühne, einzutreten. Heute sind alle Religionen, ob Islam, Christentum, Judentum oder andere religiöse Weltanschauungen, gefordert, sich die Frage zu stellen, welchen Beitrag sie für mehr Frieden und Gerechtigkeit auf der Erde leisten wollen. Dogmatische Glaubenssätze allein reichen nicht aus.

8. Humanistische Koranhermeneutik

8.1 Entstehung des Koran

Nach dem islamischen Glauben wurde der Koran von Gott durch den Engel Gabriel über einen Zeitraum von 23 Jahren (610–632 n. Chr.) auf den Propheten Muhammad, der bis 622 n. Chr. in Mekka und später in Medina (bis 632 n. Chr.) lebte, herabgesandt. Der Koran wurde nicht auf einmal, sondern stückweise offenbart. Die koranischen Offenbarungen begleiteten die Menschen über 23 Jahre unmittelbar und sprachen dabei unterschiedliche Themen an. Der Koran ist kein abstraktes, vom Leben der Menschen unabhängiges Buch; er nennt die »Rechtleitung« der Menschen, welche auch Ausdruck der Barmherzigkeit Gottes ist, sein Ziel: »Es ist der Monat Ramadan, in dem der Koran als Rechtleitung für alle Menschen hinabgesandt worden ist.«[1] Was aber ist mit »Rechtleitung« gemeint? Eine – auch unter Muslimen – verbreitete Vorstellung bezieht die Rechtleitung primär auf juristische Aspekte; dieser Vorstellung nach ist der Koran ein Gesetzbuch, das ein möglichst alle Lebensbereiche der Menschen umfassendes juristisches Schema entwirft. Demnach ginge es im Islam um die Befolgung von klaren Gesetzen, die der Koran explizit aufführt und für alle Zeiten und Orte verbindlich vorschreibt. Dieses Islamverständnis dominiert heute und führt zu einer konfliktträchtigen Situation: Einerseits stehen viele Muslime vor dem Dilemma, dass sie alle juristischen Regelungen des Koran wortwörtlich ins Hier

---

1 Koran 2:185.

und Jetzt übertragen wollen, diese sich jedoch mit ihrer Lebenswirklichkeit nicht vereinbaren lassen. Andererseits haben viele Menschen in Europa Angst vor einer Religion, die den Anspruch stellt, eigene – zu dem im jeweiligen Nationalstaat geltenden Recht zum Teil in Konkurrenz oder Widerspruch stehende – Gesetze einzuführen.

An dieser Stelle muss auf eine wichtige Tatsache hingewiesen werden: von den 6236 koranischen Versen beinhalten nur etwa 80 Verse juristische Aussagen über die Gesellschaftsordnung, zum Beispiel bezüglich Erb- und Strafrecht. Es ist also keineswegs so, dass der Koran ein juristisches Buch ist, das alle Lebensbereiche des Menschen regelt. Der Koran ist an erster Stelle ein spirituelles Buch, das es den Menschen ermöglicht, Gott zu erfahren. Der Koran beschreibt Gott, wie er ist, wie er handelt. Er gibt Antworten auf Fragen nach dem Woher und Wohin. Wenn der Koran den Anspruch stellt, als Rechtleitung im Leben der Menschen lebendig zu werden, dann sollte dies weder von Muslimen noch von Nichtmuslimen als Aufforderung zur Einführung eines juristischen Systems verstanden werden. Die Aufforderung ist vielmehr, sein Leben auf Gott hin auszurichten, um innere Vollkommenheit zu erlangen, damit der Mensch seiner Erwählung als edelstes Geschöpf Gottes gerecht wird und er letztendlich in die Gemeinschaft Gottes eingeht.

Die Inhalte, die der Koran anspricht, können in folgende Kategorien zusammengefasst werden:

1. Die Rede von Gott, seinem Wesen und seinem Handeln
2. Religiöse Rituale und deren Bedeutung (das rituelle Gebet, das Fasten usw.)
3. Allgemeine ethische Prinzipien (Aufrichtigkeit, Korrektheit, soziale Verantwortung usw.)
4. Narrative Passagen, vor allem Erzählungen von früheren Propheten und Völkern

5. Liturgische Passagen
7. Eschatologische Aussagen, die vor allem das Jenseits betreffen
8. Gesetzgebung

Diese Differenzierung der koranischen Themen ist für eine differenzierte Wahrnehmung des Koran sehr wichtig, auch wenn es nachvollziehbar ist, dass in der öffentlichen Wahrnehmung insbesondere juristische Aspekte im Vordergrund stehen. Gerade die Diskussion um die Scharia (s. Kapitel 7.4) und die Angst vor einem islamischen Parallelrecht in den europäischen Staaten lenken den Blick darauf und stellen immer wieder die Frage nach einem zeitgemäßen Umgang mit ihnen.

8.2 Eine historische Kontextualisierung des koranischen Textes ist notwendig

Die Ankaraner Schule, die Mitte der 90er-Jahre des vergangenen Jahrhunderts an der Universität Ankara entstand, setzte sich mit der Frage, wie mit den juristischen Aussagen im Koran umzugehen sei, ausführlich auseinander.[2] Sie betrachtet den Koran nicht als zeitlose Offenbarung, sondern als eine zu einer bestimmten Zeit aktuelle Rede Gottes, die an eine bestimmte Gruppe von Menschen gerichtet ist. Nach dieser Auffassung spricht der Koran nicht in der Begrifflichkeit der Gegenwart und behandelt nicht die Probleme der Gegenwart. Man könne den Koran nicht einfach aufschlagen, um aktuelle Fragen der Muslime zu beantworten. Man könne den Koran nur dann verstehen, wenn man den außertextlichen

---

2 Vgl. *Körner* 2006.

Kontext seiner Entstehung versteht. Aufgabe der Koranhermeneutik sei es – so die Ankaraner Schule –, die ethischen Prinzipien zu entdecken, die hinter der Geschichtlichkeit des koranischen Wortes verborgen sind, und sie für die Gegenwart nutzbar zu machen.

Der pakistanische Denker Fazlur Rahman (1911–1988) übte einen starken Einfluss auf diese Schule aus. Er forderte, die islamischen ethischen Prinzipien aus dem Koran zu destillieren und dieses Destillat in jeder Zeit neu aufzugießen. Rahman bezieht sich in seinem Buch »Islam and Modernity« auf die Werke von Emilio Betti und Hans-Georg Gadamer; allerdings wird ihm vorgeworfen, dass er deren hermeneutische Ideen zu einem gewissen Grad missverstanden habe.[3] Rahman schlug eine hermeneutische Theorie der »Doppelbewegung« vor, damit die koranischen Normen mit modernen Werten in Einklang gebracht werden könnten. Zur Doppelbewegung sagt er: »The process of interpretation proposed here consists of a double movement, from the present situation to Qur'ānic times, then back to the present.«[4]

– Erstens die Rückkehr in die Offenbarungszeit; denn um eine Koranstelle zu verstehen, muss man zuerst die historische Situation, auf die die Offenbarung eine Antwort gab, verstehen. »Weil sich jede Koranstelle auf Geschichte bezieht, muss man, um die ursprüngliche Bedeutung von Koranstellen festzustellen, jede Stelle in ihrer eigenen geschichtlichen Situation lesen.«[5] Ziel dieses hermeneutischen Verfahrens ist es, die Bedeutung einzelner Anwei-

---

3 Vgl. *Felix Körner*, Revisionist Koran Hermeneutics in Contemporary Turkish University Theology, Würzburg 2005, S. 118–121.
4 *Fazlur Rahman*, Islam and Modernity, Chicago 1982, S. 5.
5 *Ömer Özsoy*, Die Geschichtlichkeit der koranischen Rede und das Problem der ursprünglichen Bedeutung von geschichtlicher Rede, in: *Körner* 2006, S. 78–98, hier S. 86.

sungen, die Reaktionen auf konkrete Situationen darstellen, zu verstehen.

- Im zweiten Schritt werden diese konkreten Anweisungen abstrahiert, um aus ihnen moralische Rechtsgründe abzuleiten.
- Diese generellen Prinzipien müssen dann im dritten Schritt in den heutigen konkreten sozio-historischen Kontext übertragen werden.[6]

Die Ankaraner Schule hat dieses dreistufige Modell von Fazlur Rahman übernommen. Demnach ist eine Interpretation des Koran richtig, wenn der Interpret zunächst die ursprünglichen Bedeutungen koranischer Aussagen, wie die Gefährten des Propheten (die Erstadressaten) sie verstanden haben, wie auch ihre historischen Kontexte erforscht, von ihnen dann bestimmte generelle ethische Prinzipien ableitet und diese schließlich auf die moderne Situation anwendet.

Dieser Ansatz kann jedoch nur auf solche Verse angewandt werden, die rechtliche Fragen behandeln. Und die machen – wie oben schon erwähnt – nur einen sehr kleinen Teil des Koran aus. Es ist unklar, wie diese Methode auf Fragen angewendet werden kann, die das Gottesbild, das Verhältnis zu Gott, das Verhältnis zur Welt, das Menschenbild, das Jenseits, Erzählungen über frühere Propheten usw. betreffen. Die ethische Dimension des Koran ist zentral, sie ist aber nur eine der Dimensionen, auf die man den Koran nicht reduzieren kann. In der sogenannten Lehre von den Offenbarungsanlässen, die bemüht ist, auf bestimmten gesellschaftlichen Sachverhalten beruhende Offenbarungsanlässe einzelner Koranverse darzulegen, lässt sich nur für vereinzelte Verse ein Offenbarungsanlass rekonstruieren; der Groß-

---

6 Vgl. *Rahman* 1982, S. 6–7.

teil der koranischen Verse hat keinen solchen Offenbarungs-anlass, zumindest wissen wir zu wenig, um den historischen Kontext der Offenbarung aller koranischen Verse zu rekons-truieren.

Daher ist es für eine zeitgemäße Lesart des Koran notwen-dig, nicht nur die uns bekannten historischen Verkündigungs-kontexte zu berücksichtigen, sondern auch theologische Kri-terien aufzustellen, die als Richtlinie und Maßstab für den Umgang mit dem Koran dienen können.

Im Koran selbst findet man theologische Aussagen, die keine bestimmten gesellschaftlichen Ereignisse kommentie-ren. Sie sind daher als Leitfaden für das Verständnis von gesellschaftlichen Aussagen im Koran gut geeignet. Als oberste koranische Maxime gilt: »Wir [Gott] haben dich [Muhammad] lediglich als Barmherzigkeit für alle Welten entsandt«[7] und: Dieses Buch »ist Rechtleitung und Barmher-zigkeit«[8]. Das sind klare theologische Aussagen, die, weil sie sich nicht auf ein bestimmtes Ereignis oder einen bestimm-ten Kontext beziehen, universalen und ahistorischen Cha-rakter haben. Sie gelten als Richtlinie für den Umgang mit dem Koran.

Islamkritiker führen häufig an, dass die Argumentation der Muslime mit dem Koran »anarchisch« sei, da der Koran nicht selten zu demselben Sachverhalt unterschiedli-che Aussagen macht. Ein Muslim kann sich zum Beispiel auf den Vers »Es gibt keinen Zwang im Glauben.«[9] berufen, um von Religionsfreiheit im Islam zu sprechen, oder den Vers »Wir haben den Kindern Adams Würde verliehen«[10] zitieren, um von der unantastbaren Würde aller Menschen

---

7 Koran 21:107.
8 Koran 7:52.
9 Koran 2:256.
10 Koran 17:70.

im Islam zu sprechen. Kritiker werten das als eine selektive Wahrnehmung des Koran und kontern mit koranischen Zitaten, die genau in die andere Richtung weisen; so z. B.: »Und wenn sie euch den Rücken kehren, ergreift und tötet sie, wo immer ihr sie findet«[11] oder: »Ausgenommen von der Lossagung sind jedoch diejenigen der Polytheisten, mit denen ihr einen Vertrag abgeschlossen habt und die keinem Gegner wider euch Beistand leisteten. Ihnen gegenüber müsst ihr den Vertrag bis zum Ablauf der vereinbarten Frist halten. Gott liebt die Frommen. Sind die geschützten Monate aber verflossen, dann tötet die Polytheisten, wo immer ihr sie findet und ergreift sie und belagert sie und lauert ihnen aus jedem Hinterhalt auf. Wenn sie jedoch in Reue umkehren und das Gebet verrichten und die Steuer zahlen, lasst sie ihren Weg gehen. Denn Gott ist allverzeihend, allbarmherzig.«[12]

Entscheidend ist, dass die angeführten Zitate unterschiedlichen koranischen Gattungen zugehören und schon aus diesem Grund nicht gegeneinander ausgespielt werden können. Aussagen wie »Wir haben den Kindern Adams Würde verliehen«[13] gehen offensichtlich nicht auf bestimmte historische Umstände ein, anders als Aussagen wie »Sind die geschützten Monate aber verflossen, dann tötet die Polytheisten.«[14]

Koranische Verse, die auf historische Ereignisse eingehen, geben uns heute Aufschluss darüber, wie die Menschen damals die Dinge gehandhabt haben. Es geht dabei nicht um universale Imperative, etwa im Sinne eines Gebotes, Nichtmuslime zu töten. Islamkritiker und muslimische Fundamentalisten und Extremisten (also gewaltbereite Fundamentalis-

---

11 Koran 4:89.
12 Koran 9:4–5.
13 Koran 17:70.
14 Koran 9:5.

ten) gehen auf dieselbe Weise mit dem Koran um: Beide zitieren bestimmte koranische Aussagen losgelöst vom textlichen, ganz zu schweigen vom historischen Zusammenhang. Und so heißt es bei beiden: »Der Koran sagt: ›Tötet die Ungläubigen, wo immer ihr sie findet‹«. Extremisten legitimieren damit Gewalt gegen Nichtmuslime oder auch gegen Muslime, die in ihren Augen keine Muslime sind, Islamkritiker untermauern damit ihre Überzeugung, der Islam sei eine gewalttätige Religion. Dieser fünfte Vers der neunten Sure ist der von beiden Gruppen wohl am häufigsten zitierte Vers, wenn es um das Thema Gewalt geht, deshalb führe ich ihn hier bewusst an – jedoch ohne den vorangehenden Vers auszulassen. Durch diesen wird nämlich klar, dass es bei dem vielzitierten Vers um eine Kriegsregelung geht, in der ein Waffenstillstand in den sogenannten »geschützten Monaten« aufgestellt wird. In diesen Monaten kamen die Pilger nach Mekka, und Krieg war verboten, um die Sicherheit der Pilger zu gewährleisten. Die Pilgerfahrt nach Mekka stellte eine der wichtigsten wirtschaftlichen Ressourcen der Stadt. Im Vers ist die Rede von den »Polytheisten«; der Koran bezeichnet damit diejenigen Mekkaner, die zwar an Gott glaubten, daneben aber Götzen anbeteten. Wer die Geschichte der Anfänge des Islam kennt, weiß, dass es dem Propheten und den Muslimen in Mekka (von 610 bis 622 n. Chr.) untersagt war, sich militärisch zur Wehr zu setzen, obwohl sie regelmäßig von den Mekkanern verfolgt, gefoltert, ausgeraubt und getötet wurden. Dadurch sollte ein Bürgerkrieg in Mekka vermieden werden. Erst nach der Auswanderung nach Medina wurde den Muslimen erlaubt, sich militärisch zu verteidigen.

Der vierte Vers der neunten Sure verlangt von den Muslimen, sich an den Waffenstillstand zu halten, an den sich auch der Gegner hält, und beschreibt dies als Frömmigkeit. Am Ende des fünften Verses wird an die Muslime appelliert, die

Mekkaner zu verschonen, wenn sie mit dem Krieg aufhören und ihre Loyalität zeigen. Gott erinnert am Ende daran, dass er allverzeihend und allbarmherzig ist. Es geht hierbei also um eine rein weltliche Angelegenheit, die mit Religion an sich nichts zu tun hat. Es geht nicht um Gläubige und Ungläubige, sondern um zwei Parteien, zwischen denen Krieg herrscht. Hier wird etwas eingeführt, das für die damaligen Araber nicht selbstverständlich war: ein Waffenstillstand, der respektiert werden muss, sowie – statt alle Gegner rücksichtslos zu vernichten – das obligatorische Ende des Krieges, sollte sich eine Partei ergeben bzw. besiegt sein. Das mag für uns heute selbstverständlich sein, im damaligen Kontext war es das nicht. Damals waren diese Regelungen ein Schritt zu mehr Gerechtigkeit und zur Anerkennung der Menschenwürde. Darauf kommt es heute an: auf die Intention dieser Maßnahme und nicht auf die Maßnahme selbst.

8.3 Barmherzigkeit ist die oberste Maxime humanistischer Koranhermeneutik

Nicht nur der Koran selbst betont, dass die oberste Maxime der Botschaft Muhammads die Barmherzigkeit für die ganze Welt ist. Auch, wenn wir Gott vernunftgemäß gerecht werden wollen, können wir ihn nur als Allbarmherzigen denken: Gott ist größer, als er gedacht werden kann (*allahu akbar*). Er ist größer als ein Gott, der verherrlicht werden will, er ist größer als ein Gott, der etwas für sich selbst will, er ist größer als ein Gott, der nehmen will. Ein Gott, der größer ist als gedacht werden kann, ist ein vollkommener Gott. Ein Gott, der nur geben und nichts für sich nehmen will, ein Gott, der bedingungslos liebt und sich erbarmt. Ein Gott, den der Prophet Muhammad als jemanden beschrieb, der zum Menschen barmherziger ist als die Mutter zu ihrem Neugeborenen.[15]

Warum verkündet dieser Gott den Koran? Die Antwort auf diese Frage hängt von der jeweiligen Vorstellung der Gott-Mensch-Beziehung ab. Gestaltet sich diese als Beziehung zwischen einem Herrn und seinem Knecht, basiert sie auf Gehorsam und Verherrlichung. Dann handelt es sich beim Koran lediglich um Instruktionen. Der Knecht muss sich an diese Anweisungen penibel halten, damit der Herr zufrieden ist. Der Knecht will nur dem Zorn und der Strafe seines Herrn entgehen und sein Wohlgefallen erlangen, damit sein Herr ihn weiterhin versorgt. Diese Beziehung ist aus Sicht des Knechts rein funktional. Denkt man die Gott-Mensch-Beziehung hingegen als eine Liebesbeziehung, wie die zwischen einer Mutter und ihrem Kind, dann ist der Koran die Verkündung der Liebe und Barmherzigkeit dieser Mutter zu ihrem Kind, dann ist er ein Liebesbrief, in dem sich Gott dem Menschen zugänglich macht, in dem der Mensch Gott begegnet, von ihm ergriffen wird.

Wie schon mehrfach erklärt, wird das Gottesbild in einer Herr-Knecht-Beziehung, wie wir sie aus der Sklaverei kennen, Gott nicht gerecht. Dieses Beziehungs-Verständnis wird auch dem Menschen als edelstem Geschöpf, das von Gott mit der Vernunft als Quelle der Erkenntnis ausgestattet wurde, nicht gerecht. Weder geht es Gott um Instruktionen noch will der Mensch bevormundet werden. Gott ist daran interessiert, den Menschen für seine Liebe zu gewinnen. Deshalb stellt er sich im Koran vor, beschreibt seine Attribute und sein Handeln in der Welt. Er lädt den Menschen ein, durch die Annahme seiner Liebe und Barmherzigkeit in seine Gemeinschaft einzutreten. Diese Annahme drückt sich im Charakter und im Handeln

---

15 Überliefert nach *al-Buḫārī*, Hadith-Nr. 5569.

des Menschen aus. Deshalb beschränkt sich der Koran nicht auf die Vorstellung eines allbarmherzigen Gottes. Der Koran geht auch auf Aspekte des Zusammenlebens der Menschen ein. Der Glaube an Gott, den Allbarmherzigen, bedeutet, diese Barmherzigkeit anzunehmen und sie hier und jetzt auf der Erde Wirklichkeit werden zu lassen. Und eben mit dieser Brille muss der Koran gelesen und verstanden werden, um Gott und seiner Botschaft, aber auch dem Menschsein des Menschen selbst gerecht zu werden. Gottes Liebe und Barmherzigkeit anzunehmen, bedeutet nichts anderes, als sie im Herzen zu tragen und in seinen Handlungen auszudrücken. Und genau darauf will der Koran hinaus, wenn er dem Propheten unmissverständlich sagt: »Wir [Gott] haben dich [Muhammad] lediglich als Barmherzigkeit für alle Welten entsandt«[16] und: »Gott ist es, der den Menschen einen Gesandten aus ihrer Mitte geschickt hat, um ihnen seine Verse vorzutragen, sie zu läutern [vervollkommnen] und sie die Schrift und die Weisheit zu lehren.«[17] Wenn man die Barmherzigkeit in die Lebenswirklichkeit der Menschen hineinträgt, dann beginnt sie, den Menschen zur Vollkommenheit zu formen. Der vollkommene Mensch ist der, in dem die göttliche Intention Wirklichkeit wird. Gott greift nicht unmittelbar in der Welt ein, um sein Ziel – Liebe und Barmherzigkeit – zu erreichen, sondern er nimmt den Willen und das Handeln des Menschen in Anspruch, indem er ihn mit seinem Willen inspiriert. Es liegt letztendlich in der Entscheidung des Menschen, ob er mit Gott kooperiert oder nicht. Die göttliche Liebe und Barmherzigkeit als Ziel der Schöpfung auf der einen Seite und deren Verwirklichung hier auf der Erde auf der anderen Seite sind zwei Seiten derselben Medaille.

---

16 Koran 21:107.
17 Koran 62:2.

Eine Koranhermeneutik, die diesen Gedanken Rechnung tragen will, sieht im Menschen ein Subjekt und kein Objekt der koranischen Offenbarung. Im Koran geht es um den Menschen, nicht um Gott. Daher spreche ich von humanistischer Koranhermeneutik: einer Hermeneutik, die im Menschen ein Medium der Verwirklichung göttlicher Liebe und Barmherzigkeit durch den freien Willen und das freie Handeln des Menschen sieht. Gott und Mensch kooperieren Seite an Seite, um Liebe und Barmherzigkeit als gelebte Wirklichkeit zu gestalten. Das ist die Basis humanistischer Koranhermeneutik.

Die Rede von Liebe und Barmherzigkeit auf Erden ist abstrakt. Was bedeutet sie auf die Lebenswirklichkeit der Menschen bezogen? Was ist nötig, damit der Mensch seine Lebensumstände so (um)gestaltet, dass er in der Lage ist, in Liebe und Barmherzigkeit zu leben? Konkreter: Wie kann man von jemandem erwarten, aus Liebe und Barmherzigkeit zu handeln, wenn er unter einer Diktatur lebt, wenn er nichts zu essen und zu trinken hat, wenn seine Grundbedürfnisse nicht erfüllt sind, wenn er unter Ungerechtigkeiten leidet usw.? Die Verwirklichung von Liebe und Barmherzigkeit beginnt mit der Erfüllung menschlicher Bedürfnisse und Interessen hier und jetzt. Dazu gehört unter anderem die Erfüllung persönlicher, emotionaler, sozialer, wirtschaftlicher, politischer und medizinischer Interessen.

Humanistische Koranhermeneutik erhebt die Erfüllung menschlicher Interessen, die zugleich Bedingung und Ausdruck wirksamer Liebe und Barmherzigkeit ist, zum Hauptkriterium der Koranauslegung. Die humanistische Koranhermeneutik basiert auf der Grundidee des Gelehrten aš-Šāṭibīs (gest. 1388 n. Chr.), der die Wahrung und Erfüllung menschlicher Interessen zur höchsten Instanz religiöser Normen erhob. Sein Grundsatz »Religiöse Lehren dienen der Erfüllung der Interessen der Menschen im Dies- und im Jenseits«[18] steht im Zentrum der humanistischen Koranhermeneutik. Man kann diesen Satz auch anders formulieren: »Koranische Inhalte dienen der Erfüllung der Interessen der Menschen im Dies- und Jenseits.« Bei »Interessen« geht es nicht um Beliebiges, etwa in dem Sinne, dass jeder willkürlich aus dem Koran herauslesen könne, was seinem Interesse dient. Mit »Interesse« ist nichts anderes gemeint als die Verwirklichung von Liebe und Barmherzigkeit. Das ist die oberste Maxime. Daraus leitet der Koran weitere Maximen ab, damit Liebe und Barmherzigkeit keine abstrakten Kategorien bleiben, sondern konkret gelebt werden können. Die als allgemeine Prinzipien verstandenen Maximen des koranischen Textes bilden daher den Ausgangspunkt der humanistischen Koranhermeneutik. Diese Prinzipien bilden den Rahmen, in dem der Koran ausgelegt werden kann; jede Auslegung, die mit diesen Prinzipien nicht in Einklang steht, ist nicht zulässig.

Der Koran unterscheidet selbst zwischen eindeutigen und mehrdeutigen Versen. In Sure 3, Vers 7 heißt es: »Er [Gott] ist es, der das Buch auf dich [Muhammad] herabgesandt hat. Darin sind eindeutige Verse, die der Kern des Buches sind, und andere, mehrdeutige.« Die »eindeutigen Verse«, die den Kern des Koran bilden, stellen diese allgemeingültigen Prinzipien dar, durch die Beliebigkeit und völliger Relativismus in den Lesarten des Koran verhindert werden. Bei den mehrdeutigen Versen handelt es sich vor allem um kontextabhängige juristische und gesellschaftliche Aspekte, die konkrete Anweisungen beinhalten und dem gesellschaftlichen Wandel unterliegen.

---

18 *Abū Isḥāq aš-Šāṭibī*, al-Muwāfaqāt (Die Übereinstimmungen), Band 2, Beirut 2005, S. 6.

8.4 Warum beinhaltet der Koran mehrdeutige Verse?

Der Koran wurde innerhalb von 23 Jahren in verschiedenen räumlichen, politischen, wirtschaftlichen und gesellschaftlichen Kontexten offenbart, in denen er die für den jeweiligen Kontext richtige Option anbietet; so kommen unterschiedliche Optionen zusammen. Der Koran sagt aber nicht, welche der Optionen für den jeweiligen Kontext endgültig richtig, welche endgültig falsch ist.

Obwohl Gott die Quelle und der Urheber des Koran ist, hat sich der Mensch maßgeblich in ihn eingebracht. Beim Koran handelt es sich keineswegs um einen Monolog Gottes, der an die Menschen gerichtet ist, sondern um einen Dialog zwischen Gott und den Menschen, der darauf zielt, die Interessen der Menschen zu erfüllen. Der Koran wurde diskursiv offenbart; er ist das Resultat von Dialog, Debatte, Argumentation, Annahme und Zurückweisung.[19]

Der Koran als Diskurs kann nur auf diskursive Weise verstanden werden; das heißt, dass sowohl die individuellen Erfahrungen als auch das gesellschaftliche Umfeld des Lesers seine Verstehensweise des Koran beeinflussen. Die Maximen des koranischen Textes, die den Ausgangspunkt der humanistischen Koranhermeneutik bilden und als universale Richtlinien für jede legitime Lesart des Koran dienen sollen, verhindern selektives Verstehen und Beliebigkeit in der Lesart des Koran.

Die koranischen Maximen lassen sich in zwei Ebenen unterteilen: Die erste Ebene beinhaltet die allgemeine Maxime des Koran von Liebe und Barmherzigkeit als göttlicher Intention. Diese Intention drückt sich in der ewigen

---

19 Vgl. *Nasr Hamid Abu Zaid*, Gottes Menschenwort. Für ein humanistisches Verständnis des Koran, Freiburg/Basel/Wien 2008.

Erwählung des Menschen aus und in der Selbstmitteilung Gottes als der Allbarmherzige, der sich dem Menschen zugänglich macht, um mit ihm in Beziehung zu treten. Die zweite Ebene stellen die spezifischen Maximen des jeweiligen koranischen Themenbereichs dar. Wie gezeigt, kann der Koran in mehrere Themenbereiche unterteilt werden: die Rede von Gott, seinem Wesen und seinem Handeln; religiöse Rituale und deren Bedeutung (das rituelle Gebet, das Fasten usw.); allgemeine ethische Prinzipien (Aufrichtigkeit, Korrektheit, soziale Verantwortung usw.); narrative Passagen, vor allem Erzählungen von früheren Propheten und Völkern; liturgische Passagen; eschatologische Aussagen, die vor allem das Jenseits betreffen und Gesetzgebung. Parallel dazu lassen sich folgende koranischen Maximen beschreiben, die hier nur in Stichworten dargestellt werden:

1. Jene koranischen Stellen, die Gott selbst beschreiben, möchten es dem Menschen ermöglichen, Gott, wie er sich im Koran beschreibt, kennenzulernen, damit er seine persönliche Gotteserfahrung machen und im Laufe der eigenen Lebensgeschichte Liebe und Vertrauen zu ihm aufbauen kann. Beispiele aus dem Koran: »Sprich: Er ist Gott der Eine, Gott der Ewige, er zeugt nicht und ist nicht gezeugt, und es gibt keinen, der ihm gleicht.«[20] »Am Gerichtstag wird Gott sprechen: ›An diesem Tage wird den Wahrhaftigen ihre Wahrhaftigkeit nutzen. Für sie gibt es Gärten, durcheilt von Bächen, in diesen Gärten bleiben sie für immer und ewig. Gott ist zufrieden mit ihnen und sie sind zufrieden mit ihm, und dies ist der wahre Erfolg.«[21]

---

20 Koran 112:1–4.
21 Koran 5:119.

2. Die gottesdienstlichen Praktiken haben einerseits eine spirituelle Komponente: Sie wollen, dass man durch sie mit Gott in eine enge geistige Verbindung tritt. Andererseits haben sie eine lebensnahe Komponente, die der Koran im Einzelnen erläutert: Das Gebet z. B. hat eine Läuterungsfunktion für das Herz: »Und verrichte das Gebet, wahrlich das Gebet hält vom Abscheulichen und Schändlichen ab.«[22] Das Fasten soll zur Frömmigkeit erziehen: »Ihr Gläubigen! Euch wurde das Fasten vorgeschrieben, wie es den Menschen vor euch vorgeschrieben war, damit ihr fromm werdet.«[23] Das rituelle Gebet fünf Mal am Tag und das Fasten im Ramadan geben dem Menschen die Gelegenheit, in sich zu gehen, um an sich, an seinen Charaktereigenschaften zu arbeiten und immer wieder neue Vorsätze zu fassen. Dadurch soll das Gewissen immer wieder unterstützt bzw. – wie der Koran dies ausdrückt – das Herz geläutert werden. Die im Islam vorgeschriebene soziale Abgabe soll für eine gerechte Umverteilung in der Gesellschaft sorgen und den Menschen an seine soziale Verantwortung in der Gesellschaft erinnern; sie beinhaltet aber auch eine ethische Komponente, indem sie Eigenschaften wie Mitgefühl, Empathie und Großzügigkeit fördert.

3. Die allgemeinen ethischen Prinzipien des Koran beziehen sich auf die Erziehung des Menschen zu einem aufrichtigen und liebevollen Mitglied der Gesellschaft. »Gott schreibt euch vor, einzig Ihn anzubeten und zu euren Eltern gütig zu sein, und besonders dann, wenn der eine von ihnen oder beide ins hohe Alter kommen.

---

22 Koran 29:45.
23 Koran 2:183.

Schimpfe nicht mit ihnen und schelte sie nicht, sondern rede mit ihnen auf ehrerbietige Weise und bedecke sie demütig mit den Flügeln der Barmherzigkeit und bitte: ›O mein Herr! Erbarme dich beider so barmherzig, wie sie mich aufzogen, als ich klein war.‹ […] Und gib dem Verwandten, was ihm gebührt, und dem Armen und dem Reisenden; doch verschleudere nicht wie ein Verschwender.«[24] »Und kommt der Unzucht nicht nahe. Das ist fürwahr etwas Schändliches und Übles. Und tötet keinen Menschen. […] Und bewahrt das Vermögen des Waisen zu seinem Besten und haltet eure Verträge ein. Siehe, für das Einhalten von Verträgen werdet ihr [am Gerichtstag] zur Rechenschaft gezogen. Und seid gerecht, wenn ihr messt, und wiegt mit richtiger Waage. […] Und mische dich nicht ein in das, was dich nichts angeht. […] Und stolziere nicht überheblich auf Erden umher.«[25] Diese ethischen Grundsätze werden oft im Koran wiederholt, da sie im Zentrum seiner Botschaft stehen. Ohne sie würde nur Anarchismus in der Gesellschaft herrschen. Es ist zugleich das Ziel des Islam, die Vervollkommnung des Menschen zu fördern.

4. Die narrativen Passagen im Koran zielen darauf, dass wir aus dem Leben anderer Menschen und Völker Lehren für das eigene Leben ziehen. So ist beispielsweise die zwölfte Sure mit dem Namen des Propheten Josef, des Sohnes Jakobs, betitelt und erzählt dessen Geschichte mit seinen elf Brüdern ausführlich über dreizehneinhalb Seiten.

5. Die liturgischen Passagen beziehen sich auf die offene Kommunikation mit Gott. Gott beschreibt sich im

---

24 Koran 17:23–26.
25 Koran 17:32–37.

Koran als dem Menschen nahe: »Wir [Gott] erschufen den Menschen und wissen, was ihm sein Inneres zuflüstert. Und wir sind ihm näher als seine Halsschlagader.«[26] »Und wenn dich meine Diener nach mir fragen, ich bin nah und erfülle den Ruf der Rufenden.«[27] Gott möchte, dass wir Menschen mit ihm reden, uns persönlich und direkt an ihn wenden in guten wie in schlechten Zeiten.

6. Die eschatologischen Texte im Koran beziehen sich auf die Einladung, die Gott an uns gerichtet hat, in seine ewige Gemeinschaft zu kommen. Der Glaube an die Auferstehung und an den Tag des Gerichts soll auch ein Bewusstsein dafür schaffen, dass der Mensch für sein Handeln zur Rechenschaft gezogen wird. Das diesseitige Leben ist eine Vorbereitung auf die Begegnung mit Gott im Jenseits; das Handeln des Menschen im Diesseits soll auf diese Begegnung mit ihm ausgerichtet und von Liebe zu ihm begleitet sein.

7. Die Gesetzgebung und die Regelungen zur Gesellschaftsordnung beinhalten die folgenden fünf Prinzipien:
   - Gerechtigkeit
   - Wahrung der menschlichen Würde
   - Freiheit aller Menschen
   - Gleichheit aller Menschen
   - Die soziale und ethische Verantwortung des Menschen

Diese fünf Prinzipien bilden die Grundlage einer religiösen Legitimation von juristischen und die Gesellschaftsordnung

---

26 Koran 50:16.
27 Koran 2:186.

betreffenden Regelungen. Gerade dieser legislative Aspekt sorgt vielfach für Ängste in den europäischen Gesellschaften. Nicht selten wird behauptet, das islamische Recht bzw. Teile davon ließen sich mit den Grundwerten der europäischen Gesellschaften nicht vereinbaren. Dies behaupten nicht nur skeptische Kritiker, sondern auch muslimische Fundamentalisten, die aus diesem Grund die Einführung der Scharia in Europa fordern bzw. sich diese erhoffen.

Der Begriff »islamisches Recht« darf allerdings nur mit Vorbehalt verwendet werden, denn er suggeriert, dass im Islam ein abgeschlossenes juristisches Schema existiere, das alle Lebensbereiche erfasst. Unter den 6236 Versen des Koran sind wie gesagt nur wenige zu finden, die juristische Aspekte ansprechen. Die Hauptbotschaft des Koran zielt auf die innere Haltung des Menschen. Der Prophet Muhammad drückte dies so aus: »Ich wurde entsandt, um die Charaktereigenschaften der Menschen zu vervollkommnen.«[28] Muhammad betrachtete seine Botschaft also als eine spirituelle und ethische, nicht als eine juristische.

Worauf sich Juristen in einem Rechtsstaat einigen, kann – unabhängig davon, ob dieser Staat ein islamischer ist oder nicht – als »islamisch« bezeichnet werden, wenn die Interessen der Allgemeinheit gewahrt werden und das Ergebnis nicht gegen die oben genannten fünf Prinzipien verstößt, da eben die Wahrung menschlicher Interessen das Ziel islamischer Jurisprudenz ist. Dieser Gedankengang ist gerade für Muslime in Europa sehr wichtig, damit sich die von manchen Fundamentalisten konstruierte Diskrepanz zwischen »islamischen« und »europäischen« Gesetzen auflöst.

---

28 Überliefert nach *Aḥmad*, Musnad, Hadith-Nr. 8595.

Ich möchte die humanistische Lesart des Koran im Vergleich zu traditionellen Lesarten anhand von vier Beispielen näher erläutern.

8.5 Beispiel I: Gewalt gegen Frauen

Eine koranische Aussage, die für viele Diskussionen sorgt, lautet: »Und wenn ihr annehmt, dass eure Frauen einen Vertrauensbruch begehen, besprecht euch mit ihnen und zieht euch aus dem Intimbereich zurück [meidet Intimitäten] und schlagt sie.«[29]

Eine wortwörtliche Interpretation begründet und legitimiert Gewalt gegen Frauen. Viele Reformisten, die den historischen Kontext der Offenbarung außer Acht lassen, versuchen durch Wortspielerei, diesen Vers an moderne Werte anzupassen; so heißt es dann, damit sei nur ein kleiner Klaps oder die Scheidung gemeint. Durch solche Deuteleien kann man den Koran letztendlich alles und somit nichts sagen lassen. Eine humanistische Koranhermeneutik fragt hingegen nach dem historischen Kontext der Entstehung dieses Verses, um bestimmen zu können, inwiefern und wie er Teil der oben skizzierten Maximen ist.

Berücksichtigt man im vorliegenden Beispiel den historischen Kontext – Frauen wurden damals bei geringstem Verdacht ermordet bzw. verprügelt – und fragt sich, was Gott den damaligen Menschen sagen wollte, dann lautet die Antwort: Ermordet bzw. verprügelt eure Frauen nicht, sondern redet mit ihnen, vermeidet Intimitäten bzw. greift zu Schlägen erst dann, wenn dies zu keiner Lösung führte. Diese koranische Aussage möchte also keineswegs Gewalt gegen

---

29 Koran 4:34.

Frauen in einem absoluten Sinne rechtfertigen. Sie wertet sie als Mittel der Konfliktaustragung ab, indem sie sie anderen Mitteln nachordnet und auf gewaltlose Möglichkeiten der Mediation (das Gespräch suchen, Intimität meiden) verweist. Die Maxime dieses Verses lautet: Bei Ehestreitigkeiten sollst du den bestmöglichen rationalen Mediationsweg jenseits von Gewalt und Erniedrigung finden.

Wie kann nun diese Maxime in unserem heutigen Kontext, also im Hier und Jetzt, umgesetzt werden? Berücksichtigen wir dazu den aktuellen Leserkontext. Die Maxime würde z. B. für uns heute in Europa, wo es Ehe- und psychologische Beratungsstellen gibt, bedeuten, uns im Falle ernsthafter Eheprobleme als Mediationsweg an solche Einrichtungen zu wenden. Gewalt kommt nicht mehr infrage. Für den damaligen Kontext war die Hintanstellung von Gewalt ein Fortschritt. Heute wäre jede Gewalt in der Familie ein Rückschritt. Wenn man die göttliche Intention versteht, die Gesellschaft langsam von »innen« und von »unten« zu verändern, sie von Gewalt zu befreien, dann weiß man, dass diese Intention nur durch den Menschen Wirklichkeit werden kann. Wir Menschen heute müssen die Geschichte weiterschreiben und über die ersten Schritte, die Muhammad unternommen hat, hinausgehen. Dies nicht zu tun, bei einer wörtlichen Auslegung des Koran stehen zu bleiben, bedeutet, die göttliche Intention der Verbreitung von Liebe und Barmherzigkeit zu verhindern.

8.6 Beispiel II: Zeugenschaft der Frauen

Vers 282 der zweiten Sure lautet: »O ihr Gläubigen! Wenn ihr einander eine Schuld für eine festgesetzte Frist gewährt, dann schreibt sie nieder [...]. Und lasst zwei Zeugen von euren Männern diesen Vertrag bezeugen. Sind nicht zwei Männer da, dann sei es ein Mann und zwei Frauen, so dass, wenn eine der beiden irrt, die andere sie erinnert.«

Bliebe man beim Wortlaut, würde die Zeugenschaft einer Frau auch heute nur zur Hälfte gelten. Berücksichtigt man seinen Entstehungskontext, kommt man zu der Erkenntnis, dass das Hauptinteresse dieses Verses ist, die Rechte des Geldgebers zu wahren. In der damaligen Gesellschaft war Analphabetismus insbesondere unter Frauen sehr verbreitet. Da sie nur sehr selten mit den schriftgestützten Handelsgeschäften zu tun hatten, waren sie in solchen Situationen besonders auf ihr Gedächtnis angewiesen und daher anfälliger für Irrtümer. Dazu kommt noch die Tatsache, dass Frauen in der damaligen patriarchalischen Gesellschaft leicht unter Druck gesetzt werden konnten, eine falsche Zeugenaussage zu machen. Im Interesse der Geldgeber lag es, solche Beeinträchtigungen möglichst zu vermeiden. Daraus ergibt sich, dass das Hauptinteresse dieses Verses die Wahrung der Rechte des Geldgebers ist, der Vers beschreibt die damals im siebten Jahrhundert auf der Arabischen Halbinsel dafür zur Verfügung stehenden Möglichkeiten. In Sure 2, Vers 282 geht es also nicht darum, die Zeugenschaft der Frau endgültig zu regulieren, sondern darum, Gerechtigkeit zu garantieren. Die Maxime dieses Verses lautet somit: Beim Abschluss eines Vertrages sollten alle möglichen Maßnahmen getroffen werden, die die Wahrung der Rechte aller Vertragspartner garantieren. In unserer heutigen Gesellschaft werden Verträge nicht mehr durch mündliche Zeugenaussagen bestätigt, sondern durch Stempel und Unterschrift besiegelt. Notare nehmen Beglaubigungen und Beurkundungen von Rechtsgeschäften vor. Das Geschlecht des Unterzeichners spielt dabei keine Rolle mehr.

8.7 Beispiel III: Das Mindestheiratsalter

Im oben erwähnten Vers 282 der zweiten Sure im Koran, in dem es um den Schuldvertrag geht, steht weiter: »Ist der Schuldner aber geistig nicht in der Lage oder unfähig zu diktieren, so diktiere sein Vormund.«

Die Gelehrten der islamischen Jurisprudenz nahmen die Geschlechtsreife als Maßstab für die geistige Reife. Eine Voraussetzung für die Gültigkeit eines Vertrages war also, dass die Vertragspartner die Geschlechtsreife erreicht hatten; Minderjährige konnten sich von ihrem Vormund (in der Regel dem Vater oder Onkel) vertreten lassen. Diesen Gedankengang wendeten die Gelehrten auch auf den Ehevertrag an und kamen zu dem Schluss, dass ein Vertrag zustande kommen musste, sollte eine Ehe geschlossen werden, sei es schriftlich oder mündlich. Darin sollte die Willenserklärung beider Partner zum Ausdruck gebracht werden, vorausgesetzt, dass beide die geschlechtliche Reife und damit die notwendige geistige Reife erlangt hätten. Hatte einer der beiden Partner die geschlechtliche Reife noch nicht erlangt, musste das Einverständnis des Vormundes der betroffenen Person im Vertrag festgehalten sein. So legitimieren manche Gelehrte noch heute die Heirat von Minderjährigen.

Eine humanistische Koranhermeneutik fragt weniger nach den juristischen Feinheiten der Eheschließung und sieht in der Heirat nicht einfach einen Vertrag, sondern fragt vielmehr nach der Bedeutung und dem Stellenwert der Ehe im Allgemeinen. Im Koran ist dazu Folgendes zu lesen: »Zu seinen Zeichen gehört, dass er euch Partnerinnen und Partner aus euch selber schuf, damit ihr bei ihnen ruht. Und er hat zwischen euch Liebe und Barmherzigkeit gesetzt. Darin sind Zeichen für die Nachdenkenden.«[30]

---

30 Koran 30:21.

Geborgenheit, Liebe und Barmherzigkeit zwischen den Partnern sind also die koranischen Maximen zur Eheschließung, die man anstreben sollte. Und diese können keineswegs gegeben sein, wenn jemand gegen seinen Willen verheiratet, also zur Heirat gezwungen wird; jede gegen den Willen eines zu Verheiratenden geschlossene Ehe verstößt daher gegen die Maximen des Koran. Der Schlusssatz des Verses »Darin sind Zeichen für diejenigen, die nachdenken« weist darauf hin, dass wir in Fragen der Ehe den Rat von in diesen Dingen erfahrenen Expertinnen und Experten einholen sollen; diese sind es – und nicht Theologen –, die die Kompetenz besitzen, ein Mindestheiratsalter festzusetzen.

8.8 Beispiel IV: Umgang mit Andersgläubigen

Betrachtet man die koranischen Aussagen über Juden und Christen (oft als »Leute der Schrift« bezeichnet), dann findet man unterschiedliche Positionen widergespiegelt. Man wird im Koran keine einheitlichen Aussagen finden, die klar festlegen, wie sich der Koran den Juden und Christen gegenüber positioniert. Welchen Grund hat das, und wie gehen wir heute mit solchen unterschiedlichen Positionen um?

Der Koran wurde – wie schon erwähnt – diskursiv offenbart; er ist das Resultat von Dialog, Debatte, Argumentation, Annahme und Zurückweisung. Daher sind im Koran unterschiedliche Möglichkeiten beschrieben, je nachdem welcher gesellschaftliche und politische Wandel sich inzwischen vollzogen hat.

Die unterschiedlichen koranischen Positionen zu anderen Religionen, vor allem zum Juden- und Christentum, spiegeln unterschiedliche gesellschaftliche und politische Entwicklungsprozesse wider, die aufs Engste mit den Erfahrungen der muslimischen Gemeinschaft des siebten Jahrhunderts in Mekka und Medina verbunden sind. Dementsprechend ergibt sich kein einheitliches, sondern ein ambivalentes Bild des Verhältnisses zu anderen Religionen. »Es wäre aber falsch«, so Bouman, »alle diese ambivalenten Aussagen gleichrangig zu bewerten, denn ihr historischer Entwicklungsgang hat sie in eine bestimmte, theologisch qualifizierte Perspektive gebracht.«[31]

a) Pluralistische Position

Die pluralistische Position erkennt die unterschiedlichen Positionen als gleichwertig an und lässt sie nebeneinander bestehen. Als Beispiel dafür gilt die koranische Aufforderung an den Propheten Muhammad, den Mekkanern auf ihr Angebot, Gott im nächsten Jahr anzubeten, wenn Muhammad in diesem Jahr ihre Götzen anbete[32], Folgendes zu erwidern: »Ich bete nicht das an, was ihr anbetet, noch betet ihr das an, was ich anbete. Und ich will das nicht anbeten, was ihr anbetet. Noch wollt ihr das anbeten, was ich anbete. Euch euer Glaube und mir mein Glaube.«[33] Der Prophet lehnte also das Angebot der Mekkaner ab, gestand ihnen aber zu,

---

31 *Johan Bouman*, Gott und Mensch im Koran. Eine Strukturform religiöser Anthropologie anhand des Beispiels Allah und Muhammad, Darmstadt 1977, S. 240.
32 Vgl. *Ibn Kaṯīr* 1996, S. 511.
33 Koran 109:1–6.

ihre Götzen weiterhin anzubeten; weder griff er sie an noch kritisierte er ihren Glauben.

b) Inklusivistische Position

Die inklusivistische Position anerkennt und würdigt das andere, aber nur nach den eigenen Maßstäben. Die Würdigung des anderen ist also an Bedingungen gekoppelt, die durch das Eigene definiert sind. Als Beispiel dafür gilt, was als Antwort offenbart wurde, als ein persischer Gefährte des Propheten Muhammad namens Salman al-Fārisī nach dem Wahrheitsgehalt der Religion seiner andersgläubigen Bekannten fragte[34]: »Diejenigen, die glauben [die Muslime], und diejenigen, die dem Judentum angehören, und die Christen und die Sabäer, alle, die an Gott und den Jüngsten Tag glauben und Rechtschaffenes tun, denen steht bei ihrem Herrn ihr Lohn zu, und sie brauchen am Tag des Gerichts keine Angst zu haben, und sie werden nach der Abrechnung am Jüngsten Tag nicht traurig sein.«[35] In diesem Vers sind alle Religionen aufgelistet, die den Adressaten der Offenbarung dieses Verses bekannt waren. Alle Angehörigen dieser Religionen sollten vom Heil nicht ausgeschlossen sein, mussten jedoch die Kernbedingungen des islamischen Glaubens erfüllen, nämlich an Gott und den Jüngsten Tag glauben sowie Gutes auf dieser Erde tun.

c) Exklusivistische Position

Die exklusivistische Position lehnt das andere gänzlich ab. Im Koran sind hierzu keine eindeutigen Belege zu finden. Sehr oft greifen Vertreter dieser Ansicht trotzdem auf folgenden koranischen Vers zurück, um ihre Position zu begrün-

---

34 Vgl. *Ibn Katīr* 1996, Band 1, S. 89.
35 Koran 2:62.

den: »Die Religion bei Gott ist der Islam.«[36] Übersehen wird hierbei jedoch, dass der Begriff »Islam« im Koran keine bestimmte Religion bezeichnet, sondern den Glauben an den einen Gott. So werden im Koran u. a. Abraham[37], Lot[38], Noah[39] und die Anhänger Jesu[40] als Muslime bezeichnet.

d) Dialogische Position

Die dialogische Position anerkennt nicht nur den anderen, sondern geht auch auf ihn zu und ein, um ihn in seiner eigenen Logik zu verstehen und zu würdigen. Sie tritt mit ihm in einen Dialog, auch, um von ihm zu lernen und um ihm das Angebot zu machen, sich ebenfalls mit dem anderen zu beschäftigen. Als Beispiel gilt folgende koranische Einladung, die dem römischen Kaiser von Boten des Propheten Muhammad überbracht wurde: »Sprich: O Volk der Schrift, kommt herbei zu einem Wort, das gleich ist zwischen uns und euch: dass wir keinen anbeten außer den einen Gott.«[41]

Im Koran ist also keine Aussage zu finden, die eine klare Haltung gegenüber Juden und Christen festlegt. Der Koran wurde in verschiedenen Kontexten offenbart, in denen er die für den jeweiligen Kontext richtige Option anbietet; so kommen unterschiedliche Optionen zustande.

---

36 Koran 3:19.
37 Vgl. Koran 3:67.
38 Vgl. Koran 51:36.
39 Vgl. Koran 10:72.
40 Vgl. Koran 5:111.
41 Koran 3:64.

Juden und Christen – die Schriftbesitzer?

Im Koran werden Juden und Christen auch als die »Schriftbesitzer« bezeichnet[42], weil ihnen nach koranischer Auffassung in der Zeit vor der koranischen Offenbarung heilige
Schriften offenbart wurden. Viele der heutigen Christen würden sich allerdings nicht als »Schriftbesitzer« bezeichnen, da
nach christlichem Glauben nicht die Bibel, sondern Jesus als
Offenbarung Gottes gilt; die Bibel wird als Zeugnis der Offenbarung gesehen und ist eher mit der Sunna vergleichbar. Wie
aber schon mehrfach verdeutlicht wurde, ist es wichtig, den
Koran in seinem Offenbarungskontext zu lesen. Das Bild des
Christentums im siebten Jahrhundert auf der Arabischen
Halbinsel, wie es uns die islamische Geschichte liefert, deckt
sich in weiten Teilen nicht mit der Theologie und Dogmatik
des heutigen Christentums. Die Darstellung der Dreieinigkeit
im Koran basiert auf der im Offenbarungskontext vorherr-
schenden christlichen Vorstellung einer biologischen Ver-
wandtschaft zwischen Jesus und Gottvater.[43] Daher betonte
der Koran in seiner Reaktion auf das Trinitätsverständnis der
Christen, mit denen der Prophet Muhammad in Berührung
kam, dass Gott »weder zeugt, noch gezeugt wurde.«[44] Die
Juden werden in der neunten Sure dafür kritisiert, dass sie
Esra (arab.: ʿUzayr) zum Sohn Gottes machten.[45] Was der
Koran am Christentum des siebten Jahrhunderts auf der Arabischen Halbinsel stark kritisiert, ist ein Drei-Gott-Glaube im
Sinne eines Tritheismus: »Sagt nicht ›drei‹, Gott ist nur einer«[46]

---

42 Vgl. z. B. Koran 3:65.
43 Vgl. Koran 72:3.
44 Koran 112:3.
45 Vgl. Koran 9:30.
46 Koran 4:171.

und: »Ungläubig sind diejenigen, die sagen, Gott sei ein Dritter von dreien.«[47]

An dieser Stelle sei ein Streitgespräch zwischen einem muslimischen und einem jüdischen Studenten angeführt, das sich vor meinen Augen abgespielt hat. Der muslimische Student bestand darauf, dass die Juden deshalb die falsche Religion hätten, weil sie Esra zum Sohn Gottes machten. Der jüdische Student versuchte vergeblich zu erklären, dass er keineswegs an einen Sohn Gottes glaube, woraufhin der muslimische Student erwiderte: »Dann kennst du deine Religion nicht richtig, denn im Koran steht, dass die Juden an Esra als Sohn Gottes glauben, und als Wort Gottes irrt der Koran nicht.«

Damit der interreligiöse Dialog zu einer besseren interreligiösen Verständigung führt, ist es notwendig, den »anderen« in seiner eigenen Logik zu verstehen und ihn nicht durch eine Fremdzuschreibung zu stigmatisieren. Spricht der Koran von Juden, Christen und Angehörigen anderer Religionen, dann verwendet er Selbstzuschreibungen verschiedener religiöser Gruppen des siebten Jahrhunderts auf der Arabischen Halbinsel. Keineswegs können daraus allgemeingültige und überzeitliche Aussagen über andere Religionen abgeleitet werden.

Im Vergleich zu den Juden werden die Christen im Koran seltener erwähnt. Zwischen Muslimen und Christen gab es kaum Auseinandersetzungen. Muhammad lebte mit ihnen nicht, anders als mit den Juden, in einer Stadt auf engstem Raum zusammen. Die Beziehungen zwischen Muhammad und den Christen wurden weitgehend durch Verträge geregelt, und der Koran betont, dass die Christen in diesem Kontext den Muslimen am nächsten seien.[48]

---

47 Koran 5:73.
48 Vgl. Koran 5:82.

Die Bezeichnung »Juden« (arab.: *yahūd*) kommt erst in der medinensischen Phase der Offenbarung auf. In der mekkanischen Phase werden die Juden als Kinder Israels (arab.: *banū isrāʾīl*) bezeichnet. Auch in der alttestamentlichen Geschichte kommt der Ausdruck »Kinder Israels« zum ersten Mal in denjenigen Erzählungen vor, die mit dem Exodus in Verbindung stehen.[49] Dementsprechend stehen in der mekkanischen Phase die Erzählungen der Moses-Geschichte im Vordergrund; dort ist auch die Rede vom »Volk Mose«. Muhammad hatte in Mekka noch keinen intensiven Kontakt mit Juden; dem Koran ging es in der Darstellung der Geschichte des Volkes Mose darum, den Mekkanern, die die Prophetie Muhammads ablehnten, den Inhalt der Offenbarungsgeschichte vor Augen zu führen. Die prophetische Berufung Muhammads und somit die Botschaft Gottes, die er verkündete, war die gleiche wie die des Mose: »Wahrlich, ich bin Gott, es gibt keinen Gott außer mir. Und deshalb diene mir und verrichte das Gebet, mir zum Gedenken.«[50] Primärer Adressat der mekkanischen Offenbarungsverse war die Bevölkerung Mekkas. Muhammad versuchte ihre Zweifel an seiner Botschaft zu beseitigen, indem er auf das Volk Mose und seine gleichlautende Schriftoffenbarung verwies. Den Mekkanern, die ihre Götzen aus Stein bauten und sie anbeteten, erzählte der Koran von der Sünde der Anbetung des goldenen Kalbs durch die »Kinder Israels«.[51] Mit dieser Erzählung wurden sie angehalten, sich dem einen Gott zuzuwenden und nur ihn anzubeten. Diejenigen, die das Kalb schufen, wurden nach der koranischen Erzählung vom Zorn Gottes erfasst. Gott zeigt sich aber nach dem Koran barmher-

---

49 Vgl. *Bouman* 1977, S. 242.
50 Koran 20:14.
51 Vgl. Koran 7:148 ff.

zig gegenüber denen, die umkehrten und Reue zeigten. Als Muhammad 622 n. Chr. nach Medina auswanderte, schloss er mit den dort lebenden arabischen und jüdischen Stämmen den berühmten Vertrag von Medina. Danach waren die Juden gleichberechtigte Partner Muhammads. Später, als »die Juden in Medina Muhammad im Stich gelassen haben«[52] und die Verträge mit ihm gebrochen haben, kippte die Beziehung zwischen den Muslimen und den jüdischen Stämmen. In den medinensischen Offenbarungsversen werden die »Kinder Israels« aufgerufen, die Sünden ihrer Vergangenheit nicht zu wiederholen. Die koranische Offenbarung erinnert sie an den in der Vergangenheit begangenen Vertragsbruch.[53] In dieser Phase rückt der Ausdruck »Kinder Israels« immer mehr in den Hintergrund, und die Selbstbezeichnung der arabischen Juden (*yahūd*) als »Juden« taucht auf. Der Koran lädt sie immer wieder zum erneuten Bund mit Gott ein.[54] Dazu muss angemerkt werden, dass selbst der medinensische Koran kein einheitliches Bild des Verhältnisses der Muslime zu den Juden wiedergibt, da er jeweils unterschiedliche jüdische Gruppierungen bzw. jeweils unterschiedliche Ereignisse kommentiert; manche dieser Ereignisse waren positiv, manche negativ.

Dieser historische Abriss soll zeigen, wie sehr politische Zeitumstände ihren Niederschlag im Koran gefunden haben. Sich ausschließlich auf das eine oder das andere Ereignis zu berufen, um das Verhältnis zwischen dem Islam und anderen Religionen zu definieren, ist eine verkürzte Sicht und öffnet der politischen Instrumentalisierung Tür und Tor.

---

52 Vgl. *Bouman* 1977, S. 245.
53 Vgl. Koran 2:83–85.
54 Vgl. Koran, Sure 2.

Koranische Maximen für das Verhältnis der Muslime zu anderen Religionen sind in koranische Aussagen eingebettet, die dem historischen Wandel nicht unterlegen sind. Wir finden im Koran folgende Richtlinien für den Umgang mit Andersgläubigen:

1. Der Mensch besitzt – unabhängig von seiner Weltanschauung – eine Würde, die unantastbar ist. Er hat, da Gott ihm seinen Geist einhauchte, etwas Heiliges in sich. Gott sprach zu den Engeln: »Seht, ich erschaffe einen Menschen aus trockenem Lehm. Und wenn ich ihn gebildet und ihm von meinem Geist eingehaucht habe, dann werft euch vor ihm nieder!«[55] »Wir haben den Kindern Adams Würde verliehen.«[56]

2. Die konfessionelle Vielfalt unter den Menschen ist gottgewollt. »Und wir sandten zu dir in Wahrheit das Buch hinab, bestätigend, was ihm an Schriften vorausging und über sie Gewissheit gebend. [...] Jedem von euch gaben wir einen Weg. Wenn Gott gewollt hätte, hätte er euch zu einer einzigen Gemeinde gemacht. Doch er will euch in dem prüfen, was er euch gegeben hat. Wetteifert nun nach den guten Dingen.«[57]

3. Nur Gott kann und darf zwischen den Menschen richten. »Muslime, Juden, Sabäer, Christen, Magier und Polytheisten, Gott wird am Tag des Gerichts zwischen ihnen richten.«[58]

4. Der Islam ist nicht der einzige Weg zur ewigen Glückseligkeit. »Diejenigen, die glauben [die Muslime], und

---

55 Koran 15:28–29.
56 Koran 17:70.
57 Koran 5:48.
58 Koran 22:17.

diejenigen, die dem Judentum angehören, und die Christen und die Sabäer, alle die an Gott und den Jüngsten Tag glauben und Rechtschaffenes tun, denen steht bei ihrem Herrn ihr Lohn zu, und sie brauchen am Tag des Gerichts keine Angst zu haben, und sie werden nach der Abrechnung am Jüngsten Tag nicht traurig sein.«[59]

5. Der Mensch soll seinen Mitmenschen mit Güte und Gerechtigkeit begegnen: »Gott würde es euch nie verbieten, gegen die gütig und gerecht zu sein, die euch nicht wegen eures Glaubens bekämpft oder euch aus euren Häusern vertrieben haben. Gott liebt die gerecht Handelnden.«[60]

6. Es herrscht Religionsfreiheit: »Es gibt keinen Zwang im Glauben.«[61]

Diese sechs Maximen bilden den Rahmen und die Richtlinien für das Verhältnis der Muslime zu Menschen mit anderen Weltanschauungen. Eine Lesart des Koran, die sich nicht an diesen Maximen orientiert, läuft Gefahr, den Koran selektiv zu lesen, um die beschränkten eigenen Interessen zu legitimieren.

Das Verhältnis zwischen Muslimen und anderen Religionen kann sich – je nach gesellschaftlichen oder politischen Gegebenheiten – pluralistisch, inklusivistisch oder dialogisch gestalten. Der Koran legitimiert all diese drei Positionen und beschreibt sie im Kontext gesellschaftlicher und politischer Implikationen, stellt allerdings klar definierte Maximen auf, um Missbrauch und Instrumentalisierung zu vermeiden.

---

59 Koran 2:62.
60 Koran 60:8.
61 Koran 2:256.

Innerhalb dessen, was diese Maximen vorgeben, entscheidet die jeweilige Situation darüber, wie sich das Verhältnis zwischen Muslimen und anderen Religionen gestaltet. Lediglich exklusivistischen Positionen lässt der Koran keinen Raum.

Leider missbrauchen nicht nur Fundamentalisten koranische Verse, sondern auch Islamkritiker, wissentlich oder nicht. Beide lösen Textpassagen aus ihrem Zusammenhang, um ihre Aussagen und Motive koranisch zu legitimieren. Ich möchte hier exemplarisch auf die Argumente des Theologen Felix Körner gegen die oben genannten koranischen Richtlinien eingehen.[62] Seine Argumente werden auf dieselbe Art und Weise von Fundamentalisten benutzt, um ihre Haltung zu untermauern.

Gegen die Unantastbarkeit menschlicher Würde im Islam führt Felix Körner die koranische Aussage an: »Und wenn sie sich abwenden, dann greift sie und tötet sie, wo ihr sie findet, und nehmt euch niemanden von ihnen zum Freund oder Helfer.«[63] Dazu möchte ich Folgendes sagen: Wie mehrfach betont, muss zwischen theologischen, also kontextunabhängigen und somit universalen koranischen Aussagen, die allgemeine Maximen darstellen, und solchen koranischen Aussagen unterschieden werden, die auf einen bestimmten historischen Sachverhalt eingehen. Eine Aussage wie: »Wir haben den Kindern Adams Würde verliehen«[64] geht nicht auf ein bestimmtes Ereignis in der Geschichte ein. Der von Felix Körner zitierte Vers der vierten Sure tut dies aber sehr

---

62 Vgl. *Felix Körner*, Rezension zu »Hansjörg Schmid / Ayse Basol-Gürdal / Anja Middelbeck-Varvick / Bülent Ucar (Hg.), *Zeugnis, Einladung, Bekehrung, Mission in Christentum und Islam*, Regensburg; Pustet 2011, 292 Seiten«, in: Hikma. Zeitschrift für Islamische Theologie und Religionspädagogik, Jg. 2, Heft 3, Freiburg i. Br. 2011, S. 218.
63 Koran 4:89.
64 Koran 17:70.

wohl. Zuerst muss man fragen, worum es in diesem Vers überhaupt geht. Felix Körner will darin ein Gebot sehen, Menschen, die den Islam nicht annehmen wollen, zu töten. Daher fügt Körner einen Einschub ein: »Und wenn sie sich abwenden (und eurer Aufforderung zum Glauben kein Gehör schenken), dann greift sie und tötet sie.« Was zwischen den Klammern steht, ist jedoch im arabischen Original nicht zu lesen. Damit wird der ahnungslose Leser manipuliert. Diese Klammern sähen auch viele Fundamentalisten, ja Extremisten gerne. Man muss diesen Vers aber sowohl in seinem koranischen Zusammenhang, als auch in seinem historischen Kontext lesen. Wovon handelt der Vers wirklich? Die Antwort steht ein paar Verse davor: »Und sie spielen Gehorsam vor. Sobald sie jedoch von dir weggehen, brütet ein Teil von ihnen des Nachts etwas anderes aus.«[65] Es dreht sich hier also nicht um Glaubensfragen, sondern um eine Gruppe im Umfeld des Propheten, die der Koran als »Heuchler« (arab.: *Munāfiqūn*) bezeichnet. Sie spielen Loyalität und Zugehörigkeit zu den Muslimen vor, nachts jedoch schmieden sie andere Pläne. Im 81. Vers wird der Prophet angehalten, sie zu ignorieren: »Wende dich von ihnen ab.« Erst im von Körner zitierten Vers 89 wird dem Propheten gesagt, er solle sie ergreifen und töten, »wenn sie sich abwenden«, wenn ihre Feindschaft also offenbar wird und sie sich öffentlich auf die Seite der Mekkaner schlagen, die den Propheten und die Muslime verfolgen. Der darauffolgende Vers zeigt unmissverständlich, dass es hier um kriegerische Auseinandersetzungen mit den Mekkanern und ihren Anhängern, die mit dem Propheten verfeindet waren, geht, die nichts mit der Frage der Andersgläubigkeit und der Religionsfreiheit zu tun hat: »Ausgenommen sind die, die zu einer Gruppe gehören, mit

---

65 Koran 4:81.

denen ihr ein Bündnis habt oder die zu euch gekommen sind, nachdem sie davor zurückscheuten, gegen euch oder ihre eigenen Leute zu kämpfen. [...] Wenn sie sich jedoch von euch fernhalten, ohne euch zu bekämpfen, und euch Frieden anbieten, gibt euch Gott keine Erlaubnis, gegen sie vorzugehen.«[66] Diese Aussagen verbieten dem Propheten, gegen politische Gegner vorzugehen, solange sie nicht aktiv werden und die Muslime bekämpfen, auch wenn sie nur scheinbar friedfertig sind. Ja, man kann noch weitergehen: Die Regelung, »Wenn sie sich jedoch von euch fernhalten, ohne euch zu bekämpfen, und euch Frieden anbieten, gibt euch Gott keine Erlaubnis, gegen sie vorzugehen«, macht unmissverständlich klar, dass es Muslimen nur dann erlaubt ist, gegen jemanden vorzugehen, wenn dieser sie angreift. Wenn jemand den Muslimen nur feindschaftlich gesinnt ist, ist dies kein hinreichender Grund, um gegen ihn vorzugehen. Wie man sieht, geht es hier um kriegerische Auseinandersetzungen mit den Mekkanern und ihren Anhängern, die mit dem Propheten verfeindet waren. Dies berührt nicht grundsätzlich die Frage nach der Religionszugehörigkeit.

Gegen die Maxime, dass konfessionelle Vielfalt von Gott gewollt ist, argumentiert Körner mit der koranischen Aussage: »Gott führt in die Irre, wen er will, und leitet recht, wen er will.«[67] Hier geht es um ein Problem, das Muslime schon im achten Jahrhundert diskutierten: die Frage nach dem Handeln Gottes und dem Handeln des Menschen. Ist es Gott, oder ist es der Mensch, der die menschlichen Handlungen bestimmt? Auf diese Frage wurde in Kapitel 4.2 ausführlich eingegangen.

---

66 Koran 4:90.
67 Koran 16:93.

Gegen die Maxime der alleinigen Richtermacht Gottes zitiert Körner den Vers: »Ihr Gläubigen! Gehorcht Gott, gehorcht dem Gesandten und denen unter euch, die für euch Verantwortung tragen.«[68] In Kapitel 7 wurde gezeigt, dass der Koran vom Gehorsam gegenüber Gott und dem Gesandten spricht, wenn es um die allgemeinen Richtlinien wie z. B. Gerechtigkeit geht. In diesem Vers werden auch die Verantwortlichen (z. B. die Regierenden) erwähnt, allerdings mit einer Konjunktion »und«, ohne explizit zu sagen »... und gehorcht denen, die ...«[69] Muslimische Exegeten haben daraus hergeleitet, dass Gehorsam gegenüber den Verantwortlichen nur so lang gelte, wie diese sich an das Prinzip der Gerechtigkeit halten. Der dem von Körner zitierten Vers vorangehende Vers der vierten Sure klärt auf, um welches Prinzip es sich dabei handelt: »Gott gebietet euch, die euch anvertrauten Güter ihren Eigentümern zurückzugeben, und wenn ihr unter den Menschen richtet, nach Gerechtigkeit zu richten.«[70] Dies hat nichts mit der alleinigen Richtermacht Gottes zu tun.

Gegen die Maxime, dass der Islam nicht der einzige Weg zur ewigen Glückseligkeit ist, führt Körner den Vers an: »Ungläubig sind diejenigen, die sagen, Gott ist der Messias, der Sohn der Maria.«[71] Wie schon oben dargelegt, geht der Koran von dem tritheistischen Gottesbild einiger Christen im siebten Jahrhundert auf der Arabischen Halbinsel aus, die glaubten, Jesus sei der biologische Sohn Gottes, und mit denen der Prophet Muhammad in Kontakt kam. Daher liest man im Koran Argumente wie: »Wie kann er [Gott] einen Sohn haben, wenn er keine Frau hat?«[72] Ich kenne kaum

---

68 Koran 4:59.
69 Leider achtet Körner nicht auf diese Unterscheidung.
70 Koran 4:58.
71 Koran 5:17.
72 Koran 6:101.

einen Christen, der die koranische Kritik an der Christologie, wie sie im Koran dargestellt wird, nicht teilen würde. Der Koran, der übrigens Jesus als das Wort Gottes bezeichnet[73], lässt sogar die Aussage zu, dass der Koran das Christentum von einigen Elementen, die sich eingeschlichen haben, jedoch nicht zum Christentum gehören, befreien will. So kritisiert er z. B.: »O Jesus, Sohn der Maria, hast du den Leuten etwa gesagt, sie sollen dich und deine Mutter als Götter an meiner Stelle nehmen?«[74] An anderer Stelle betont der Koran, dass die Juden Jesus weder gekreuzigt noch getötet haben: »Sie [die Juden] sagten: ›Wir haben Jesus den Messias, Sohn der Maria und den Gesandten Gottes, getötet.‹ Aber sie haben ihn weder getötet noch gekreuzigt, sondern es erschien ihnen nur so.«[75] Wenn der Koran an dieser bedeutungsträchtigen Stelle auch nicht viel mehr Erhellendes sagt, sodass einiges offenbleibt, könnte man dies immerhin als den Versuch einer Versöhnung zwischen den Juden und den Christen auf der Arabischen Halbinsel verstehen.

Gegen die Maxime, dass Güte und Gerechtigkeit gegenüber allen herrschen sollten, argumentiert Körner mit Vers fünf der neunten Sure, den er aber völlig aus seinem Zusammenhang löst. Darauf bin ich in Kapitel 8 ausführlich eingegangen.

Die Erstadressaten des Koran waren die Menschen des siebten Jahrhunderts auf der Arabischen Halbinsel mit all ihren Traditionen, Erfahrungen, Hoffnungen und Erwartungen. Dennoch beansprucht der Koran, ein Buch für die Menschen in jeder Zeit und an jedem Ort zu sein. Er beansprucht, ein Buch für Muslime, für Juden, für Christen, für Angehö-

---

73 Vgl. Koran 3:45 und 4:171.
74 Koran 5:116.
75 Koran 4:157.

rige anderer Weltanschauungen, aber auch für Menschen, die nicht an einen Gott glauben, zu sein. Er gehört allen Menschen, nicht nur den Muslimen, und geht alle Menschen etwas an. Nicht nur Muslime dürfen ihn lesen und auslegen, auch Nichtmuslime sollen dies tun. »O ihr Menschen! Wir sandten zu euch ein klares Licht [den Koran] hinab.«[76] Der Koran spricht an neunzehn Stellen alle Menschen unabhängig davon, ob sie Muslime sind oder nicht, direkt an: »O, ihr Menschen!«[77] Daraus ergibt sich die hermeneutische Herausforderung, den Koran als ein Buch zu verstehen, das Menschen aus unterschiedlichen Kulturen mit unterschiedlichen Sprachen zu unterschiedlichen Zeiten und vor allem in unterschiedlichen kulturellen und gesellschaftlichen Kontexten anspricht. Eine Grundvoraussetzung dabei ist die Berücksichtigung des historischen Kontextes seiner Offenbarung. Der Koran ist kein Buch außerhalb der Geschichte.

---

76 Koran 4:174.
77 Zum Beispiel Koran 2:21, 2:168, 4:174, 7:158.

9. Der Islam will den Menschen befreien

Durch die Erschaffung des Menschen aus der bedingungslosen Barmherzigkeit Gottes heraus, und durch seine Ausstattung mit Vernunft und Freiheit ist die menschliche Würde begründet. Der Mensch nimmt innerhalb der Schöpfung eine Sonderstellung ein. Hinzu kommt, dass unter allen Geschöpfen nur der Mensch von ewiger Glückseligkeit erfasst wird. Die Würde des Menschen ist auch im Göttlichen, das er in sich trägt, begründet: »Als ich [Gott] ihn [den Menschen] erschuf und ihm von meinem Geiste einhauchte, warfen sich die Engel vor ihm nieder.«[1] Auf das Göttliche im Menschen weist der Prophet Muhammad hin: »Das Herz des Gläubigen trägt den Thron des Allbarmherzigen.«[2] Diese Aspekte begründen die einzigartige Erhabenheit und Würde des Menschen, unabhängig von seinem Glauben. Für Kant liegt die Begründung der Würde des Menschen in seiner Moralfähigkeit. Er kann sich seine Gesetze selbst geben und sich auch selbst in die Pflicht nehmen. Wegen dieser Fähigkeit zur Autonomie besitzt der Mensch Würde. Die Anerkennung der menschlichen Würde bedeutet somit die Bewahrung der inneren geistigen und der sozialen Freiheit des Menschen.

---

1 Koran 15:29.
2 *Muḥammad Bāqir al-Maǧlisī*, Biḥār al-Anwār (= Meere der Lichter), Band 55, S. 39, http://www.alseraj.net/a-k/hadith/behar/55.pdf.

Den Urzustand, in dem der Mensch erschaffen wurde, bezeichnet der Koran wie gesagt als *fiṭra*; er meint damit einen ontologischen Zustand, der nach der Vervollkommnung des Menschen in Freiheit strebt und seine Verwirklichung in ihr findet. Freiheit bedeutet – wie schon oben dargelegt – nicht nur die Abwesenheit von Zwang oder äußeren Hindernissen, auch nicht allein eine Wahlfreiheit zwischen Alternativen. Freiheit ist dann gegeben, wenn man sich für das entscheiden kann, was man eigentlich als Ziel hat, wenn man seine Ziele verwirklichen kann. Wenn der Mensch seine *fiṭra*, seinen ontologischen Urzustand, der danach strebt, sich zu vervollkommnen, verwirklichen kann, dann ist seine Freiheit gegeben. Die Freiheit des Menschen ist daher dann gegeben, wenn er von seinen Trieben und von allen inneren und äußeren Einflüssen befreit ist, die ihn manipulieren oder verblenden. Freiheit ist die Entschiedenheit für das, was für den Menschen gut ist und dessen Verwirklichung.

Die Schriften und Propheten, die Gott den Menschen schickte, zielten auf die innere Vervollkommnung des Menschen, die sich wiederum in den Handlungen des Menschen widerspiegeln soll. Es geht um die Läuterung. Dies ist ein Prozess, in dessen Verlauf alle inneren Hindernisse, die zwischen dem Menschen und der Entscheidung für seine *fiṭra* und deren Erfüllung stehen, ausgeschaltet werden müssen. Die Läuterung des Menschen ist ein Prozess der inneren Befreiung. Der Mensch befreit sich von allen schlechten Eigenschaften, die ihn daran hindern, die Welt so zu sehen, wie sie ist, und ein empathisches Mitglied seiner Gesellschaft zu sein. Die Welt ist dann nicht mehr nur für uns selbst da, sondern für die ganze Menschheit. Dies alles verlangt einen Glauben, der nicht an Glaubenssätzen klebt, sondern in

Handlungen übersetzt wird.[3] Daher ist der Aufruf zum Glauben im Koran fast immer an den Ruf zum aufrichtigen Handeln gekoppelt. Der Mensch wird im Koran als Verwalter bezeichnet und bestimmt[4], dem verschiedene Ressourcen zur Verfügung stehen. Zu diesen zählen neben den materiellen auch seine geistigen und körperlichen Ressourcen, aber auch Zeit, Erfahrungen usw. Er hat den Auftrag, seine Ressourcen in seinem eigenen Sinne, im Sinne seiner Mitmenschen und im Sinne des Universums verantwortungsvoll zu verwalten. Für diese Verwaltungstätigkeit steht der Mensch in zweierlei Hinsicht in der Verantwortung – einerseits in Bezug auf die Gesellschaft, die von ihren Mitgliedern Loyalität und ehrliches Engagement erwartet, andererseits Gott gegenüber. Alles, was eine verantwortungsvolle Verwaltungstätigkeit fördert, gehört zum Bereich des Guten.

Geistige Befreiung beginnt mit reflektiertem Denken, mit Hinterfragen, mit Verstehenwollen, mit der kritischen Reflektion seiner selbst. Die islamische Formel »Es gibt keine Gottheit außer Gott« ist Ausdruck eines freien, unabhängigen Geistes. Die Formel verneint jegliche Abhängigkeit, jegliche Bevormundung, jegliche Verherrlichung von Menschen, Dingen, Ideen oder Gedanken. Einziges gültiges Leitprinzip ist Gott. Und was ist Gott? Er ist die Barmherzigkeit, die Liebe. Liebe und Barmherzigkeit bilden den Rahmen, in dem sich der Geist frei ausüben kann und soll.

Der Koran kritisiert an mehreren Stellen Menschen und Völker, die die Verkündigungen von Propheten ablehnten, weil für sie die Tradition der Vorfahren wichtiger war als die göttlichen Botschaften. So heißt es im Koran: »Jedes

---

3 Vgl. *Abū Ḥāmid al-Ġazālī*, Ayyuha l-walad (= Lieber Sohn), Jeddah 2012, S. 31.
4 Vgl. Koran 2:30.

Mal, wenn wir einen Gesandten vor dir [Muhammad] zu einer Stadt entsandten, sagten die Wohlhabenden, die verschwenderisch lebten: ›Wir fanden unsere Väter auf einem Weg und wir treten in ihre Fußstapfen.‹ Jeder Gesandte sagte daraufhin: ›Wenn ich nun aber mit einer Botschaft zu euch gekommen bin, die besser für euch ist, als was ihr als Brauch eurer Väter vorgefunden habt?‹ Sie sagten: ›Wir nehmen eure Botschaft nicht an.‹«[5] Was damals Götzen waren, erscheint heute in anderen Formen. Oft werden Gelehrte bzw. Traditionen zu Götzen gemacht und verherrlicht, und die Menschen sollen sich ihnen ohne zu hinterfragen unterwerfen. Der iranische Religionssoziologe Ali Schariʿati (gest. 1977) spricht in diesem Zusammenhang von den »neu konstruierten Götzen«.[6] Der Koran erteilt einer unhinterfragten Übernahme von Bräuchen und Traditionen eine klare Absage. Wenn man an Gott als den Einzigen glauben will, realisiert sich dies nicht in einem Lippenbekenntnis, sondern in einer hier und jetzt gelebten geistigen Befreiung von allem, was einer kreativen Entfaltung des Geistes im Wege steht.

Die Auswanderung des Propheten Muhammad im Jahre 622 von Mekka nach Medina war auch eine Auswanderung weg von der geistigen Unterdrückung hin zur geistigen Freiheit. In Medina konnten Muhammad und seine Gefährten ungehindert ihren Glauben ausüben. Die Suche nach Freiheit beschreibt der Koran als religiöse Pflicht. Deshalb werden die, die unter dem Vorwand, schwach und hilflos zu sein, nicht auswanderten, scharf kritisiert. Im Koran wird ihr Verhalten als Ungerechtigkeit, die sie an sich selbst begehen, bezeichnet: »Zu denjenigen, die gegen sich selbst ungerecht

---

5 Koran 43:23–24.
6 *Ali Schariʿati*: al-ʿAwda ilā aḍ-ḍāt (= Rückkehr zu sich selbst), Kairo 1993, S. 364.

waren, sprechen die Engel: ›Was war los mit euch?‹ Sie sagen:
›Wir waren die Hilflosen im Land.‹ Die Engel sprechen: ›Ist
Gottes Land nicht weit genug, so dass ihr hättet auswandern
können?‹«[7]

9.2 Die soziale Befreiung des Menschen

Auf der Arabischen Halbinsel des siebten Jahrhunderts
herrschten insbesondere in der Gesellschaft Mekkas Stammesstrukturen, die stark patriarchalisch geprägt waren.
Archaische Traditionen waren weitverbreitet. Die Menschen
in Stammesgesellschaften hatten nicht alle die gleichen Rechte. Für den Einzelnen war seine Stellung in der hierarchischen
Ordnung des Stammes entscheidend, die ihrerseits auf den
wirtschaftlichen Ressourcen basierte, die der jeweilige
Stamm kontrollierte. An der Spitze der Gesellschaft stand
der Stamm mit den größten wirtschaftlichen Ressourcen.
Die Botschaft Muhammads in Mekka war nicht nur eine Botschaft der geistigen Befreiung (Ruf zum Monotheismus), sondern zugleich die einer sozialen Befreiung. Muhammad setzte
sich für Gleichheit ein. So sagte er in der Predigt seiner
Abschiedspilgerfahrt: »Ihr Menschen! Euer Gott ist einer.
Euer Vater ist einer, ihr alle kommt von Adam, und Adam
ist aus Lehm. Der bessere von euch ist vor Gott der fromme-
re. Ein Araber ist nicht besser als ein Nichtaraber, und ein
Nichtaraber ist nicht besser als ein Araber. Ein Farbiger ist
nicht besser als ein Weißer und ein Weißer ist nicht besser
als ein Farbiger – außer in Frömmigkeit. Jeder Anwesende
soll dies den Abwesenden weitersagen.«[8] Nicht die Zugehö-

---

7 Koran 4:97.
8 Überliefert nach *Aḥmad,* Hadith-Nr. 23489.

rigkeit zu dem einen oder anderen Stamm ist für die Stellung des Menschen in der Gesellschaft ausschlaggebend. Alle Menschen sind gleich, auch vor Gott, sie unterscheiden sich nur durch ihre Frömmigkeit, also darin, wie sie ihren Charakter und ihre Handlungen ausprägen.

In der mekkanischen Phase konnte Muhammad lediglich an die Menschen appellieren, sich gegenseitig unabhängig von sozialen Kategorien anzuerkennen und zu würdigen. Erst in Medina konnte er darangehen, im Konkreten für die gesellschaftliche Gleichheit zu arbeiten, in seiner Funktion als Staatsoberhaupt entsprechende Vorschriften zu erlassen und für den Fall des Nichteinhaltens mit Sanktionen zu drohen. So führte er in Medina die soziale Pflichtabgabe als eine der fünf Säulen des Islam ein und beschäftigte Staatsdiener damit, diese Abgabe von den Menschen einzusammeln, um sie dann an Arme und Bedürftige weiterzugeben. Er motivierte die Menschen, zu spenden: »Denjenigen, die ihr Vermögen bei Nacht oder bei Tage geheim oder offen spenden, steht bei ihrem Herrn ihr Lohn zu, und sie brauchen sich keine Sorgen zu machen, und sie werden am Jüngsten Tag nicht traurig sein.«[9] »Ihr werdet die wahre Frömmigkeit nicht erlangen, solange ihr nicht bereit seid, etwas von dem zu spenden, was euch lieb ist. Und was immer ihr spendet, darüber weiß Gott Bescheid.«[10] Die Sklaverei wurde sukzessive abgeschafft. Frauen, die in vorislamischer Zeit vom Erbe ausgeschlossen waren, sollten nun erben können.

Damit sich das Befreiungspotenzial des Koran entfalten kann, darf man nicht an seinem Wortlaut kleben. Der historische Kontext der Verkündigung ist maßgeblich, um die Intention des Textes zu verstehen. Lässt man diesen Kontext außer

---

9 Koran 2:274.
10 Koran 3:92.

Acht, besteht die Gefahr, dass der Koran als Unterdrückungs-
instrument missbraucht wird. Die Aufgabe der Muslime
heute ist es, Gerechtigkeit und Freiheit zu verwirklichen, wie
es die göttliche Absicht ist.

9.3 Die erste Diktatur im Islam

Die in der islamischen Tradition stark verbreitete Ansicht,
dass ewige Glückseligkeit primär von der Befolgung der richtigen Glaubenssätze abhänge und weniger von dem Handeln
der Menschen, macht aus dem Glauben eine rein theoretische
und abstrakte Größe, die kaum Auswirkungen auf das Leben
des Menschen hier und jetzt auf der Erde hat. Ein so verstandener Glaube führt dazu, dass es im Grunde egal wird, wie
der Mensch in der Gesellschaft handelt, und dass die Frage
nach der ewigen Glückseligkeit nur bedingt davon abhängt.
Wer an die richtigen Grundsätze glaubt, kommt nach diesem
Verständnis auf jeden Fall ins Paradies, auch wenn er nie
etwas Gutes in seinem Leben geleistet hat. Wenn Gott will,
dann schickt er diesen Menschen für eine begrenzte Zeit in
die Hölle, damit er sich von seinen Sünden befreit, aber
durch eine Fürbitte des Propheten bzw. die Gnade Gottes
bleibt diesem Menschen eventuell auch das erspart. Dieses
Verständnis hat einen politischen Hintergrund, der auf die
umayyadische Dynastie (661 bis 750 n. Chr.) zurückgeht,
jedoch eindeutig dem koranischen Geist widerspricht. Ein
kurzer historischer Rückblick in das siebte Jahrhundert zeigt,
dass dieses Glaubensverständnis entwickelt wurde, um politische Repression und Diktatur religiös zu legitimieren. Der
Prophet Muhammad gründete im Jahre 622, als er von
Mekka nach Medina ausgewandert war, das erste islamische
Staatswesen. Muhammad war sowohl geistiges als auch poli-

221

tisches Oberhaupt der muslimischen Gemeinschaft. Kurz nach dem Tod des Propheten kam es zum ersten Streit um seine politische Nachfolgerschaft. Nach einigen Auseinandersetzungen wurde Abū Bakr, ein langjähriger und enger Freund Muhammads, der auch sein Schwiegervater war, zum Kalifen gewählt. Im Grunde ging es bei den Auseinandersetzungen rund um die Wahlen der ersten drei Kalifen primär um machtpolitische Fragen. Spätestens gegen Ende der Herrschaft des dritten Kalifen, Osman (644–656), begann das mit den koranischen und prophetischen Grundsätzen in Einklang stehende Wertesystem zu wackeln. Der islamische Staat hatte sich durch die Eroberung von Gebieten auf und außerhalb der Arabischen Halbinsel massiv vergrößert, die Kriegsbeute wurde hauptsächlich nach dem Verwandtschaftsgrad zum Propheten verteilt. Da die Mehrheit der Armeeführer vom Stamm der Quraisch abstammte, bewirkte dies eine Konzentration des Vermögens in den Händen der Sippe der Haschimiten und der Sippe der Umayyaden. Die kleineren Stämme erhielten vergleichsweise wenig Kriegsbeute. Es kam zu einem starken Wertewandel innerhalb der islamischen Gemeinschaft. Die Konzentration des Vermögens in den Händen einer Minderheit förderte einen verschwenderischen Lebensstil, der mit den vom Propheten verkündeten Werten nicht mehr im Einklang stand. Die Benachteiligten und Unterdrückten kritisierten auch öffentlich diese Entwicklung; sie stellten so etwas wie das »islamische Gewissen« dar.

Nach der Ermordung Osmans, des dritten Kalifen (656), wurde Ali als vierter Kalif gewählt. Seine Wahl wurde allerdings von der Gruppe um Mu'āwiya, dem Statthalter von Syrien umayyadischer Abstammung, nicht anerkannt. Damit begann die große Spaltung der muslimischen Gemeinschaft (*Umma*), die dann vor allem nach dem Tod Alis manifest wurde. Im Jahre 657, nachdem die Gruppe um Muʿāwiya Ali den Krieg erklärt hatte, einigten sich beide Parteien – die Anhänger Alis (die späteren Schiiten) und die Gruppe um Muʿāwiya – auf Verhandlungen. Ein Schiedsgericht sollte entscheiden, wer das Kalifat innehaben sollte. Einige Anhänger Alis – die Kharijiten – akzeptierten das nicht und wandten sich von Ali ab. Sie schworen sowohl Ali als auch Muʿāwiya den Tod und erklärten darüber hinaus jeden, der ihre Haltung missbilligte, als vom Islam abgefallen und somit für ungläubig. Die Kharijiten stellten die Frage nach der Gläubigkeit selbst ganz in den Mittelpunkt und die Muslime vor die Wahl: Wenn sie als Gläubige gelten wollten, mussten sie sich der Gegnerschaft gegen Muʿāwiya und Ali anschließen. Oder sie stellten sich hinter einen der beiden und wurden damit zu Nichtgläubigen. Die Frage, ob jemand gläubig war oder nicht, wurde so zu einer eher politischen als theologischen Frage. Zu diesem Zeitpunkt in der Geschichte des Islam wurde ernsthaft die Frage aufgeworfen, wer gläubig war und wer nicht, unter welchen Umständen man als gläubig gelten sollte. Für die Kharijiten war das sogenannte »aufrichtige Handeln« ein zentraler Grundsatz des Glaubens. Wer an Gott glaubte, sich aber nicht gegen die – in ihren Augen nicht legitime – Herrschaft von Muʿāwiya und gegen Ali stellte, war kein Gläubiger. Für die Umayyaden galten die sechs Glaubensgrundsätze (Glaube an Gott, Engel, Propheten, die heiligen Bücher, die Wiederauferstehung am Tage des Gerichts und an die Vorherbestimmung) als Kriterium für den rechten Glauben, das aufrichtige Handeln hingegen war keine Bedingung; wer an die sechs Glaubensgrundsätze glaubte, und zugleich ein großer Sünder war, war keineswegs vom Paradies ausgeschlossen. Dieses Verständnis war wichtig, damit die Gläubigkeit der umayyadischen Kalifen, die – mit wenigen Ausnahmen – für ihre Ungerechtigkeit und ihren verschwenderischen Lebensstil bekannt waren, nicht in Frage gestellt werden konnte, was einem eventuellen Putschversuch eine religiöse Legitimation geboten hätte.

Die Frage, wer gläubig war und wer nicht, war eine politische und hatte politische Konsequenzen. Wer als ungläubig deklariert wurde, war Feind der Religion und durfte bekämpft werden. Unter diesen Umständen bildete sich die Gruppe der Mu'taziliten, die neben »gläubig« und »ungläubig« eine dritte Kategorie einführte, und zwar die des *fāsiq* (Frevler). Wer an Gott glaubte, aber große Sünden beging, war demnach weder gläubig noch ungläubig. Er befand sich auf einer Stufe dazwischen, der Stufe des Frevels. Die Anhänger Alis und die Umayyaden wurden weder als gläubig noch als ungläubig bezeichnet, zumindest eine der beiden Parteien war auf jeden Fall als Frevler zu bezeichnen – welche das aber war, war umstritten.

Während der umayyadischen Herrschaft etablierte sich eine besondere Form der Verbreitung von bestimmten Werten, das sogenannte *tarāsul*. Es handelte sich hierbei um Briefe der umayyadischen Herrscher, die in der Öffentlichkeit (in den Moscheen bzw. Märkten) vorgetragen wurden. Bestandteile dieser Briefe waren die Befehle der umayyadischen Herrscher, verpackt in literarische Form. Darin wurden viele Verse aus dem Koran und Hadithe aus der prophetischen Tradition angeführt, um den Inhalt der Briefe religiös zu legitimieren. Diese Briefe spielten in der umayyadischen Dynastie eine wichtige Rolle um bestimmte Werte zu etablieren, die meist im Dienste der Herrscher instrumentalisiert wurden. Dazu gehört an erster Stelle der Gehorsam. An die Stelle des Grundsatzes der Gleichheit aller Menschen, für den sich der Prophet Muhammad eingesetzt hatte, trat nun eine Trennung zwischen Elite und Masse. Die Masse musste der Elite, d. h. dem Herrscherhaus, gehorchen. Begleitet wurde dies von der Idee des Determinismus, die die umayyadischen Herrscher stark verbreitet hatten, um ihre Herrschaft als von Gott gewollte Tatsache darzustellen. Ihnen zu gehorchen bedeutete somit, Gott zu gehorchen.

In dieser Situation wurden auf Veranlassung der Herrschenden neue Hadithe (Prophetenaussagen) erfunden, die die bestehenden politischen Verhältnisse legitimieren sollten. Dazu zählen Hadithe wie: »Gott lässt die guten Taten eines Kalifen aufschreiben, nicht aber seine schlechten«, oder: »Wer für drei Tage Kalif ist, kommt nicht ins Höllenfeuer.«[11] Derartiger offenkundiger Missbrauch, verknüpft mit rigoroser politischer Machtausübung schufen ein Klima, in dem es nahe lag, den eigenen Glauben im Privaten zu leben. Alles Institutionelle war von Korruption durch die herrschenden Eliten bedroht. Den großen Erfolg der islamischen Mystik und den damit zusammenhängenden wachsenden Einfluss der Asketen kann man als Reaktion auf die Auseinandersetzung zwischen Herrschern und Unterdrückten verstehen. Angesichts der Aussichtslosigkeit einer Parteinahme gegen die herrschende Elite lag der Rückzug vom gesellschaftlichen Geschehen und die Flucht in gottesdienstliche Praktiken nahe; die Asketen konzentrierten sich deshalb auf das Jenseits und führten die damit verbundenen eschatologischen Vorstellungen aus, statt sich in aktuelle Auseinandersetzungen einzumischen.

Schon zu Beginn der umayyadischen Herrschaft spielte die Frage nach der Verantwortlichkeit des Menschen für seine Taten eine große Rolle. Auf der einen Seite gab es ein starkes Argument für die Existenz der Willensfreiheit: Verantwortung – auch am Tage des Gerichts – setzt Freiheit voraus.

---

11 *Muḥammad ʿĀbid al-Ǧābirī*, al-ʿĀql al-aḫlāqī al-ʿarabī (= Die arabische moralische Vernunft), Beirut 2001, S. 66.

Man kann nicht von Gott zur Rechenschaft gezogen werden, wenn man nicht in der Lage ist, aus freiem Willen zu handeln. Auf der anderen Seite spielte – wie schon erwähnt – die Idee der Alleinwirksamkeit Gottes und die damit zusammenhängende Position des Determinismus schon zur Zeit der Herrschaft Muʿāwiyas eine zentrale Rolle. Muʿāwiya verwendete diese beiden Vorstellungen in einer an seine Soldaten gerichteten Predigt, die er kurz vor dem Krieg gegen den vierten Kalifen Ali hielt, als Begründung für zwei große Ereignisse: »Und es gehört zu dem von Gott bestimmten Schicksal, dass er uns hierher gebracht hat, und dass dies zwischen uns und den Bewohnern des Irak passiert; denn Gott sagt im Koran: ›wenn Gott wollte, hätten sie keinen Krieg geführt, Gott macht jedoch, was er will.‹« Als Muʿāwiya seinen Sohn Yazīd zu seinem politischen Nachfolger ernannte, und damit aus dem Kalifat ein Königreich machte, sagte er: »Diese Sache mit Yazīd gehört zu dem von Gott bestimmten Schicksal, die Menschen haben hierzu nichts zu sagen.«[12] Muʿāwiya war nicht nur der Gründer der ersten Diktatur im Islam, er spielte auch eine wichtige Rolle in der Etablierung der Prädestinationslehre. Nach dem Tod Muʿāwiyas, als Yazīd die Herrschaft übernahm, sagte dieser: »Gelobt sei Gott, der tut, was er will, und der gibt, wem er will.«[13] Der Gelehrte al-Ḥasan al-Baṣrī war einer der ersten, die sich in einem Brief an den Kalifen ʿAbd al-Malik Ibn Marwān (gest. 705 n. Chr.) gegen diesen Determinismus stellten. Er führte einige Verse aus dem Koran an, wie z. B.: »Der Pharao führte sein Volk in die Irre, anstatt es rechtzuleiten.«[14] Die Umayyaden beriefen sich aber auf andere Verse, so etwa: »Wen Gott

---

12 *al-Ǧābirī* 2001, S. 80.
13 Ebd.
14 Koran 20:79.

rechtleitet, der geht den richtigen Weg, und wen Gott in die Irre führt, der hat alles verloren.«[15] Ein Schüler al-Baṣrīs, Wāṣil Ibn ʿAṭā (gest. 748 n. Chr.), setzte sich mit dieser Frage ausführlich auseinander; er ist der Begründer der muʿtazilitischen Schule, die die Meinung vertrat, der Mensch sei für seine Taten verantwortlich und nicht Gott, weshalb er auch zur Rechenschaft gezogen werde; Gott sei gerecht, es sei aber ungerecht, wenn Gott für den Menschen handle und dann den Menschen zur Rechenschaft ziehe. Dies bedeutete zugleich, dass der Mensch die Konsequenzen aus seinen Handlungen selbst tragen musste. Die Muʿtaziliten lehnten die Vorstellung der Umayyaden ab, derzufolge das göttliche Lob bzw. der göttliche Tadel nicht von den Taten des Menschen abhingen, sondern vom göttlichen Willen.

Die Auseinandersetzung mit der Frage, ob der Mensch für seine Taten verantwortlich sei, war zu Beginn politisch motiviert, um die Legitimation der umayyadischen Herrschaft zu bestätigen bzw. in Frage zu stellen. Später wurde dieses Thema als Teil der islamischen Theologie unter dem Titel »Kalām-Wissenschaft« diskutiert.[16]

Seit der umayyadischen Herrschaft war die islamische Gemeinde also weder politisch noch theologisch einig. Der traditionellen islamischen Lehre nach muss sich jeder Muslim und jede Muslimin zu den islamischen Glaubensgrundsätzen bekennen. Diese bilden die so genannte islamische ʿAqīda. »Damit sind die Glaubensgrundlagen gemeint (im

---

15 Koran 7:178.
16 Die Muʿtaziliten hatten auch ein weiteres Anliegen, und zwar, Gott alle schlechten Eigenschaften abzusprechen. So lehnten sie die Vorstellung ab, dass Gott das Böse schaffe, und stärkten so ihre Argumentation, dass der Mensch der eigentliche Schöpfer seiner Taten sei. Der Ursprung ihres Anliegens war die Auseinandersetzung mit den Anhängern des Mazda-Glaubens, die an jeweils einen Gott für das Gute und für das Schlechte glaubten.

sunnitischen Islam als die sechs Glaubensgrundsätze bekannt: Glaube an Gott, Engel, Propheten, die heiligen Bücher, die Wiederauferstehung am Tage des Gerichts und an die Vorherbestimmung), auf denen der Islam als Glaube beruht.«[17] Der traditionellen islamischen Lehre nach kann niemand ein Muslim, eine Muslimin sein, wenn er/sie diese Glaubensgrundlagen »nicht ausdrücklich anerkennt und bestätigt. Wenn jemand auch nur eine einzige ʿAqida – geschweige denn mehrere oder alle – ablehnt oder nur in ihrem Sinn verändert annimmt, so kann er nicht mehr als gläubiger Muslim bezeichnet werden. Das heißt, anders formuliert: Wer die ʿAqida des Islam annimmt und daran glaubt, der ist Muslim; wer das nicht tut, ist es nicht.«[18] Die *šahāda* allein (das islamische Glaubensbekenntnis: »Es gibt nur einen Gott und Muhammad ist sein Gesandter.«) reicht nicht aus, um zum Islam zu konvertieren. Denn »es muss vorher klar sein, daß er [der Konvertit] die ʿAqida bereits kennengelernt und – zumindest in allgemeiner Form – angenommen hat.«[19] Die *šahāda* auszusprechen ist ein äußeres Kennzeichen des Glaubens, daher gilt sie in der Praxis als Kriterium des Glaubens. Nur wer sich explizit gegen einen oder mehrere Glaubensgrundsätze bekennt, gilt nicht als Muslim, auch wenn er sich zur *šahāda* bekennt. Allerdings gibt es – wie die Kalām-Wissenschaft zeigt – innerhalb der islamischen Ideengeschichte unterschiedliche, zum Teil sich widersprechende Haltungen, wenn es um die Details der Glaubensgrundsätze geht. Im Laufe der islamischen Geschichte führte dies teilweise zu gewaltgeladenen Konflikten zwischen den verschiedenen Positionen und dazu, dass man

---

17 *Ahmad A. Reidegeld*, Handbuch Islam. Die Glaubens- und Rechtslehre der Muslime, Dali/Nikosia 2008, S. 31.
18 Ebd. S. 31.
19 Ebd.

sich gegenseitig die Zugehörigkeit zum Islam absprach. Die zentrale koranische Frage, wie der Mensch richtig handeln kann, rückte auf jeden Fall in den Hintergrund. Wenn es um die Frage des Heils geht, wird primär nach den richtigen Glaubenssätzen gefragt.

Ich wollte mit dieser längeren Darstellung des historischen Hintergrunds vor allem verdeutlichen, wie stark der Einfluss der politischen Entwicklungen auf die Frage nach dem Heil war. Die Botschaft Muhammads und der ersten Kalifen war eine Botschaft der geistigen, sozialen und politischen Befreiung. Aber schon nach 40 Jahren verwandelte sich das Kalifat in eine Art Monarchie und verlangte unbedingten Gehorsam. Wer widersprach, wurde getötet, gefoltert oder ins Gefängnis geworfen. Ein Verständnis von Glückseligkeit, das diese lediglich von den richtigen Glaubenssätzen abhängig macht, hat sich bis heute mehr oder weniger umfassend durchgesetzt. Dieses Verständnis steht jedoch im Widerspruch zu den koranischen Aussagen. An 49 Stellen spricht der Koran vom Glauben und Handeln als Voraussetzung für die Glückseligkeit. Dort heißt es: »diejenigen, die glauben und Aufrichtiges tun«, nicht: »diejenigen, die glauben«, wie die traditionelle Theologie verkürzt behauptet.

Wir sehen uns also zwei Definitionen des Glaubens gegenüber: einer statischen und einer dynamischen. Beim ersten Verständnis geht es hauptsächlich um die Frage nach den richtigen Glaubenssätzen, an die ein Mensch glauben soll. Dadurch rückt allerdings die Handlungsebene in den Hintergrund. Nach dem zweiten Verständnis ist das Handeln Ausdruck des Glaubens und daher ein fixer Glaubens-Bestandteil. Während also das erste Verständnis den Glauben aushöhlt und aus ihm lediglich lebensferne, abstrakte Sätze macht, betont das andere die Dynamik des Glaubens als Prozess der Vervollkommnung des Menschen, in den sich der

Mensch einbringen soll und durch den der Glaube zu einer gelebten Wirklichkeit wird.

Dass die Prinzipien der Gerechtigkeit, der Gleichheit, der Freiheit, der sozialen Verantwortlichkeit und der Unantastbarkeit menschlicher Würde im Islam ausgehöhlt wurden, dass die Prädestinationslehre an Boden gewann, beruht auf einer politisch motivierten Entwicklung seit der Zeit des Kalifen Muʿāwiya bis heute. Es ist nicht im Sinne diktatorischer Regime, wenn diese Prinzipien Teil des religiösen Gewissens werden. Es ist nicht im Sinne solcher Regime, wenn der Mensch frei ist, wenn er sein Leben und sein Schicksal in die eigene Hand nimmt und seine Stimme gegen Unterdrückung und Ungerechtigkeiten erhebt. Seit Muʿāwiya und bis heute leidet der Islam unter dieser Aushöhlung, die nur die Fassade dessen übrigließ, was der Prophet verkündet hat. Muslimische Gelehrte diskutieren endlos über oberflächliche und zum Teil peinliche Belange, vergessen aber grundsätzliche Prinzipien des Islam. Es ist nicht übertrieben zu sagen, dass bis auf ein paar Äußerlichkeiten von dem Islam Muhammads heute kaum etwas geblieben ist. Muhammad leistete einen großen Beitrag, um eine archaisch-patriarchalische Gesellschaft zu befreien. Für ihn standen Prinzipien der Gerechtigkeit und Freiheit an oberster Stelle. Er begann seine Verkündigung mit diesen und weiteren Prinzipien. Religiöse Rituale, wie das Gebet und das Fasten, wurden erst viel später verkündet. Heute erleben wir eine Umkehrung der Prioritäten: Die Äußerlichkeiten stehen heute an oberster Stelle, die eigentliche Botschaft ist vergessen.

Der sogenannte Arabische Frühling, der 2010 in Tunesien begann, war sozial motiviert. Die islamische Theologie spielte dabei kaum eine Rolle, obwohl Muslime in Tunesien seit vielen Jahrzehnten unter Repressionen leben mussten und ihre Religionsfreiheit eingeschränkt war. Diese fehlende Rolle der islamischen Theologie ist kaum verwunderlich, solange Religion als eine kognitive Aufnahme von Glaubenssätzen verstanden wird und religiöse Rituale als rein mechanische Übung ohne spirituelle Dimension praktiziert werden. Es wundert nicht, dass in Ägypten ausgerechnet Salafisten gegen die Verhaftung des Ex-Präsidenten Mubarak auftreten. Sie begründen diese Haltung mit dem Gebot des Gehorsams gegenüber den Machthabern: »Gehorcht Gott, gehorcht seinem Gesandten und den Verantwortlichen für euch.«[20] Dieser Koranvers wird als Legitimierung jeder politischen Macht instrumentalisiert, sodass Befreiungspotenziale sich im Islam kaum entfalten können.

In den meisten islamischen Ländern herrscht große Armut. Analphabetismus ist weit verbreitet. Die frustrierten Menschen werden in der Regel damit getröstet, dass im Jenseits, also nach dem Tod, ein paradiesischer Zustand auf sie warte. Damit sind die Menschen leicht zu kontrollieren. Konservative islamische Theologen verängstigen die Menschen damit, dass sie ewig in der Hölle schmoren, wenn sie aufbegehren. Das stellt das Volk ruhig. Die religiösen Eliten werden im Gegenzug vom politischen Establishment unterstützt. Der Islam ist jedoch nicht für eine Elite gedacht, sondern sollte eigentlich jeden Einzelnen inspirieren, die Welt zu verbessern und sie auf Basis fundamentaler islamischer Werte

---

20 Koran 4:59.

gerechter zu machen. Denn die zentralen Werte des Koran sind: Gerechtigkeit, Gleichheit, Freiheit, Unantastbarkeit der menschlichen Würde und die soziale Verantwortlichkeit des Menschen. Eine islamische Reform bedeutet, diese Werte wiederzuentdecken und sie ins Zentrum religiösen Lebens zu stellen.

Im Koran heißt es: »Gott verändert nicht den Zustand der Menschen, bis sie selbst ihren eigenen Zustand verändern!«[21] Die Menschen müssen ihr Leben selbst in die Hand nehmen und ihre Geschichte selbst schreiben. Der Islam des Propheten Muhammad war ein Befreiungsimpuls, der die Menschen aus den rivalisierenden Clans und Stämmen zu einer neuen egalitären Gemeinschaft zusammenbringen wollte. Sieht man sich heutige islamische Gesellschaften in Saudi-Arabien, Kuwait, Oman oder Katar an, stellt man fest, dass sie noch immer auf feudalen Strukturen basieren bzw. auf Mischformen der Herrschaften von Oligarchen und des Militärs, wie etwa in Ägypten vor 2011. Politische Loyalität orientiert sich an Sippen und lokalen Stämmen statt an globalen ethischen Werten.

Eigentlich besteht zwischen Glaube und Freiheit ein dialektischer Zusammenhang. Ein lebendiger Glaube ist ohne wirkliche Freiheit nicht möglich. Ein richtig verstandener Glaube leistet wiederum einen Beitrag zur Freiheit. Blinder Glaube hingegen braucht keine Freiheit, ihm geht es lediglich um Folgsamkeit. Aber wenn die zentralen Werte der Freiheit und Gerechtigkeit wieder in den Mittelpunkt der Religion rücken, können sie eine gesellschaftliche Veränderung herbeiführen. Die jüngsten Entwicklungen in einigen arabischen Ländern, in denen diktatorische Regime gestürzt wurden, lassen hoffen, dass diese politischen Reformen auch auf

---

21 Koran 13:11.

andere Bereiche der Gesellschaft übergreifen. Sie lassen hoffen, dass auch die geistigen Diktaturen in den Köpfen der Menschen, die uns am reflektierten und kritischen Denken hindern, gestürzt werden. Sie lassen hoffen, dass sich ein Verständnis des Islam etabliert, das der Würde des Menschen, seiner Freiheit und seiner Sonderstellung in der Schöpfung, sowie den koranischen Werten wie Gerechtigkeit und Menschenwürde höchste Priorität zuschreibt.

10. Forderungen an die islamische Theologie heute

Eine islamische Theologie, die sowohl Gott als auch dem Menschen gerecht werden will, muss Gott und auch den Menschen ernst nehmen. Gott ernst zu nehmen heißt, sich vertrauensvoll in die Hände Gottes fallen zu lassen und sich auf die Suche nach seiner Nähe zu begeben. Damit diese Suche aufrichtig ist, muss sie frei sein: frei von allen dogmatischen Hindernissen und frei von ideologischer Verblendung. Davor warnt der Koran mit Nachdruck: »Sollen wir euch sagen, wer die richtigen Verlierer sind? Das sind jene, deren Bemühungen im diesseitigen Leben verfehlt sind, während sie meinen, sie täten Gutes. Das sind jene, die die Zeichen ihres Herren nicht ernst nehmen [...].«[1] Eine islamische Theologie, die Gott ernst nimmt, muss den Menschen ernst nehmen. Der Mensch ist Gott wichtig, und deshalb muss dieser Mensch im Zentrum der islamischen Theologie stehen. Diese Theologie muss das Ziel haben, dem Menschen einen Zugang zu Gott zu verschaffen. Sie kann dies nicht, wenn sie dem Menschen lediglich einen Katalog an Geboten und Verboten präsentiert und ihm das Bild eines repressiven Gottes vermittelt. In Saudi-Arabien, wo ich aufgewachsen bin, habe ich selbst erlebt, wie schizophren der Islam verstanden und gelebt werden kann. Ich habe Muslime erlebt, die kleinste religiöse Regeln achteten: Der Bart musste lang sein, die Kleider der Männer mussten eine Handbreit oberhalb des Knöchels aufhören, Frauen mussten das Gesicht verhüllen. Statt einer Zahnbürste wurde ein *miswāk* verwendet (das

---

1 Koran 18:103–105.

Stück einer Baumwurzel, wie es der Prophet Muhammad fürs Zähneputzen verwendet hat), statt mit Gabel und Messer aß man mit der Hand, weil der Prophet mit der Hand gegessen hat. Sich mit einem »Guten Tag« statt mit »*as-sālamu ʿalay-kum*« zu grüßen, galt als Sünde. Einer Frau zum Gruß die Hand zu geben, war ein unethisches Verhalten. Mit der linken Hand zu essen oder zu trinken statt mit der rechten, war ebenfalls eine Sünde. Körperstrafen, die im Koran vorkommen, aus ihrem historischen Kontext zu erklären und deren Verbindlichkeit für uns heute zu relativieren, wurde als Abfall vom Glauben interpretiert usw. Wenn es jedoch um das Zwischenmenschliche ging, waren Ungerechtigkeiten, Diskriminierungen, Verletzungen der Menschenwürde, Hochmut usw. weit verbreitet. Man glaubte, Gott einen Gefallen damit zu tun, dass man die Zähne mit einer Baumwurzel putzte statt mit einer Zahnbürste, oder dass man möglichst viele Menschen für höllenreif erklärte. Wie konnte sich eine derart menschenfeindliche Theologie etablieren, die für sich beansprucht, den »wahren« Islam zu repräsentieren?! Wie konnte es so eine Theologie bis nach Europa schaffen? Wie konnte es kommen, dass koranische Prioritäten, wie Gerechtigkeit, die der Koran als zentrale gesellschaftliche Aufgabe der Sendung von Propheten deklariert[2], so in den Hintergrund gedrängt werden?! Wie konnte sich eine islamische Theologie etablieren, in der grundsätzliche koranische Prinzipien, wie Gerechtigkeit, Menschenwürde, Freiheit u. a. in den Glaubensgrundsätzen dieser Theologie nicht vorkommen?! Wie konnte es kommen, dass heute junge Menschen, die in Europa aufgewachsen sind, Positionen vertreten, die man nur aus dem saudisch-salafistischen Kontext kennt?! Und, was noch fataler ist: Wie konnte es passieren,

---

2 Vgl. Koran 57:25.

dass sich einige dieser Positionen nicht nur in salafistischen Milieus verbreitet haben, sondern auch in anderen islamischen Kreisen, die man heute als »konservativ« bezeichnet?! Ich wundere mich immer wieder über Muslime, die darauf beharren, dass Gott im Islam nicht der absolut Barmherzige ist, sondern auch der zornige und der bestrafende Gott sei, während der »liebende« Gott der christliche Gott sei. Ihre Ansicht von Gott teilen diese Muslime übrigens mit Islamkritikern, die dasselbe negative Verständnis von Gott im Islam haben.

Das grundsätzliche Problem heute ist für mich, dass viele Muslime von der Vorstellung eines repressiven Gottes ausgehen, der lediglich will, dass man ihm gehorcht. Diese Vorstellung wurde und wird von diktatorischen Regimen in den islamischen Ländern gefördert, weil sie ein Klima der Unterwerfung erzeugt und fördert. Eine Theologie, die Menschen zu unmündigen Wesen erklärt, ist im Sinne diktatorischer Regime.

Gegen die koranische Vorstellung eines allbarmherzigen Gottes argumentieren viele, dass Gott sich selbst im Koran als bestrafend beschreibe. Dabei übersehen sie, was Gott im Koran, wenn es um das Thema »Bestrafung« geht, von sich selbst sagt: »Meine Strafe trifft, wen ich möchte, und meine Barmherzigkeit umfasst alle Dinge.«[3] Wenn Gottes Barmherzigkeit alles umfasst, dann umfasst sie ebenfalls seine »Strafe«, die, wie ich oben ausgeführt habe, nicht als »Strafe« im engeren Sinne zu verstehen ist, sondern als Läuterungsmaßnahme auf dem Weg des Menschen zu seiner Vervollkommnung. An keiner Stelle im Koran sagt Gott über sich, er sei der Bestrafende; vielmehr beauftragt er Muhammad: »Verkünde den Menschen, dass ich der unübertrefflich Verzeihen-

---

3 Koran 7:156.

236

de, der Barmherzige bin, und meine Strafe, sie ist schmerzhaft.«[4] Er identifiziert sich mit der Vergebung und Barmherzigkeit und sagt: »Ich bin verzeihend. Ich bin barmherzig.«
Wenn es aber um Strafe geht, identifiziert er sich nicht mit
ihr, sondern sagt von ihr: »*sie* ist schmerzhaft«.

Wir benötigen heute eine Theologie, die das Verhältnis
zwischen Gott und Mensch als dialogisches Freiheitsverhält-
nis bestimmt, in dem Gott allein mit den Mitteln der Liebe
und Barmherzigkeit versucht, die Liebe des Menschen und
somit Mitliebende zu gewinnen. Dies ist Ziel der Schöpfung
und Fokus von Gottes Handeln. Eine Theologie, die den
Menschen über seine unantastbare Würde, seine Freiheit,
seine Sonderstellung in der Schöpfung aufklärt, erzeugt
freie Menschen, die von diktatorischen Regimen nicht
erwünscht sind. Dieses Buch möchte eine islamische Theologie etablieren und verbreiten, die Muslime nicht nur geistig und politisch befreit, sondern ihnen auch einen Zugang
zu einer dialogischen Beziehung mit Gott verschafft. Der
mündige Muslim – und damit sind natürlich Frauen wie
Männer gemeint –, dem seine Stellung in der Schöpfung
und seine Erwählung durch Gott bewusst ist, weiß, dass
seine Beziehung zu Gott sicher nicht auf Angst basieren
kann. Der mündige Muslim, dem bewusst ist, dass Gott
seine Nähe sucht und ihn zu seiner Gemeinschaft einlädt,
ist bestrebt, sich in seinem Menschsein zu vervollkommnen. Ihm geht es nicht um eine opportunistische Haltung,
die lediglich darauf zielt, die eigene Haut vor dem Höllenfeuer zu retten bzw. sich im Paradies auf materielle Weise
zu vergnügen.

Der Koran gibt ein klares Bild von Gott und der Beziehung, die er sich zum Menschen wünscht. Die koranische

---

4 Koran 15:49–50.

Vorstellung vom allbarmherzigen Gott ist Ausgangspunkt einer Theologie, die sowohl Gott als auch dem Menschen gerecht werden will.

Dank

Von ganzem Herzen danken möchte ich an erster Stelle meinen Eltern und meiner Familie, die mir meinen akademischen Werdegang ermöglicht haben und viele Opfer auf sich genommen haben, um mir diesen zu erleichtern. Danken möchte ich auch der Westfälischen Wilhelms-Universität Münster, vor allem der Rektorin, Frau Prof. Dr. Ursula Nelles, die durch ihr großes Engagement für die Etablierung des Zentrums für Islamische Theologie an der Universität Münster optimale Rahmenbedingungen für die Forschung im Bereich der islamischen Theologie geschaffen hat.

Ich bin für die zahlreichen Gespräche und wertvollen Anregungen von vielen Kolleginnen und Kollegen äußerst dankbar. Namentlich möchte ich vor allem Frau Prof. Dr. Angelika Neuwirth, Herrn Prof. Dr. Bernhard Uhde, Herrn Prof. Dr. Klaus von Stosch, Herrn Prof. Dr. Jürgen Werbick, Herrn Prof. Dr. Hassan Hanafi, Frau Prof. Dr. Ursula Boos-Nünning, Herrn Prof. Dr. Thomas Bauer, Herrn Prof. Dr. Marco Schöller und Herrn Prof. Dr. Norbert Oberauer und Herrn Dr. Milad Karimi erwähnen.

Für die mühevolle Arbeit des Korrekturlesens und die wertvollen Rückmeldungen danke ich Herrn Dr. Patrick Oelze vom Herder-Verlag. Nur durch seine große Unterstützung konnte dieses Buch in dieser Form erscheinen. Während der gemeinsamen Arbeit am Manuskript ist eine enge Freundschaft entstanden, für die ich sehr dankbar bin. Ich danke auch seinem Kollegen vom Herder-Verlag, Herrn Dr. German

Neundorfer, für die Unterstützung bei der Überarbeitung der Taschenbuchausgabe und für die sehr gute Zusammenarbeit. Besten Dank auch an Herrn Professor Werner Zager für seine wertvollen Anregungen.

Ebenfalls danken möchte ich auch Frau Dr. Dina El Omari für die große Hilfe bei der Überarbeitung der Taschenbuchausgabe.

Die Entstehung dieses Buches ist viel mehr Menschen, als an dieser Stelle erwähnt werden können, zu verdanken. Denn viele Gedanken und Überlegungen haben sich erst in zahlreichen Gesprächen und Diskussionen mit vielen Menschen, unter anderem Studierenden, konkretisiert. In diesen Dank eingeschlossen sind alle Mitarbeiterinnen und Mitarbeiter am Zentrum für Islamische Theologie der Universität Münster.

Ich bin dem Herder-Verlag, der mir ermöglicht hat, dieses Buch in seinem Hause zu veröffentlichen, sehr dankbar.